高等学校应用型特色规划教材

新编管理案例库精析

刘兴倍 主 编

胡 艳 邱 君 许 剑 副主编

清华大学出版社

北 京

内 容 简 介

本书涵盖人文、社会、自然三大范畴 28 个领域管理的 115 个案例及其精练分析。其中人文管理包括环境、资源、旅游、文化、教育、体育、心理、人口、妇幼、青少、老弱、医疗、宗教等；社会管理包括环境、资源、经济、政治、法律、外交、军事等；自然管理包括环境、资源、宇宙、天文、地理、生物、工程、科技等。个案分析大体按思考问题、适用范围、相关链接、分析路径、关键要点的思路进行。

全书内容全面、覆盖面广；体系完整、结构合理；案例紧贴时宜，分析目标明确；层次分明，语言通俗易懂，适合作为高等学校本科生、高职生管理类或实际应用型专业的基础课、专业课、选修课的教材，也可作为国家公务员考试申论科目的参考资料。

图书在版编目(CIP)数据

新编管理案例库精析/刘兴倍主编. —北京：清华大学出版社，2016
(高等学校应用型特色规划教材)
ISBN 978-7-302-44787-0

Ⅰ．①新… Ⅱ．①刘… Ⅲ．①管理学—案例—高等学校—教材 Ⅳ．①C93

中国版本图书馆 CIP 数据核字(2016)第 189736 号

责任编辑：杨作梅　李玉萍
封面设计：杨玉兰
责任校对：周剑云
责任印制：何　芊

出版发行：清华大学出版社
　　　　网　　　址：http://www.tup.com.cn, http://www.wqbook.com
　　　　地　　　址：北京清华大学学研大厦 A 座　　　邮　　编：100084
　　　　社 总 机：010-62770175　　　　　　　　　邮　　购：010-62786544
　　　　投稿与读者服务：010-62776969, c-service@tup.tsinghua.edu.cn
　　　　质量反馈：010-62772015, zhiliang@tup.tsinghua.edu.cn
　　　　课件下载：http://www.tup.com.cn, 010-62791865
印 装 者：三河市金元印装有限公司
经　　销：全国新华书店
开　　本：185mm×230mm　　印 张：17.5　　　字　数：376 千字
版　　次：2016 年 9 月第 1 版　　　　　　　　　印　次：2016 年 9 月第 1 次印刷
印　　数：1～3000
定　　价：42.00 元

产品编号：060422-01

前　言

　　本书既是 2012 年 1 月立项的江西教育规划基金项目《管理学教学案例库建设再研究》(GL1275)的附件，也是 2004 年 7 月立项的江西教育规划基金项目《管理学教学案例库建设研究》(042D026)附件的续集，本书首先将原项目(2004 年 7 月)所分环境管理、资源管理、经济管理、政治管理、法律管理、军事管理、工程管理、自然管理、社会管理这 9 个领域进行了重新划分与组合(参见下页附表)，从宏观上划分为人文管理、社会管理和自然管理三大范畴 28 个领域，从微观上细分为 220 多个系统(行业、部门、学科)，突出了人文管理；其次对案例库进行了更新和补充，由 90 例更新添补为 115 例，在继承上集优点的同时又有发展，展现了学科的前沿性。各个案例均包括案情介绍、思考问题、适用范围、相关链接、分析路径、关键要点等内容。

　　为了让读者更好地了解整个案例库的编排，我们在借鉴了齐经明、徐蕾、闫国兴的《自然管理论》以及李学兴的《加强社会建设和管理促进社会和谐与发展》相关观点的基础上，对自然管理、社会管理、人文管理进行了具体界定。自然管理就是自然物、自然机制、自然次序与自然规律等自然因素，对人类的指示、约束与教训，主要是以气温、季节变化、植物生长等自然信息，用光、雨、风、雷、电、雹等自然声音告诫人类，指示人类的活动，对人进行管理。自然管理的实质是自然力的作为。社会管理主要是政府和社会组织为促进社会系统协调运转，对社会系统的组成部分、社会生活的不同领域以及社会发展的各个环节进行组织、协调沟通、监督和控制的过程。人文管理指按照不同人的不同需求，有序和谐地进行不同层次的管理以促进人的全面发展。本书收集整理了 115 个案例，其中人文管理 57 例、社会管理 32 例、自然管理 26 例。

　　本书由《管理学教学案例库建设再研究》项目负责人刘兴倍教授根据项目研究的需要提出编写目录及建设要求，参与建设并提供案例的人员有邱君(20 例)、刘凤(16 例)、肖刚(16 例)、许剑(12 例)、雷姝燕(10 例)、李根红(11 例)、陈美娜(6 例)、胡艳(10 例)、刘兴倍(15 例)。所有案例均由许剑集中和归类，最后由刘兴倍终审、修改定稿。本书既适用于作为高等学校管理类和应用型专业的教材，也适用于作为国家公务员考试申论科目的助考资料。

　　本书在收集、整理过程中，通过互联网、报纸、杂志等媒体途径吸收了大量信息，绝大部分作了注释，但也有极少数难以详细列明。在此谨向相关媒体、作者表示诚挚的感谢和深深的歉意。

　　本书是《管理学教学案例库建设再研究》课题组全体成员经过一年多时间共同努力研究的成果之一，但由于水平有限，缺点和错漏难免，敬请专家、学者和各位读者指正。

编　者

新编管理案例库精析

附表　本书所选管理案例的内容体系

宏观／微观	人文管理													社会管理							自然管理							
	环境	资源	旅游	文化	教育	体育	心理	人口	妇幼	青少	老弱	医药	宗教	环境	资源	经济	政治	法律	外交	军事	环境	资源	宇宙	天文	地理	生物	工程	科技
宏观……微观	思想意识、文化观念、社会风气、消费习惯、邻里关系、社区服务、风俗信仰	人力、时间、空间、古迹、教育、人才、权力、目标、观念、名二代	国际、旅游、景点、线路、市场、设施、产品、环境、红色、假日、情侣、导游	方式、形式、文化产业、艺术形式、民间、群众、体制改革、新闻、特技、图书、文学、语言、美术、遗产	方式、形式、收费、政策、组织、学前、基础、高等、民办、职工、义务、教育工程、九八五工程、211工程	专业、群众、形式、体质、运动会、体制改革、晚会	社会、个体、群体	数量、规模、结构、质量、市场、机构	就业、权益、代沟、婚姻、家庭关系、儿童玩具	学习、教育、学习	生存、赡养、健康、学习	医疗、数量、质量、机构、资金、体制改革、全科医生、施药、职业病、地方病、传染病	教派、信仰、政策、组织、信徒	社会治安、市容市貌、周边关系、城镇化率、消费方式	资金、信息、市场、管理、权力、品牌、政府服务、组织、知识、富二代	产业布局与发展、经济秩序、体制改革、经济效益、收入分配、西部开发、市场主体、市场体系、经济组织	政党、组织、用人、体制改革、党风、政策、学习型政党、监督、民族、官二代	民事、刑事、行政、立法、执法、监督、知识产权	经贸、文化、体育交流、国际组织、领土争端、大外交、二轨外交、大国关系	国防、兵器、军演、军训、武警、民兵、后勤保障、军事关系、军事变革、将领	气候、地理、生物、沙化、荒漠化、沙尘暴、极端气候、自然保护	矿产、水源、土地、森林、草原、物种、科技、植物、动物、空气	星座、天体、太空站、飞行器、行星、宇航员	潮汐、日食、月食	地形、地貌、地势、山川、河流、地裂、地陷、地震、海啸、泥石流、气候	物种、变化、保护	建筑工程、生物工程、八六三计划、九七三计划	航天科技、北斗导航、深潜、探月工程、超级计算机

目　　录

第 1 章　人　文　管　理

人文管理即按照不同人的不同需求，有序和谐地进行不同层次的管理，以促进人的全面发展。

人文管理包括环境、资源、旅游、文化、教育、体育、心理、人口、妇幼、青少、老弱、医药、宗教等领域。

1.1　环　　　境

1.1.1　"贞操女神"征婚记

作者姓名：刘凤

案情介绍：

2012 年 3 月 20 日，38 岁贞操女神涂世友在新浪微博公开征婚，要求党员、公务员、处男优先，婚前不发生性行为，婚后三年考察期不过性生活。征婚微博引无数网友围观，"又一个凤姐来了。"网友感叹怎么会有男人经得起考验？贞操女神会成为"剩斗士"。

当天下午 3 时 58 分，此微博一经发布，短短一个多小时就被转发近万次，截至晚上 10 时 20 分，微博被转发 47 640 次，评论 21 091 次。

关于涂世友征婚条件，其称自己坚持婚前守贞的理念，也希望对方有同样的理念，所以要求"婚前绝对不能发生性行为，处男优先"。至于为什么党员、公务员优先，"他们作风一般正派一些，喜欢我这样纯洁的"。她称自己 38 岁仍然保持处女身，会招得这类男士喜欢。至于婚后三年考察期不能过性生活、考察期结束后方可行夫妻之事，她认为："男士如果能够接受这条和她结婚，那么他肯定对我是认真的。如果领了结婚证，规矩可以再改，不一定要 3 年。"面对大量网友质疑她炒作自己，涂世友表示否认。

（资料来源：红网，2012-03-20）

思考问题：

(1) 什么是低俗文化？低俗文化产生的原因？

(2) 中国真的是一个世俗社会吗？如何整治低俗文化？

适用范围：

人文管理中的低俗文化问题分析。

相关链接：

习近平在文艺工作座谈会上强调低俗不是通俗. 北京娱乐信报，2014-10-16

习大大文艺座谈会缺赵本山有深意. 时事乱弹，2014-10-19

王蕾. 批赵本山——肖鹰与华商报对话. 人民网，2014-11-07

打开电视，某些节目中渲染的拜金主义令人齿冷；登录网站，那些色情露骨的标题又让家长们心生担忧……所有这些"庸俗、低俗、媚俗"的文化乱象充斥着我们的生活，把整个社会弄得乌烟瘴气。

1. 相亲类节目哗众取宠

江苏卫视相亲节目《非诚勿扰》里，有"拜金女"扬言"宁愿坐在宝马里哭，也不愿坐在自行车后笑"，引起社会广泛热议，节目中屡屡出现出位的语言。更令人担忧的是，自从《非诚勿扰》出名以后，各大电视台相继推出类似相亲节目，气势排山倒海。

2. 惊现凤姐

"凤姐"本名罗玉凤，其貌不扬，狂言雷人。她曾在电视上公布极为苛刻的征婚条件，非清华、北大硕士不嫁。凤姐一出，万民关注，由这些狂言引发的质疑、争论和骂战不断。各种电视节目亦趋之若鹜，争相炒作。

3. 艳照门、兽兽门等艳俗"门"大开

2008 年新年伊始，网友"奇拿"在天涯社区发布了一系列照片，涉及香港艺人陈冠希及一些女艺人之间的床上裸露照片，造成极大影响，被称为"艳照门"。2009 年 1 月，网络流传超级模特、足球宝贝兽兽与前男友的性爱视频，称为"兽兽门"。

分析路径：

(1) 解释低俗文化的定义，凡是那些能让人堕落，让人如吸食鸦片后欲罢不能的东西，而对人类文明进步没有任何贡献的东西，从理论上来讲都是低俗文化。

(2) 找到低俗文化产生的原因。

(3) 找到有效整治低俗文化的途径。

关键要点：

1. 低俗文化产生的原因

(1) 受众为寻求自身感官刺激而选择低俗。埃里克·塞瓦赖德说，"任何一个低级趣味的人都不会有高级趣味，但是每一个自称趣味高级的人都有相当分量的低级趣味"。当我们在抱怨着低俗文化现象满天飞时，我们有没有想过，当初恰恰是我们把低俗文化推向最高峰的。

(2) 个人对名利的不当追求造就低俗。不择手段的出名，甚至不惜出恶名，是许多急于追名逐利者的选择。

(3) 社会物质条件的充裕为低俗提供了生存土壤。饱暖思淫欲，人在物质条件得到满足时，精神便有了向外拓展的需求，而当高尚文化还没能占据思想高地时，低俗文化便会乘虚而入。

(4) 媒体为自身经济利益而造就低级趣味。网络、图书音像等出版物，影视、游戏等对凡能吸引眼球、能带来更大经济收益的产品，无不倾心打造。

2. 整治低俗文化的方式

(1) 消解低俗文化，创造健康新颖的文化形式。如果人们心中没有对高雅文化的追求欲望，被我们封杀的一切低俗文化都会死灰复燃。这是由于低俗的内因来源于受众对低俗的需求，只要这种需求存在，它就将以更反复、更新奇的形式出现。按照马斯洛对人的基本需求的分类，暴力、性、隐私等方面的满足是人的最低级的生理需求；而人的文明程度越高，其低级需求才会越少，高级需求才会越多。由此，治本之策是创造越来越健康、新颖的文化形式，将高雅的文化通俗化，以此去挤压低俗文化的生存空间。

(2) 光大道德传统，加强制度建设。低俗文化的泛滥反映了部分人社会信仰的缺失，审美趣味的低迷。要对此进行弥补，唯有依靠传统道德的重建。这本不难，我们曾备受中国悠久历史文化传统的滋养，今后依旧可以将此作为教化的规范，而且，在新的历史时期，这些传统仍能以新的面貌呈现，如"八荣八耻"、社会主义核心价值观的教育，坚持社会主义先进文化的前进方向，以及中央最近提出的坚决抵制庸俗、低俗、媚俗之风。但困难也有很多。首先，因文化具有意识形态属性和情感特性，并且在现今社会有市场属性，它对社会的影响相比较而言更为复杂敏感，我们能否对文化发展做出审慎的判断，以防在进退之间迷失方向？其次，在当下个人主义和工具理性盛行的时代，要重建克己利群的传统道德观念，已不能局限于文化一隅，在光大道德传统的同时，需要对当今社会的方方面面进行改造，如党风和政风建设、制度建设、经济和政治伦理建设等，从而改变整个社会文化需求低俗化的倾向。这既是当务之急，又是治基之策。

1.1.2 学术造假何时休

作者姓名：刘凤

案情介绍：

2011年8月初，四川大学接到举报称，该校道教与宗教文化研究所李小光副研究员2009年出版的《中国先秦之信仰与宇宙论——以〈太一生水〉为中心的考察》一书严重抄袭台湾师范大学郑倩琳的硕士论文《战国时期道家之宇宙生成论》。

接到举报后，四川大学高度重视，立即启动相关程序，责成社科处进行调查并由学校学术委员会学术道德监督委员会组织专家进行鉴定。经两名校内专家和一名校外专家认真鉴定，一致认定李小光抄袭属实。对于专家的鉴定结果，李小光本人表示认可，并对自己的抄袭行为写了书面检讨。在此基础上，学校学术委员会学术道德监督委员会召开会议，认定李小光的行为是一起严重违反四川大学学术道德规范的抄袭行为。

经校学术道德监督委员会和校务会研究决定，给予李小光严厉处分。经四川大学纪律检查委员会讨论通过，并报经中共四川大学党委常委会讨论同意，决定给予李小光开除党籍的党内处分。

(资料来源：江南都市报，2011-09-30)

思考问题：

(1) 学术造假的动机是什么？

(2) 该如何杜绝学术造假现象呢？

适用范围：

人文管理中的学术诚信问题分析。

相关链接：

学术造假是指剽窃、抄袭、占有他人研究成果，或者伪造、修改研究数据等的学术腐败行为。学术造假首先是一种违背学术道德和科学精神的表现，是一种学风浮躁和急功近利的产物。

近年来，全国多所高校相继卷入学术造假事件。从造假事件的披露来源地的学术打假网站来看，国内存在类似事件的高校绝不仅仅只有这些，关于学术腐败、项目造假、论文抄袭等的举报和揭露不胜枚举。2009 年 3 月，浙江大学副教授贺海波被曝剽窃论文，浙大共核查了贺海波及其所在研究室相关人员涉嫌学术道德问题的论文 20 篇，其中贺海波涉及论文 9 篇。事发后，贺海波被撤销副教授职务和任职资格，浙大将其开除出教师队伍。2010年 3 月 21 日，原西安交通大学长江学者特聘教授李连生，被西安交通大学认定存在"严重学术不端行为"，被取消教授职务，并解除教师聘用合同。

分析路径：

(1) 分析学术造假的原因所在。

(2) 分析学术造假该如何杜绝。

关键要点：

1. 学术造假产生的原因

1) 功利方面的原因

由于在市场经济巨大的利益诱惑下，人们对名与利的追求欲望无限制地膨胀，这种个人学术研究功利化就是产生学术造假的根本原因。

2) 制度方面的原因

(1) 学术管理体制行政化。我国学术上这种行政式的量化管理模式从总体上阻碍了我国科研水平的提高，同时也刺激了学术不端行为的发生。

(2) 学术评价体制不完善。学术评价活动本应是客观、公正、公开的评价活动，但近年来，被引入到复杂的人际关系领域，偏离了正常的学术评价的轨道。

(3) 学术监督制度缺位。目前我国对学术问题揭露不及时、防范制止不力、学术监督制度严重缺位，使得很多学术造假现象难以得到有效识别。

3) 处罚方面的原因

从法律的视角看，目前我国还没有制定系统的惩治学术违规的法律制度和完善的预防办法，对当前蔓延的多层面的学术造假现象没有具体的、全面的、可操作的条文。虽然教育部正式发布了《高等学校哲学社会科学研究学术规范(试行)》，使我国学术"打假"有规可依，但该规定力度很小、普遍接纳程度不高、处罚不严、影响面窄，对学术造假者几乎没有法律应有的强制性约束力。

2. 杜绝学术造假现象的途径

1) 自律

学术造假首先是造假者的道德品质问题，所以杜绝学术造假的关键是要提高广大学者的学术道德水平，杜绝学术功利主义的蔓延。规范学者的道德行为，必须要有相应的学术道德规范作为引导，因此必须尽快出台全社会通用的学术道德规范。

2) 他律

(1) 改革学术管理机制。当前最关键的是改变当今只重形式和数量的管理模式，转为重质量和内涵，建立一套科学、合理的学术质量评价体系。目前，国际学术界比较流行的是科研计量评价法。依据这种评价方法，评价一篇学术论文、论著的质量可以依据两个核心指标：论文被引用次数、影响因子。

(2) 建立独立的学术评价体系。①引入评价机构或同行专家评议制度。学术活动的专业性和高深性决定了评价主体应为由本行专家组成的评价机构或者评审委员会。②建立公示制度和异议制度。在学术评审中，采取多种形式和途径对评审过程进行全方位、全过程公示，增加评审透明度。同时，在评审前后均可提出异议，接受公众举报，查处违反学术道德的一切行为。③建立责任制。目前我国存在很多不完善的体制，主要原因是出了问题责任由集体承担，也就是由全部人来承担，实际上等于没有人承担。④确立学术批评的地位。学术界要想解决学术不端行为，要有充分的学术批评空间，要建立健全良好的学术批评气氛。

(3) 建立健全的学术监督机制。①成立专门机构，例如美国的研究诚信办公室、丹麦的反科学欺诈委员会，它们的任务都是专门制定、宣传、执行有关学术规范，监督检查各种学术腐败防治情况，受理并调查学术违规举报，处理学术违规人员。②拓展其他监察渠道。主要包括加强学术活动的舆论监督，在有关报刊、电台、电视台、网站上定期揭露和曝光学术领域的违法违规行为，全社会重拳出击，共同打击学术造假行为。

3) 法律

要出台适用全社会、具权威性的《学术规范》。教育部社会科学委员会颁布的《高等学校哲学社会科学研究学术规范(试行)》显然还不具备真正意义上的法律权威性。明确法律处罚措施，对违法行为令行禁止。法律对具体造假行为必须做出明确的规定，使学术造假的治理有法可依、有章可循。

1.1.3　双汇"瘦肉精"事故

作者姓名： 刘凤

案情介绍：

央视"3·15 特别行动"节目抛出一枚食品安全重弹，曝光了双汇在食品生产中使用"瘦肉精"猪肉。一时间，市场哗然。

新闻曝光的济源双汇食品有限公司位于河南省济源市，是河南双汇集团下属的分公司，主要以生猪屠宰加工为主，有自己的连锁店和加盟店。据销售人员介绍，他们店里销售的猪肉基本上都是济源双汇公司屠宰加工的，严格按照"十八道检验"正规生产，产品质量可靠。然而，按照双汇公司的规定，十八道检验并不包括"瘦肉精"检测。风波一起，双汇股价午后一路下行至跌停。

全国家乐福旗下所有超市的双汇新鲜猪肉均决定采取下架处理。不过，家乐福广州区内的超市没有销售新鲜猪肉，至于目前在售的双汇火腿肠、香肠类产品，则尚未下架，正在与供应商进行沟通。

"据供应商方面解释，他们供应给超市的火腿肠、香肠类产品是清远双汇分公司和河南漯河产的，并不是媒体所提及的河南济源双汇公司产的，与央视所报道的无关。"广州华润万家宣称，该公司对这起事件很重视，将会加强自检，请第三方检测机构来检测猪肉及相关产品"瘦肉精"问题。

双汇集团副总经理杜俊甫昨天也向媒体表示，该集团对此事件非常重视，他表示，农业部对瘦肉精有着严格的管理规定，"双汇集团同样一直对瘦肉精有严格的管理和检测规定，不可能出现这样的事情，所以集团一定会严格核实，了解具体实情，一定给消费者一个交代"。

(资料来源：南方日报，2011-08-11)

思考问题：

(1) 从双汇"瘦肉精"事件，如何看待我国食品行业的诚信？

(2) 双汇"瘦肉精"事件暴露出我国在食品安全监管中存在哪些问题？

适用范围：

人文管理中的食品安全问题分析。

相关链接：

"瘦肉精"事件曝光后，全国各地纷纷下架双汇肉制品。双汇集团高管在接受媒体采访时悲叹，双汇股票跌停，市值瞬间蒸发 103 亿元。但是，对双汇集团而言，最大的危机不是市场份额、经济效益和融资能力遭受巨大损失，而是双汇集团用 20 多年时间铸就的品牌与信誉受到消费者质疑。3 月 31 日，卷入"瘦肉精"事件的双汇集团召开万人大会，向全国消费者致歉，并表示将以壮士断腕般的勇气，完善食品安全内部监控体系，确保产品安全、放心。

值得注意的是，食品安全问题关系到每个人的生命健康，也是一个全球性难题。如 2006年的"毒菠菜事件"、2008 年的"沙门氏菌事件"和 2009 年的"花生酱事件"及"食用肉兽药"和"问题鸡蛋事件"，据统计，近几年来，美国平均每年发生的食品安全事件已达350 宗之多。2010 年 12 月底，在一次定期抽检中，德国食品安全管理人员在一些鸡蛋中发现超标的致癌物质二噁英。因此，该问题并非中国独有。

分析路径：

(1) 从养殖户来分析，他们铤而走险偷偷在饲料中添加"瘦肉精"，无非就是为了使养成出栏的猪看上去卖相好、更容易出手。

(2) 这条黑色利益链条背后的流通监管体系疏漏和品牌企业诚信缺失也难逃其责。一头喂养了瘦肉精的猪从猪圈走到餐桌上，要经历养殖、收购、贩运、定点屠宰、市场销售等多个环节，经过层层把关，问题猪肉却一路畅行无阻，正是监管部门工作的漏洞百出才催生了这种现象。

(3) 从国家角度来看，其一，现在中国市场经济体制不完善，是国内国外企业存在大量不诚信现象的主因。政府之前没发现是因为监管力量不均衡造成的，而监管不到位，就不能给企业提供诚信的土壤。其二，目前中国经济体制面临转型，过去粗放、不完善的经营模式迟早会遭遇滑铁卢，企业早一点觉醒和发现问题，可为品牌再造打造良好的基础。

关键要点：

世界上许多国家和地区已经建立了较为完整的"从田头到餐桌"的食品安全保障系统，让我们看看有什么经验是值得借鉴的。

(1) 严把源头关——监管触角伸向产地。

消灭食品安全的隐患是英国食品标准署的基本职能之一。英国食品标准署不仅监测着市场上的各种食品，还将触角延伸到了食品产地，并且这种工作是长期持续的。

(2) 重视流通环节——为每份食品"建档案"。

日本米面、果蔬、肉制品和乳制品等农产品的生产者、农田所在地、使用的农药和肥料、使用次数、收获和出售日期等信息都要记录在案。农协收集这些信息，为每种农产品分配一个"身份证"号码，供消费者查询。

(3) 食品造假要出狠招重罚。

2004 年 6 月，韩国曝出了"垃圾饺子"风波，韩国《食品卫生法》随之修改，规定故意制造、销售劣质食品的人员将被处以一年以上有期徒刑；对国民健康产生严重影响的，有关责任人将被处以三年以上有期徒刑。而一旦因制造或销售有害食品被判刑者，10 年内将被禁止在《食品卫生法》所管辖的领域从事经营活动。另外，还附以高额罚款。

(4) 食品召回构筑最后屏障。

在英国食品标准署的网站上，可以查询到问题食品的召回信息，包括食品生产厂家、包装规格和召回原因。不很严重的问题都得到清晰监管，对那些大的食品安全问题公众也就更放心。

(5) 完善食品安全法，用法律作保障。

以美国为例，每隔一段时间就会出现食品安全事件，如 2008 年的"沙门氏菌事件"、2009 年的"花生酱事件"和 2010 年的"沙门氏菌污染鸡蛋疫情"。美国于 2009 年加快了食品安全立法进程，继《2009 年消费品安全改进法》后，又通过了几经修改的《2009 年食品安全加强法案》。

信用是支撑企业可持续发展的战略资源，唯有自觉承担社会责任，以信导利，才是企业恒久的兴业之道。与此同时，"瘦肉精"事件对监管部门也敲响了警钟，严格执法执纪，力避渎职失职，并通过建立健全信用评价体系、奖惩体系和监管体系来强化信用约束机制，引导全社会确立诚信是金的价值理念，是有关部门义不容辞的责任。

1.1.4　"最美"人物蹿红，草根英雄受热捧

作者姓名：刘凤

案情介绍：

吴斌被网友誉为"最美司机"，而此前，"最美"系列还有"最美妈妈""最美女孩""最美女教师"等人物，他们都是草根阶层，毫无"官方"背景，他们或许平凡了一辈子，却在瞬间的行为中，展现出人性最善最美的一面，但同时也引发了大众的思考：为何平民英雄深受热捧？

近日，杭州司机吴斌的事迹成为网络热点，网友对其行为感动不已。4 日上午浙江省委书记赵洪祝亲自慰问其家人；下午，吴斌在杭州出殡，上万名市民赶去送他最后一程。5 日上午，吴斌的追悼会上更是人山人海。

吴斌"平凡了 48 年，伟大了 76 秒"，无论是官方或者网络，对其评价皆颇高，赞其为："最美司机"、平民英雄、见义勇为勇士、超人、革命烈士……但其实，他只是草根

阶层"最美"人物系列之一。早在去年7月,杭州吴菊萍徒手接住坠楼女童致使自己手臂受伤,她被网友誉为"最美妈妈";北京一大四女学生李志敏人工呼吸抢救昏倒乞丐又被赞为"最美女孩";还有"最美女教师"张丽莉为救学生自己受伤……

(资料来源:山西日报,2012-06-05)

思考问题:

(1) 为何"最美"人物都出生在草根?官方的典型人物为何无法受到关注?

(2) "最美人物蹿红网络"时代呼唤什么样的典型?

适用范围:

人文环境中的公民道德建设问题分析。

相关链接:

在百度上输入关键词"最美",立刻出现数以百万计的相关的网页信息,可见"最美"一词已经深入到民众的内心深处。"最美××"似乎起源于2008年四川汶川大地震中给灾民婴儿喂奶的江油县公安局民警蒋小娟,此后,"最美"便流行起来了,"最美抗癌女孩""最美护士""最美教师""最美妈妈""最美大学生"在网上热传起来了。其实,"最美××"一直就没有消停过,最近又有"最美司机""最美孕妇""最美路人"的出现。

从这些事件中,不难总结出这么一个现象:我们很多人不敢做或者说做不了的事,只要有人做了,那么他(她)就是"最美××"了;在特定情况下,有人不顾自己的安危舍己救人,最后可能搭上性命,那么他(她)也可以被称为"最美××"了,其中"××"一般是当事人的身份职业。说"最美"泛滥,并不是忽视他们为社会所作出的贡献,树立的道德模范,恰恰相反,他们就像一面旗帜,引领着那些自私自利把良心都丢掉的人走向光明。正如"最美婆婆"陈贤妹,让我们懂得别再冷漠,大家多一分温暖,世上就多一点和谐;"最美司机"吴斌,让我们懂得离开的是死亡,留下的是责任、爱和伟大的平凡。

分析路径:

(1) 从普通民众来看,吴斌身上体现的是普通劳动者人格的健康和对劳动的热爱、敬畏之心。这些特点正是现在社会所缺少的,所以值得去赞扬和学习。

(2) 从道德角度来看,其实这是大家对美和善的向往。近年来社会不乏道德失范事件出现,如"小悦悦事件",使得市民对道德、诚信渐失信心。而"最美"人物的出现正好弥补了市民心中对真善美的渴望。

(3) 从官方典型来看,公众对官方典型人物的宣传已经有了审美疲劳,不论是什么事迹,好像官方一宣传就有了故意被"拔高"的感觉,使人们心理产生抗拒,甚至很反感。这是因为前些年政府公信力有所下降,导致市民有逆反心理。

关键要点：

(1) "最美"现象深刻反映了广大人民群众对向上向善、崇德尚义的和谐环境的共同坚守与不懈追求。

"最美"从网友表达认同的一个修辞，演化为全社会共同发现和弘扬真善美的一种现象，其根本力量源于人们对善良等人性基本品质的强烈认同，中华传统文化历来强调"百行德为首，百德善为先"。

(2) "最美"现象生动展示了社会主义核心价值体系的实践魅力和深远影响。

道德与人的实践活动密不可分，渗透在社会关系的各个方面。"最美"人物群体的出现，是独特的文化基因、健全的制度建设、良好的环境氛围、有力的典型宣传共同作用的结果，不是偶然的而是必然的，不是个体行为而是一种社会现象，不是一时个例而是一种社会趋势。

种子发芽需要"良田沃土"，道德成长离不开"社会营养"，一个人关键时刻的抉择，源于其日常行为与精神气质；危难时刻迸发出的美丽举动，更是其社会价值观的忠实演绎。"最美"现象的产生，既源于个人以亲身行为践行"最美"、公众以敏锐触觉发掘"最美"，也是媒体以自身平台传播"最美"、政府和社会以实际行动表彰"最美"的结果。

(3) 典型人物推出的关键是由谁推出的，官方推出，则质疑声不断，即便是真实的也会被认为是"作秀"；反之，老百姓自己挖掘的，则会放心地推崇。例如，前几天网曝安徽芜湖一副市长骑自行车送女儿上学，网络上对他几乎是一边倒的赞扬之声，鲜有质疑挖苦者，原因就在于，这个典型是老百姓自己发现的。

(4) 互联网的透明性凝聚了中国主流文化的网上民间力量正在形成。例如，网民依托互联网发起的民间慈善项目、一些网站推出的"谣言粉碎机"等，这些民间力量聚合起来共同捍卫着真善美。崇善爱美的网民们心往一处想、力往一处使，就会形成一股强大的正能量，使现实生活中越来越多的真善美出现在互联网上。

1.2 资 源

1.2.1 穿越五千年，拆仿一线间①

作者姓名：刘兴倍

---

① 根据以下资料整理：彭利国、周琼媛《逾三十个城市欲耗巨资重建》（《江西晨报》，2012-11-18）；陈宁一、肖辉尤《党委书记"开炮"，痛斥昆明拆建》（《南方周末》，2013-10-03）。

案情介绍：

"拆旧"和"仿古"的大戏正在中国城市加速上演。一边是部分"中国历史文化名城"岌岌可危，历史文化街区频频告急；一边是 55 亿元再造凤凰，千亿元重塑汴京，仿制古城遍地开花。这一切正成为中国城市化进程中的独特风景。

若非 15 年前栽下的两棵梧桐树还在那，严振已经找不到曾经生活了近 40 年的家。2012 年 10 月的一天，他站在山东聊城古城楼南大街的梧桐树下，眼前已不见当年的两层小楼，而是一座青砖灰瓦、檐牙高啄的仿古宅院。这只是聊城这座国家历史文化名城古城重建计划的一瞥。

在这场激荡着中国城市的"拆旧"与"仿古"的热潮中，聊城并非孤例，甚至不值一提。北京大学城市与环境学院教授吴必虎的初步统计显示，中国正有 30 多个城市已经、正在或谋划加入这一古城重建风潮。

最新入局的是昆明。2012 年 10 月 26 日，滇池湖畔的昆明市晋宁县，投资 220 亿元的"七彩云南古滇王国文化旅游名城"破土动工，昆明市宣布，要"确保 3 年时间再造一个古滇国"。

中国的城市不乏值得一说的历史与故事，使它们被国家公布为"国家历史文化名城"，但是，它们中的部分已不满足于单纯守卫祖上的零星遗产，力求重现千年的恢宏历史。

回到"明代"。2012 年年底，大同古城墙即将合龙，投资 500 亿元的古城再造，正令这座城市再现明代风华。

回到"宋代"。2012 年 8 月，河南开封爆出千亿元打造古城的新闻，力争四年内重现北宋汴京繁华。

回到"春秋"。2012 年年初，山东肥城"春秋古城"项目开工奠基，计划总投资 60 亿元，占地 2200 亩。

回到"上古"。2011 年 9 月，江苏金湖尧帝古城开建，项目占地千亩，总投资 30 亿元。

在同济大学建筑与城市规划学院教授张松的记忆中，以往这种复古表现为对个别建筑的整修，如北京琉璃厂、南京夫子庙、承德清代一条街、开封宋街等。而今，复古已变为一区乃至一城。

作为住建部历史文化名城专家委员会委员，中国城市规划设计研究院教授级高工赵中枢目睹了各地古城重建后悟出一个规律：在较发达的东部沿海、偏远的西部地区少有这种现象，但在中部，经济上有一定潜力仍想大发展的地区，古城重建正扎堆出现。其中，仅河南一省，即有郑州、鹤壁浚县、开封、商丘、洛阳等五地欲重建古城。

"这是一个方向性的错误。"张松说，"这是不现实的，更重要的是城市文化、城市生活是回不去的。"

"古城重建的动机很少是为了文物保护，大部分是为了搞旅游、搞地产开发。"北京大学城市与环境学院教授吴必虎说。

在 2009 年聊城古城保护与改造动员大会上，聊城市一位领导公开感慨，原汁原味的"天下第二楼"光岳楼、傅斯年纪念馆知者寥寥，究其原因，就是由于我们的文化旅游业发展不够。因此，古城的改造开发被寄望成为"旅游业发展的龙头，带动经济发展，带动老百姓发家致富"。

事实上，诸多重建的古城并不隐讳打着"旅游"的名号，如尧帝古城又称金湖印象旅游城，银川西夏古城亦称西夏商业文化旅游博览园。

据同济大学国家历史文化名城研究中心主任阮仪三观察，当下这股古城重建的风潮正是肇始于丽江、平遥、乌镇等古城古镇旅游业兴起之后。"人家能够搞好，我们也一样能够搞好，完全能够实现后来居上。"上述聊城市领导如是说。

地方政府已然运筹帷幄。聊城市政府的招商文件显示，恢复建设历史文化景点投资约为 1.78 亿元，建成后，年客流量约为 30 万人次，可收入 1 亿元左右。而大同市更是曾公开期许，未来旅游人数将达到每年 300 万人，以 100 元门票算，一年即是 3 亿元，这还不包括餐饮、购物等带来的收入。

两院院士吴良镛曾指出，大拆大建对地方政府而言是一种最经济的做法。赵中枢说："老城中心地价高，拆迁花费的成本高，但是经济回报会更高。"

聊城市政府的公开效益预测称，古城内棚户区改造项目投资约为 16.87 亿元，可建民居约 48 万平方米，预计销售收入约 28.8 亿元，其利润之丰厚自不待言。

然而，所有的算盘都能尽如人意吗？

在当下轰轰烈烈的古城重建风中，山东枣庄的台儿庄古城是为数不多的已然开门迎客的一个。公开资料显示，自 2010 年开城以来，该古城共接待了 400 多万人次游客，从 2009—2011 年，古城三产增加值占 GDP 比重提高了 3.9%。

更多正在加速度前进的古城项目尚未接受考验。"是假文物没关系，但要考虑业态。业态规划成功，古城会响亮转身；只是物质城墙，可能大量的钱投进去以后收不回来，留给下届政府，最后真正承担的还是老百姓。"并不反对再造的吴必虎说，"政府立项，老百姓埋单，直到一代代把债还清。"

思考问题：

(1) 近年多座城市拆仿的现状及动机。

(2) 近年多座城市拆仿中存在的问题与原因。

(3) 近年多座古城再造的任务。

适用范围：

人文与自然资源管理问题分析。

相关链接：

千亿再造"汴京"，可别弄成了大跃进. 新京报，2012-08-12

何连弟. 13名城及历史文化街区. 文汇报, 2012-09-07

144地级市拟建200余新城. 北京晨报, 2013-08-26

分析路径:

人文——人类社会的各种文化现象, 如人文科学、人文景观。

自然——自然界, 一般指无机界和有机界, 有时也指包括社会在内的整个物质世界, 其内部、外部均具有客观规律, 也叫自然法则。

关键要点:

(1) 近年30多个城市争相上演巨资"穿越", 大部分是为了搞旅游、搞地产开发。

(2) 近年数座城市拆仿中至少存在6个问题: ①作为城市发展内核的历史文脉被割裂; ②城市原有的大山大水空间格局被破坏; ③城市的人文之湖受到严重污染; ④城市的街区和建筑风格特色被淹没; ⑤城市的基础设施缺乏统筹规划; ⑥城市的管理缺乏文化视野和战略眼光。究其原因, 突出表现为: 在管理观念上重建设轻管理; 在管理内容上重表象轻内涵; 在管理途径上重人治轻法治; 在管理手段上重经验轻科学; 在管理效应上重近期轻长远。

(3) 古城拆仿是一个方向性的错误, 城市文化和城市生活是回不去的, 这是不可再生的人文资源和自然资源的大破坏。所以, 与实际存在的问题相比, 更紧迫的任务是找回城市的灵魂。一座城市的发展, 文化是灵魂, 办法有: ①组织学建筑的大学生对传统建筑进行测绘、统计留档、保存资料; ②规划部门工作人员去施工现场"抢"各种建筑构件; ③把所有构件给博物馆布置展厅, 向社会展示; ④开发商与当地文化部门合作, 前者出文物保护和片区改造资金, 后者找专人修缮和恢复; ⑤法律、经济、行政三种手段相济, 调整各方(包括政府、开发商、规划部门、文化部门等)责任与利益; ⑥聘请世界著名设计师, 建造一些有个性和创意的标志性建筑。

1.2.2 南昌七大工业园缺工4.2万人[①]

作者姓名: 刘兴倍

案情介绍:

去年年底, 南昌市人社局对工业园区用工情况进行了调研, 今年工业园区仍存在着用工荒的情况。

"目前南昌市内属全省重点工业园的有: 小蓝工业园区、高新技术开发区、南昌经济技术开发区、昌东工业园、昌南工业园、长堎工业园区、安义工业园区等7个, 这七大工

---

① 根据乔亚楠《南昌七大工业园区全年缺工4.2万人》(《江西都市报》, 2013-02-17)改编。

业园 2013 年计划招工 41 884 人，其中普工 34 347 人、技工 5237 人、管理人员 1395 人，其他人员 905 人。"昨日，南昌市人社局相关负责人表示，普工仍是缺工的重要人群。

据了解，从缺工人员技术需求来看，按学历分：初中及以下学历的 6421 人、高中(中专、技校)的 26 685 人、大专及以上的 8778 人；按工作经验分：要工作经验的 10 359 人(占总需求的 24.7%)，不要工作经验的 31 525 人；按技能需求分：要技术职称的 4424 人，不要技术职称的 37 460 人。"由此可见，高职技校专业人员是最吃香的。"南昌市人社局相关工作人员表示。

求职者找工作，最关心的莫过于薪水多少，南昌市人社局对七大工业园区缺工人员薪水也作了相应的调查。

在缺工的 4.2 万个岗位里，平均月薪 1200 元以下岗位的 422 个、1200～1800 元的岗位 5107 个，1800 元及以上的岗位 36 355 个，86%的职位薪水超过了 1800 元。

根据工业园区工资的调查，目前平均工资为普工 2015 元、技工 2686 元、管理人员 3113 元。

思考问题：

(1) 企业招工难的原因。

(2) 解决企业招工难的对策。

适用范围：

人文管理中的人力资源管理问题分析。

相关链接：

赖钰洁. 南昌人才市场八类岗位最缺人力. 江西晨报，2013-03-01

赖钰洁. 今年我省将补贴培养 11 000 名高技能人才. 江西晨报，2013-03-03

分析路径：

人力资源——一般是指有劳动能力并愿意为社会工作的经济活动人口，既包括脑力劳动能力和体力劳动能力，也包含人的现实的劳动能力和潜在的劳动能力。

关键要点：

(1) 企业招工难的原因主要有 6 个方面：①需求大(重大项目建设劳动人才需求增长)；②门槛高(年龄、学历重重关卡)；③待遇差(收入低、劳动强度大，削弱积极性)；④竞争激烈(行业间"挖人"导致恶性循环)；⑤变动大(季节性用工影响企业招人)；⑥期望高(就业观念陈旧导致就业难)。

(2) 解决企业招工难的对策有 7 项：①系列招聘会搭建互通平台；②开展职业就业等多项政策扶持；③架构五级服务网络即时服务，促进就业；④通过职业培训提升劳动力就业水平；⑤稳定就业者可以加入城镇医疗保险；⑥为务工人员提供免费法律援助；⑦在本地稳定工作 6 个月以上可申请公租房。

1.2.3 13 亿人急需健康守门人[①]

作者姓名：刘兴倍

案情介绍：

几天前，家住北京西城区的程明(化名)突然觉得牙疼，连带眼睛疼、头疼，而且有些拉肚子。到了一家三级医院，程明不知道该挂哪个科的号，分诊台建议他挂口腔科。

在口腔科排队两小时，进去不到 3 分钟，医生就让换内科。程明又跑回挂号处，排队挂内科。专家号已经没有了，等挂上普通号，医院也到了中午休息时间。下午，程明又排了一个多小时才进入内科门诊。但是内科医生让他挂耳鼻喉科，耳鼻喉科医生又让他挂神经内科。

程明不明白，看病为什么这么累？

如果在美国等国家，程明的问题将先由社区的全科医师解决，只有确定是专科的疑难杂症时，全科医生才会将其转至专科医师处就诊。但在国内，程明需要自己一个一个专科地跑。在一些国家，30%～60%的医生是全科医师，他们服务于各个社区，满足常见病、多发病的诊疗，被称为健康守门人。

中国医师协会提供的数据显示，到 2011 年，我国执业范围为全科医师的执业(助理)医师占医师总数的 3.5%。

"大量缺少全科医师，导致全民健康维护网络几乎崩溃，百姓健康维护水平越来越差。"北京医院神经内科主任龚涛告诉记者。由于缺少全科医师，大家不论什么疾病都要到大医院就诊，而大医院的医生根本应付不了这么多的病人，也使得大医院的医生没有时间和精力去提高诊疗水平。

解决看病难的一个重要思路是让更多普通病、常见病的患者去社区医院一类的基层医疗机构看病。但由于种种原因，社区医院里的全科医师相当匮乏，以至于患者不愿到社区医院就诊，都愿意去大医院，加剧了看病难问题。

思考问题：

(1) 我国为何缺乏像全科医师那类高级人才？而美国却成为吸引全球精英医生的最大"磁场"？

(2) 我国为什么人才流失严重？用什么来留住像全科医师那样的高级人才？

---

① 根据以下资料整理：李晓聪、邹锦兴《江西 40 万精神病人医生不足千人》(《江西晨报》, 2013-07-23)；辛嘉雯、黄挺《解放初南昌合格医务者不足 500》(《江西晨报》, 2013-07-03)。

适用范围：

人文资源管理中的人才吸引问题分析。

相关链接：

易潇. 美国抢夺全球医疗人才. 江西晨报，2012-04-09

吴倩. 百万年薪仍觉性价比太低基金业人才流失. 江西晨报，2012-04-20

黄挺. 我省招 17 名"井冈学者"特聘教授. 江西晨报，2013-05-15

赖钰洁. 我省将引进 1422 名科学家领军人才. 江西晨报，2013-05-18

赖钰洁. 我省再引进 11 名院士. 江西晨报，2013-07-08

分析路径：

全科医生——在一定范围内各方面都擅长的医疗人才，或者说是以病人为中心，服务于各个社区、乡村，满足常见病、多发病的诊疗，被视为健康守门人的医生。

精神病人——人的大脑功能紊乱而突出表现为精神失常的病。病状多为感觉、知觉、记忆、思维、感情、行为等发生异常。

关键要点：

(1) 我国缺乏像全科医师一类高级人才的原因主要有：政策导向，地位不高、收入偏低、职业前景不明；素质不高，百姓信任度低；首诊负责制缺位，县、乡、村三级医疗网打破，医生流失；病员少，缺乏积极性；培养困难。

美国之所以能成为吸引全球精英医生的最大"磁场"是因为：任务轻，薪酬高；设备先进，晋升机会多；普通全科医生需求量大。

(2) 我国人才流失严重的原因主要是：从业硬约束无处不在；激励工具单一；过度管制；待遇偏低。

为留住像全科医生那样的高级人才，可采用如下措施：提高准入门槛；采用相同薪酬标准；引进先进设备；开设全科门诊；列入晋升条件；提高社会认知度；组织"转岗培训"；强化职业保护。

1.2.4　盘点中国"星二代"①

作者姓名：刘兴倍

---

① 根据李新《盘点中国足球"星二代"》(《江西晨报》，2013-09-27)和《李天一强奸罪一审获刑 10 年》(《法制晚报》)整理。

案情介绍：

1. 盘点中国足球"星二代"

2013年9月24日的一场国际青少年足球邀请赛中，U19国足3比1击败克罗地亚U19国家队。值得注意的是，在这场比赛中打进球的包括前著名国脚高仲勋的儿子高准翼，这让人们对足坛"星二代"子承父业的期待突然强烈起来。1994年职业联赛以来我们追过的那些国产球星们，他们的后代有多少在踢球，有哪些成为希望之星？

2. 5被告人构成轮奸，李天一被判有期徒刑10年

昨日(2013年9月26日)上午10时5分许，海淀法院宣布判决结果，被告人李天一犯强奸罪，判处有期徒刑10年。王某犯强奸罪，判处有期徒刑12年，剥夺政治权利2年。魏某(兄)犯强奸罪，判处有期徒刑3年，缓刑5年。魏某(弟)犯强奸罪，判处有期徒刑3年，缓刑3年。

海淀法院认为，5名被告人违背妇女意志，共同使用暴力手段奸淫妇女，其行为均已构成强奸罪。5名被告人的行为系轮奸，犯罪过程中对被害人的猥亵行为，应视为整个强奸犯罪活动的伴随行为，在量刑时酌予考虑。

思考问题：

(1) 我国"星二代"的近况如何？

(2) 我们对"星二代"应抱以何种态度？

适用范围：

人文管理中的人才资源管理问题分析。

相关链接：

国青1：1平墨西哥. 江西晨报，2013-09-27

中新网. 梦鸽：亲情会见20分钟，亲吻儿子. 江西晨报，2013-09-27

中新网. 老艺术家曝李天一曾踢打其父. 江西晨报，2013-09-29

分析路径：

(1) 人才——是指具有一定的专业知识或专门技能，进行创造性劳动并对社会做出贡献的人，是人力资源中能力和素质较高的劳动者。

(2) 国家中长期人才发展规划纲要(2010—2020) (曾佑忠. 我国2020年进入人才强国行列. 江南都市报，2010-06-05)。

总体目标：培养和造就规模宏大、结构优化、布局合理、素质优良的人才队伍，确立国家人才竞争比较优势，进入世界人才强国行列，为在21世纪中叶基本实现社会主义现代化奠定人才基础。

具体指标：人才资源总量从现在的 1.14 亿人增加到 1.8 亿人，增长 58%，人才资源占人力资源总量的比重提高到 16%，基本满足经济社会发展需要。人才资源结构上主要劳动年龄人口受过高等教育的比例达到 20%，每万劳动力中研发人员达到 43 人，高技能人才占技能劳动者的比例达到 28%。人才的分布和层次、类型、性别等结构趋于合理。人才资源布局上，在装备制造、信息、生物技术、新材料、航空航天、海洋、金融财会、生态环境保护、新能源、农业科技、宣传思想文化等经济社会发展重点领域建成一批人才高地。人才资源素质上，人才发展体制机制创新取得突破性进展，人才辈出、人尽其才的环境基本形成。人力资本投资占国内生产总值比例达到 15%，人力资本对经济增长贡献率达到 33%，人才贡献率达到 35%。

(3) 国家级人才工程"万人计划"(《中国剪报》，2013-10-31 转载，2013-10-30 新华网) 于 2012 年 9 月正式启动实施。

该计划准备用 10 年左右时间，遴选支持 10 000 名自然科学、工程技术、哲学社会科学和高等教育领域的高层次人才。

该计划包括 3 个层次 7 类人才。第一层次 100 名，为具有冲击诺贝尔奖，成为世界级科学家潜力的杰出人才。第二层次 8000 名，为国家科技和产业发展急需、紧缺的领军人才，包括科技创新领军人才、科技创业领军人才、哲学社会科学领军人才、教学名师、百千万工程领军人才。第三层次 2000 名，为 35 岁以下具有较大发展潜力的青年拔尖人才。

(4) "星二代"——社会上那些如演员、运动员等明星的子女。

关键要点：

(1) 目前已有多人像他们的父母那样崭露头角，继承并发扬了父辈们的高尚品德；但多数"星二代"的年龄尚小，正在成长之中；少数由于家教失败而误入歧途。

(2) 明星不应阻拦孩子"子承父业"，可"顺其自然"；但应抓紧成才教育，克服优越感。

1.2.5　文物保护急需抢救修缮[①]

作者姓名：刘兴倍

案情介绍：

近 30 年来，全国消失的 4 万多处不可移动文物中，有一半以上毁于各类建设活动(《中国剪报》2012-08-15 转自《北京晨报》2012-08-13 王歧丰文)，其余有的遭蚁害，有的疏于保护，有的被占用，有的残破不堪。

[①] 根据以下资料整理：唐小博、李巧《18 家文保单位因蚁害年耗损 500 万》(《江西晨报》，2012-06-20)；高雅、黄挺《南昌四大古牌坊保护告急》(《江西晨报》，2012-12-11)；王歧丰《半数消失文物毁于建设》(《北京晨报》，2012-08-13)。

2013 年夏天，南昌白蚁肆虐的程度令人吃惊，不仅省政府大院、青山湖住宅小区、爱国路周边区域、大士院区域、青山南路住宅小区、洪城大市场等 6 处传统蚁害重灾区深受其害，且广场南路、中山路、胜利路步行街也成为蚁害的"重灾区"，蚁群令其中的商户和住户叫苦不迭。

南昌市白蚁防治研究所专家表示，据保守估计，白蚁对 18 家文物保护单位造成的经济损失每年都至少在 500 万元。晨报热线就曾接到一些市民反映，称南昌的一些古牌坊由于疏于保护，破损严重，希望能够引起相关部门的重视。接到反映后，记者通过走访南昌钟陵节凛冰霜坊、温圳湖南朱家门坊、黄门都谏石牌坊、南昌县贞节牌坊屋等四大古牌坊了解到，各大古牌坊都为受保护文物，但目前现状不容乐观。

南昌市地处长江以南，气候温暖湿润，很适合白蚁的滋生、繁殖，是受白蚁危害的重灾区之一，白蚁的防治问题成了令人烦心的大问题。可是，大多数市民对白蚁防治毫无概念，个别白蚁灭治机构标榜的"专业除蚁"，也着实令人怀疑。

思考问题：

(1) 我国历史文物的现存状况。

(2) 我国历史文物毁损严重的原因。

(3) 我国保护历史文物的措施与办法。

适用范围：

人文管理中的文物保护问题分析。

相关链接：

俞书华. 427 年古牌坊修复因猪圈挡道搁置. 江西晨报，2013-07-01

宋欢，罗凌欧，喻勋. 南昌蒋介石行营迟迟未修复. 江西晨报，2013-07-30

分析路径：

文物——历史遗留下来的在文化发展史上有价值的东西，如建筑、碑刻、工具、武器、生活器皿和各种艺术品等。

关键要点：

(1) 文物年久失修，保护不力，缺损严重，蚁害损失，有的挪作他用。

(2) 文物价值认识肤浅，重视程度不够，文物保护机构缺位或乱收费，资金缺乏，拆障要价太高。

(3) 壮大文物保护机构和队伍；提高文物保护意识；申请资金，协议斥资；提供拆障补偿；明晰产权，分类"活化"，各方多赢。

1.2.6 "老字号"在呼唤新生①

作者姓名：刘兴倍

案情介绍：

1. 八一商场等南昌"老字号"消失

鹤纪影楼关门、万花楼变身涮羊肉店，原为广益昌百货商场的八一商场在地铁修建中也轰然倒下……当全国上下都在进行"老字号"评比与保护时，南昌人是否还只是停留在对逝去"老字号"的怀念中？当然并不是所有"老字号"都只有消失、退出这唯一的结局，在南昌还有黄庆仁栈、亨得利等老品牌依旧风生水起，而商贸委等相关部门也正在积极筹划振兴南昌的"老字号"。

2. 50 年代南昌四大名餐厅风靡一时

如今的南昌，各类餐厅随处可见，闲暇之余，邀两三好友觅餐馆，让话语在美食的陪伴下发酵，是人生一大美事。但关于美食的历史、南昌餐厅的变革与沉淀却很少有人去探究。

近日，记者在南昌市城建档案馆翻阅《南昌市志》，其中记载了南昌早期包括新雅酒家、清真万花楼、东方大酒家和北味时鲜楼等在内的家喻户晓的名餐厅多开业于民国，50 年代曾风靡一时，餐厅的菜品各具特色，广受南昌市民热捧，而如今这些已逝的诱惑与繁华我们只能通过时间的缝隙去感受。

3. 时代变迁与怀旧情结

今夏网络上一张网友随意拍摄的旧床单照片，引发了众多网友的怀旧情结。其中，床单和脸盆被网友推崇为"怀旧神器"。这股怀旧热潮也一直从夏天延续到了秋天，仍然没有减弱。"我家以前的煤球炉子，烧水做饭都少不了，亲们还记得吗？""搪瓷杯子，我老妈当年得到厂里的'先进个人'称号时的奖品，现在还在用。"有才的网民们纷纷晒出了自家的老物件。不是因为这些物件有多么值钱，而是这么多年，它们承载了很多美好的记忆。

为此，晨报记者搜集了南昌市多家消失的老企业，它们生产的产品曾是"老南昌"们最熟悉的记忆，有 20 世纪 80 年代人手一块的蓝格子手帕，有生火做饭少不了的火柴，衣食住行无不涵盖。虽然随着社会发展，这些老企业和老物件都渐渐消失在南昌人民的生活里，可它们却永远留在南昌人民的记忆当中。

4. 江西省"中华老字号"多数经营惨淡，现生存危机

2013 年 10 月 16 日傍晚，位于南昌市中心的广场北路华灯初上、车水马龙，沿街的商

---

① 根据以下资料整理：吴昊《八一商场等南昌"老字号"消失》(《江西晨报》，2012-09-11)；曾伟《50 年代南昌四大名餐厅风靡一时》(《江西晨报》，2013-07-16)；兰兵、曾伟、谭娟《南昌第一家照相馆鹤记的起与落》(《江西晨报》，2012-10-23)；邓芳《我省"中华老字号"多数经营惨淡陷生存危机》(《江西晨报》，2013-10-21)；罗薇《内斗，毁掉多少民族品牌》(《江西晨报》，2013-07-16)。

铺门庭若市。在这其中，一家名为"品香斋"的食杂店却用厚重的卷闸门与繁华的闹市隔离。品香斋，这个具有百年历史，于2011年被商务部评为"中华老字号"的品牌，它用石头街的品香斋麻花打开了老南昌人的味蕾，却用"玩消失"的方式淡出了新南昌人的视野。

江西省商务厅发文要求各地展开"中华老字号"保护和促进工作情况调查，并于当月月底上报。1个多月过去，该厅流通业发展处的办公室里却只是孤零零地"躺"着6份企业的汇报材料。江西仅有的22家"中华老字号"发展情况如何，从各家企业对于汇报材料的"不积极"或许可以窥见一二。

连日来，记者通过多方走访调查发现，江西"中华老字号"在市场化的发展道路中，正在三条不同的道路上前行：因经营不善关门歇业；在旧体制下继续不温不火；在民营企业的扶持下寻求突破。

思考问题：

(1) "中华老字号"的现状及困境。

(2) 不少"中华老字号"退出历史舞台难觅踪影，而部分"老字号"依旧风生水起，原因何在？

(3) "中华老字号"后劲不足的调理与发展。

适用范围：

人文资源管理中的"中华老字号"品牌复兴问题分析。

相关链接：

江西省22家"中华老字号". 江西晨报，2013-10-21

万凯芸. 我省认定5个省级美食街(乡)，江西晨报，2015-12-07

邓芳. 江西省去年61家酒店被"摘星"，江西晨报，2016-01-11

分析路径：

"老字号"——即老品牌，或者说是历史悠久、拥有世代传承、具有鲜明的民族传统和文化背景以及深厚的文化底蕴，形成良好信誉，标准化、品质统一，非常受消费者欢迎的产品、技艺或服务，一般约定在百年以上。如北京烤鸭，天津的狗不理包子，杭州的张小泉剪刀，天津的劝业场，上海的城隍庙，南昌的蓝格子手帕、搪瓷杯子、北味时鲜楼、黄庆仁栈、亨得利，"北有同仁堂，南有庆余堂"，享誉国内外。

关键要点：

(1) 在2006年和2011年仅有的两次全国范围的"中华老字号"认定工作中，餐饮、中药、工艺品等行业评定了"中华老字号"1129家，江西省仅占11席，在全国靠后。不少江西"中华老字号"歇业或倒闭，或以"老字号"之名不温不火地生存，"墨守成规"让老字号与市场脱节，"中华老字号"品牌影响未能彰显，需要在激烈市场竞争下寻求发展突破。

(2) 对比之下，一些"老字号"不适应市场，后劲不足；缺乏激励制度；固守"小富即安"等老观念；内部争端。

(3) 借鉴上海等地经验；守住"老"，跟上新；政府搭台，引进民间资本；成立行业协会。

1.2.7 江西省 176 条商业街无一"国字号"[①]

作者姓名： 刘兴倍

案情介绍：

提及江西省的商业街，南昌市胜利路步行街、九江市大中路步行街、庐山牯岭商业街等较为有名的商业街会首先在脑海中浮现。记者从现场获悉，目前江西省店面数量达到 100 家以上的特色商业街已经有 176 条，它们对社会消费品零售额的贡献率已经达到了 9.2%。然而这些商业街放在全国却并不知名，目前仍无一条"国字号"。2013 年 7 月 11 日，江西省商务厅特意召开了江西省特色商业街培训交流会，并邀请中国步行商业街委员会主任韩健徽等专家为其商业街发展"把脉"。为了提高其商业街的知名度，江西省今年起将加大财政投入，力争 5 年内打造 5 条国家级特色商业街。

思考问题：

(1) 江西省商业街的现状。
(2) 江西省城镇打造商业街的举措。

适用范围：

人文资源管理中的"商业街"打造问题分析。

相关链接：

邓芳，万雪. 围绕滕王阁建老字号商业街. 江西晨报，2012-11-07

熊飘飘，邹锦兴. 盘点南昌 7 个国家 4A 级旅游景区. 江西晨报，2015-12-02

分析路径：

商业街——又称商店街，是同类或异类的多家独立的零售商店集合在一定地区，形成零售商店集中区，既有综合性的，也有专业性的，还有步行商业街，如家具一条街、书店一条街、汽车一条街、食品一条街、文化一条街等。各类商业街或商店街，在许多国家或地

[①] 根据宋观、邓芳《我省 176 条商业街无一"国字号"》(《江西晨报》，2013-07-12)改编。

区都有。如北京有名的王府井、西单、前门大街，天津的和平路，上海的南京路、淮海路等。香港的铜锣湾地区也是闻名的商业街。在国外，如日本东京的秋叶原、英国利物浦的步行街、德国法兰克福的步行街等。

商业街具有如下 6 个特点：①多集中在交通便利的市中心区域，辐射力强，且疏散较快；②一般以某家大百货商店为龙头，在附近或所在街道两旁，形成许多商店，集中大量消费者和上下班的人流，以及流动人口；③多由各自独立、各具特色的零售商店构成；④所经营的商品品种齐全且包括多个档次，消费者选择余地很大；⑤不少商业街的形成有一定的历史，它不仅是商店集中区，而且是人文社会景观场所，既是城市的窗口，又是游客必到之地；⑥商店林立竞争激烈。

关键要点：

(1) 规模小，"国标化"程度低，2013 年年底之前江西全省 176 条商业街仍无一条"国字号"；各类商业街"含金量"不高。

(2) 力争 2013 年评得国家级商业街；加大财政资金投入，提升改造商业街；重点在南昌规划打造一批商业街，围绕滕王阁建老字号商业街，力争 5 年打造 5 条国家级特色商业街。

1.2.8　为旅游资源作加法[①]

作者姓名：刘兴倍

案情介绍：

某国有长虹农场为调整产业结构，提高经济效益，准备安排一批女职工和部分待业青年就业，拟兴办一座小型工厂。现有两种方案可供选择。

(1) 购进一套国产小型造纸设备，需投资 14 万元，使用期 6 年，年利率为 6%，已知年现金净流量为 5.2 万元，6 年后的设备残值为 5200 元。

(2) 由国外引进一条饮料食品软包装生产线，需投资 18 万元，使用期亦为 6 年，年利率为 6%，已知年现金净流量为 5.8 万元，6 年后的设备残值为 5400 元。

该农场现有资源条件是：靠近风景旅游点；有一批女职工和待业青年；有水稻田 1000 亩，年产稻草 50 万公斤，还有梨园 800 亩，葡萄园 300 亩，以及果品、果汁加工设备。经市场预测，纸张由于受世界环境保护影响，原料趋紧，需求相对加大，价格会上涨。饮料需求是总体上呈滑坡趋势，但对软包装的果汁饮料食品需求量会增大，同类产品市场竞争激烈。

---

① 根据熊菊喜《国有长虹农场的投资决策》(熊菊喜主编《现代企业管理教学案例》，江西科技出版社，1995)改编。

思考问题：

(1) 对两个投资方案进行评价。

(2) 综合农场环境、资源、市场情况，进行优选决策，提出办厂满意方案。

适用范围：

人文资源管理中的旅游资源管理问题分析。

相关链接：

法制晚报. 中国游客黄金周全球消费 480 亿. 江西晨报，2012-10-15

新华网. 数据盘点最长最热黄金周——接待游客 4.25 亿人次，实现旅游收入 2105 亿元；游客人均花费支出 495 元. 江西晨报，2012-10-09

胡静雄. 江西着力开发武夷山旅游资源. 江西晨报，2012-02-15

蔡俊杰. 我省将投 5 亿建 7 条旅游公路. 江西晨报，2012-09-21

蔡俊杰. 我省投 5 亿建五大旅游公路项目. 江西晨报，2012-12-27

分析路径：

(1) 投资决策。投资是指投入资金，以期在未来获得预期收益的经济行为。包括短期投资和长期投资。投资的特点是一次投入的金额大，受益期长，一旦实施后就难以改变。因而对投资进行财务管理，重在投资前的决策分析，即对拟议中的投资从技术、经济、财务等方面进行综合研究，并结合投资环境、法律、环境保护、社会效益等各个方面，做出科学的论证分析。

(2) 净现值法。净现值法是把投资项目有效期内(经济寿命或经营期内)的全部现金流量按一定的折现率折算为现值加以比较，以判定取舍与否的方法，其计算公式为

$$NPV = \sum_{t=0}^{n} \frac{NCF_t}{(1-k)^t}$$

式中：NPV 为净现值；n 为投资期限；NCF_t 为各年现金净流量；t 为投资期；k 为内涵报酬率(或银行贷款年利率)。

(3) 和谐社会。和谐社会应该是一个以人为本的社会，是一个大多数人能够分享改革和发展成果的社会。社会各阶层和睦相处，社会成员各尽所能，人民的聪明才智全面发挥，人的基本权利和需求得到满足，经济社会协调发展，人与自然协调共处，最终实现经济、社会和人的全面发展。

(4) 循环经济。循环经济是一种以资源的高效利用和循环利用为核心，以减量化、再利用、资源化为原则，以低消耗、低排放、高效率为基本特征，符合可持续发展的经济发展模式，是对大量生产、大量消费、大量废弃的传统发展模式的根本变革。

关键要点：

根据经济规律、社会规律、自然规律的要求，主要采取定量分析与定性分析相结合。步骤上先按照经济要求进行定量分析、比较、评估，后按照社会规律和自然规律的要求进行定性分析，综合决策。

具体可以从以下两个方面进行分析。

(1) 从财务角度进行定量分析，判断其是否利润最大化(此处为收益最大化)。可采用投资决策中的净现值法(NPV法)对两种方案可获得的净现值进行测算。

$$NPV_1 = \sum_{t=0}^{n} \frac{NCF_t}{(1-k)^t}$$

$$= \frac{-14}{(1+6\%)^0} + \frac{5.2}{(1+6\%)^1} + \frac{5.2}{(1+6\%)^2} + \frac{5.2}{(1+6\%)^3} + \frac{5.2}{(1+6\%)^4} + \frac{5.2}{(1+6\%)^5} + \frac{5.2+0.52}{(1+6\%)^6}$$

$$= 11.26(万元)$$

$$NPV_2 = \sum_{t=0}^{n} \frac{NCF_t}{(1-k)^t}$$

$$= \frac{-18}{(1+6\%)^0} + \frac{5.8}{(1+6\%)^1} + \frac{5.8}{(1+6\%)^2} + \frac{5.8}{(1+6\%)^3} + \frac{5.8}{(1+6\%)^4} + \frac{5.8}{(1+6\%)^5} + \frac{5.8+0.54}{(1+6\%)^6}$$

$$= 10.28(万元)$$

$NPV_1 > NPV_2 > 0$，说明两方案均可行，且建造造纸厂的净现值较大，是最优方案，但不是最满意方案。

(2) 从环境和资源角度进行定性分析，判断是否符合构建和谐社会和发展循环经济的要求。该基层供销社靠近风景旅游点，不宜办造纸厂。该基层供销社资源丰富，可就地取材，宜办饮料厂。

总之，虽然建造纸厂的净现值大于建饮料厂，但综合环境保护、资源利用、生态平衡、循环经济、和谐社会、市场形势、经济收入等各因素，还是办饮料厂为最佳，经济效益和社会效益最大。这样给旅游资源做了加法，符合科学发展的要求。

1.3 旅　　游

1.3.1 "江南第一大漠"变荒凉[①]

作者姓名：刘兴倍

---

① 根据《厚田沙漠景区游玩项目9年减少四分之三》(《江西晨报》，2012-11-12)，重新整理。

案情介绍：

南昌厚田沙漠位于新建县厚田乡南部，离市区仅 28 公里，号称"江南第一大漠"，拥有沙山、沙州 4.4 万亩。厚田沙漠景区自 2003 年 4 月 29 日开园以来，先后开发了沙漠休闲、水上游、体育竞技和民族风情等四大类项目(包括 20 余个小项目)。先后举办过"首届中国南昌厚田沙漠国际沙雕节""首届中国南昌厚田沙漠户外欢乐游"等国内大型旅游活动，在省内外产生了巨大反响，是江西省最火爆的郊游景点之一。

2012 年 11 月，记者前往厚田沙漠景区探究留下的印记是：景区门口立着一块印有"江南第一大漠"的石头，可是石头下面都印着标明手机号码的各种小广告。踏入景区，映入眼帘的是一望无际的沙漠，记者最先看到的是一个由几根 10 余米长的铁杆组成的架子，但架子已经锈迹斑斑，本是供小孩玩的弹床，现在已经没用了。景区搭建了五六个白色蒙古包，供旅客休息、吃饭。蒙古包的东南边有一座公厕，可是未通水，散发阵阵臭味。景区一名中年男性工作人员表示，景区确实大不如前。"以前，整个景区的工作人员有上百人，现在才 20 多人，待遇福利也减少了，主要是因为游客减少了。"该工作人员称，节假日天气好时，游客稍多一点，一天下来可能有 20 多人，平时游客很少，而且主要集中在上午。记者经过调查还发现，曾经神奇百态的沙雕、翱翔天际的热气球、滑翔机、疯狂刺激的遥控船模、沙漠摩托，还在蒙古包风情等王牌游玩项目早已不见踪影，目前仅存骑骆驼、滑沙、赣江绳索等四五个项目。粗略统计，从开园到现在，景区游玩项目 9 年减少了四分之三。

思考问题：

(1) 厚田沙漠景区已由"江南第一大漠"变成一片荒凉的原因何在？

(2) 厚田沙漠景区的旅游资源如何得到恢复与保护？

适用范围：

人文管理中旅游资源的恢复与保护。

相关链接：

汪洋. 部分游客素质差损国人形象. 江西晨报，2013-05-17

家长为儿在埃及神庙涂鸦致歉. 江西晨报，2013-05-27

国家旅游局要求公民不在文物古迹上涂刻. 江西晨报，2013-05-29

外国旅客在中国也刻字. 江西晨报，2013-06-25

江西遂川投入 50 万元抢修中国首个红色政权旧址. 江西晨报，2012-02-15

蒋介石重庆行营被"保护性拆除". 江西晨报，2012-02-16

环境欠佳交通不便投资缩水，南昌海洋公园内外交困. 江西晨报，2012-04-05

分析路径：

旅游——是人们以旅行为手段，离开定居地并在异地作短期逗留，以了解自然和社会、完善自我或发展事业为目的的社会生活现象。

旅游资源——是指自然界和人类社会中凡能对旅游者产生吸引力，具备一定旅游功能和价值的各种事物和因素。分为自然资源、社会资源和人文资源三大类。

旅游资源保护——是指维护资源的固有价值，使之不受破坏和污染，保持自然景观和人文景观的原有特色，对已遭损坏的旅游资源进行治理。保护的内容包括旅游资源所形成的景物、观景和意境。

关键要点：

(1) 环境欠佳，交通不便，投资缩水，管理不力是后天沙漠景区由"江南第一大漠"变成一片荒凉的主要原因。

记者进入厚田沙漠景区途中，下了高速公路，还需走13公里的小路才能到达。在小路路口，记者发现，通往景区的小路由于正在修建，路口已被堵死，最后，记者只能换成摩托车进入，走了五六公里村级公路，再穿过一个大街两侧满是摊贩的集市，颠簸20多分钟后终于抵达景区。景区蒙古包的东南边有一座公厕，因为沙漠的水很珍贵，要从很深的地下抽水上来，游客又不多，故公厕未通水，散发出阵阵臭味。

制约景区发展的主要原因之一：交通瓶颈。景区的熊彪书记告诉记者，下高速后到景区中间有10余公里的乡村马路，道路较窄，途中还要经过一个路边集市，这在一定程度上影响旅游班车的畅通。

制约景区发展的另一主要原因是景区的管理存在困难。景区有近万亩沙漠，其中有4000名居民居住，由于景区未封闭，居民随意带游客逃票进入景区，管理困难。

景区最火爆时开发了沙漠休闲、水上游乐、体育竞技和民族风情等四大类20余个小项目，建立了一批旅游接待设施，如绿洲大酒店、农家饭庄、森林木屋、沙漠接待中心、景观休闲售货亭、停车场等，但由于目前通往景区的道路正在修建，加上秋冬淡季，旅游人数比以往要少一些，所以不少游玩项目停办。

厚田沙漠景区是由南昌旅游集团公司投资开发的，集团公司从2002年8月开始投资建设基础设施，2003年4月29日正式开园对外营业，已先后投入4000多万元，2012年又投了400多万元积极创建3A级旅游景区，部分配套设施已经建好。南昌旅游集团还请了银川市规划建筑设计研究院有限公司负责规划，详细规划了景区结构、旅游网络、风景游览等各个方面，但要实现打造真正的"江南第一大漠"的目标，资金的缺口依然很大。

(2) 要使厚田沙漠的旅游资源得到恢复和保护，实现打造真正的"江南第一大漠"的目标，必须同时兼顾法律措施、行政措施、技术措施、社会措施和经济措施，多管齐下。

① 法律措施：由国家颁布有关法令、法规对旅游资源加强保护，如《旅游法》以及国

务院批准颁布的重要文物、单位、景点等方面的行政法规；对破坏旅游资源者采取罚款等措施，追究法律责任。

② 行政措施：建立、健全管理机构、政策，加强对旅游资源的规划和监督，划定保护范围，建立环境质量评议制度、责任追究制度。

③ 技术措施：对旅游资源的检查、普查、控制、保护、防治，建立保护资源档案等。

④ 社会措施：宣传教育，即通过各种途径和方式，宣传教育保护旅游资源，重视保护方法研究和加强保护意识。

⑤ 经济措施：通过财政、税收、银行、物价等经济手段，转移支付、税率、利率、价格等经济杠杆，调整与旅游资源有关各方的经济关系和经济利益，如奖罚、分配关系、资金筹措等。

1.3.2　高速变"高堵"景区也超载

作者姓名：雷姝燕

案情介绍：

2012 年中秋节与国庆节"喜相连"，高速公路免费与景区优惠齐推，"史上最长黄金周"吸引逾 6 亿人次奔走在度假路上，这个数字相当于全国人口的一半。如此大规模的人口流动带来的各种"堵"，成为网友吐槽的对象。

热词一："黄金粥"

从 9 月 30 日到 10 月 7 日，这年的"黄金周"不仅是"史上最长黄金周"，还是一碗啥滋味都有的"黄金粥"。

热词二：高堵公路

在免费通行首日的 9 月 30 日，全国道路旅客运输量共完成 8560 万人，车流井喷式增长以及交通事故增加，导致了国内 16 个省(市)共计 24 条高速路出现了明显拥堵，个别热点路段出现时速 20 公里以下的极度堵塞。超负荷的流量让多地"高速路"变"龟速路"、"停车场"。10 月 6 日起，集中返程车流导致公路压力增加，6 日全国道路运送旅客再破 8000万人大关，未出现大规模拥堵，但入城交通压力明显增加。

热词三：景区超载

受今年 8 天长假、免费通行和景区"黄金周"优惠票价等因素的影响，"黄金周"里，多地知名景区出现"超载"，华山甚至发生万人滞留事件。观景成了"看人"，名山变成"人山"，有网友感叹道："西湖见人不见桥，故宫人流如潮，三亚海滩成饺子锅，大梅沙滩人比沙子多。"对不少居民而言，原本高高兴兴的"悠长假期"反而由于景区、公路主线的拥堵成为"自虐假期"。

热词四：垃圾遍地

中秋之夜，深圳大梅沙海滨公园清理出垃圾 130 多吨；中秋夜过后，海南三亚大东海景区 3 千米海滩遍布 50 吨生活垃圾；高速公路也未能幸免。

(资料来源：综合新华社，2012-10-08)

思考问题：

(1) 为什么"黄金周"会变成"黄金粥"？

(2) 如何解决长假景区"不堪重负"的问题？

(3) 如何打造有品质的"长假文化"？

适用范围：

人文管理中的旅游管理问题分析。

相关链接：

1. 黄金周里只见人头攒动不见景

在 2010 年国庆黄金周的 7 天时间里，内蒙古额济纳旗的胡杨林节迎来了全年三分之一的游客。从 10 月 1 日到 4 日，熙熙攘攘的客流把林区塞满，自驾车车队把公路占满，宾馆酒店更是一床难求，沙漠帐篷营地五颜六色的帐篷一眼望不到边际。

2. 九寨沟是流量控制急先锋

2001 年五一旅游黄金周期间，九寨沟游客爆满，日均客流量达到 3.6 万多人。景区内游客拥挤，管理混乱，环境受到污染。过量的游客进入九寨沟，不仅现有的接待条件无法满足，甚至还影响了接待质量，而且宾馆、饭店大量的排污以及人为的垃圾、大量的汽车废气，使九寨沟的植被、空气、水源受到直接污染和影响。经过反复调查、测量、论证，各界专家达成共识，按当时的接待条件，九寨沟日均客流量控制在 6000 人以内最为合适，最大客流量则不能超过 1.2 万人。于是从当年的 7 月 1 日起，九寨沟正式对外发布实施流量控制。

分析路径：

1. 黄金周

黄金周本指中华人民共和国境内的劳动节或国庆两个节日连续 7 天的休假。

"长假"的制定，主要目的是推动"假日经济"，通过长假拉动内需、创造出一些新的需求。7 天长假是旅游、交通和商业集中时段，相对于商家赚钱的商机，媒体称其为"黄金周"。

2. 旅游承载力

旅游承载力也称景区旅游容量，它是在一定时间条件下，一定旅游资源的空间范围内的旅游活动能力，即满足游人最低游览要求，包括心理感应气氛以及达到保护资源的环境标准，是旅游资源的物质和空间规模所能容纳的游客活动量。

实际上，每个景区都有其所能承受的最佳客流量，当景区某一时点所接待的游客数量超出了其最佳接待容量时，即称之为旅游超载。景区游客超载，在带来巨大经济利益的同时，也造成了许多负面影响。

关键要点：

1. "预约制"可缓解景点景区超载

此次"双节"长假伊始高速公路即出现拥堵，但在回程时这种局面却未再现，原因之一就在于管理部门及时改进了管理方法，如假期通行不再发卡、及时发布交通信息、及时预警和疏导等。这表明，科学的管理、细致的服务能够赢得出行的良性秩序。倘若全国景点都能普遍推行预约制度，则游客不会盲目选择，一窝蜂地涌向知名景点，而会合理分流到其他景点。

2. 带薪休假应有强制条款约束

要解决过节扎堆旅行造成的景区压力，改变休假制度是关键。国家一定要对带薪休假有强制性的法律法规进行约束，保证公民的休假权利。

在出行时间的选择上，游客如果能自行挑选，自然会形成错峰出游，为节假日"泄洪"起到积极作用。如果各大景点只盯着国庆黄金周带来的门票收入，势必不能可持续发展。因而休闲方式应多样化，节假日应分散化，旅游接待应控制，以复合型的度假模式分散游客流量。

3. 流量控制可缓解景区容量超载压力

按刚刚通过的旅游法草案，景区必须实行旅游者流量控制制度，游客总量不得超过景区主管部门核定的最大承载量。当旅游者可能达到或者超过最大承载量时，景区应向当地人民政府报告，景区和当地人民政府应当及时采取疏导、分流等措施，旅游者应当予以配合。

流量控制不是简单的限定人数，而是一个系统工程，需要环保、水利、地质、旅游等各方面的专业人士通过科学的测量、规划，拿出合理的数据，计算出最佳客流量、最大客流量。景区则需要通过计算机票务预约系统，管控好景区当天的售票量、进入人数。

1.3.3　免费旅游陷阱

作者姓名：雷姝燕

案情介绍：

日前，宁波市一家旅行社搞了一个"万人免费游北京"的活动，看似诱人的活动，不久之后便遭到了很多的投诉，宁波市旅游局立即要求相关旅行社停止免费旅游、零负团费旅游等违规行为。

原来，海曙一家旅行社从 11 月开始搞的"万人免费游北京"活动称免三顿中餐、一顿早餐和四晚住宿，还包门票和来回机票钱。

　　当天，记者拨通了宁波市旅游局行管处负责人朱敏惠的电话。据称 2012 年 8 月下旬，在海曙注册的一家旅行社向旅游局报告，说经过策划，想在 11 月搞一个万人免费游北京的活动，免三顿中餐、一顿早餐和四晚住宿，还包了门票和来回机票钱。看了策划方案和安全预案，朱敏惠觉得都没问题，但也很好奇，这个免费团靠什么支撑？当时旅行社的人告诉他，他们属于一家物流公司，正好要搞周年活动，公司会拿一笔钱来贴补。

　　11 月 15 日，万人游发了首发团，当时走了 10 辆车，每人出发前还交了几百元押金。截至 12 月 2 日，有 6000 多人参团。记者了解到，这个团每天下午都要安排两个购物点，一路上导游还会推荐一些"加点套餐"，而且因为人数过多，一些之前说好的景点也漏了。考虑到"苗头不对"，市旅游局紧急叫停了万人团。

　　市面上，效仿这家旅行社的做法，打免费、低价牌的旅行社，不在少数。比如一家旅行社推出韩国游，五天四晚才 1200 元，而目前到韩国的单程机票，价格就超过 1500 元。

(资料来源：中国质检网，2012-12-13)

思考问题：

(1) 宁波市旅游局为什么对"万人免费游北京"活动叫停？

(2) 如何杜绝旅行社"零负团费"等的虚假宣传？

(3) 如何规范旅游市场秩序？

适用范围：

人文资源管理中的旅游管理问题分析。

相关链接：

(1) 近年来，旅游业的一些顽疾不断被舆论推向风口浪尖，强迫购物屡禁不止、景区门票涨价成风、欺客宰客现象层出不穷。国家旅游局多次在整顿市场的工作会议上提到，要加强对"零负团费"现象的监管与治理，但是效果并不显著。

(2) "零负团费"到底坑了谁？"零负团费"模式从泰国开始，蔓延到世界各地。泰国游资深导游小飞称："组团社并没有把旅游的基本费用支付给旅游接待地的地接社，甚至让地接社以亏本的价格来接待游客。这样的结果，是显而易见的。"

分析路径：

(1) 《旅行社条例》对旅行社经营所做的要求，其中包括以下内容：

第二十四条 旅行社向旅游者提供的旅游服务信息必须真实可靠，不得作虚假宣传。

第二十七条 旅行社不得以低于旅游成本的报价招徕旅游者。未经旅游者同意，旅行社不得在旅游合同约定之外提供其他有偿服务。

第三十三条 旅行社及其委派的导游人员和领队人员不得有下列行为：拒绝履行旅游合同约定的义务；欺骗、胁迫旅游者购物或者参加需要另行付费的游览项目。

(2) 国家发展和改革委员会日前发出通知，决定从 12 月份开始用半年左右的时间，在全国范围内组织开展旅游行业价格行为专项检查，对主要旅行社、旅游景区等旅游相关经营者的价格行为进行检查。

检查的重点是：旅游经营者是否以"零负团费""特价"等虚假的、使人误解的价格宣传招徕和组织接待游客；旅游经营者在提供服务中是否存在变相涨价或价格欺诈行为；旅游景区是否存在乱加价、乱收费行为；旅游相关经营者是否按规定明码标价。

关键要点：

(1) "《旅行社条例》明确规定，低于成本的话，旅行社不能招徕游客。低于成本价，就是零团费，就是通过购物、景点返利，或者收取少量游客保证金和意外保险费用等。"朱敏惠表示，这样的行为严重扰乱了宁波的旅游市场秩序。

(2) 国家发展和改革委员会强调，规范旅游行业价格行为，维护旅游市场价格秩序是净化旅游环境、促进旅游业健康发展的内在要求，也是维护消费者权益、扩大国内消费需求的重要举措。各级价格主管部门要按照统一部署，集中力量抓好对重点区域、重点对象、重点行为的检查，坚持查处与规范并举、整治与服务并重，务求取得实效。要畅通 12358 价格举报电话，积极办理消费者投诉举报，维护消费者权益。要针对旅游行业存在的难点价格问题，与主管部门、协会和经营者加强沟通协调，倡导明码实价，积极探索规范旅游价格行为的长效机制，提升整治效果。

(3) 此次国家发展和改革委员会在全国范围内组织开展旅游行业价格行为专项检查，有业内人士认为，整治价格行为有利于行业长远发展与整合，对存在不规范操作的中小景点和旅行社可能影响更为明显，而对稳健成长的行业龙头企业冲击较小。此外，此举将有利于构建良好的旅游市场环境，促进旅游业健康发展，扩大国内消费需求。

(4) 要规范旅游市场秩序、提升旅游服务质量，只抓或主要抓旅行社和导游经营服务这个环节是不科学的，而且效率不高、效果不好。从旅游消费心理、习惯以及旅游发展方式、市场和产品结构入手，就是从源头着手，再从旅游市场其他环节、其他方面采取措施，就构成了所谓的全流域治理。

1.3.4　景区如何面对"到此一游"

作者姓名： 陈美娜

案情介绍：

2013 年春节过后的一天，北京故宫工作人员颜先生发现太和门附近的一口大缸被人刻上了"梁齐齐到此一游"，于是气愤地将此事发到微博："今日，一名叫梁齐齐的游客，在故宫大铜缸上刻下了'到此一游',逮到你都得剁你的手。"

据故宫博物院开放管理处副处长沈丽霞介绍,"铜缸刻字事件"在网上曝出后,故宫博物院相关部门立刻派技术人员进行清理,故宫管理方将加强巡查密度,发现此类情况立即予以制止。同时,也希望游客在发现此类乱写乱画等不文明行为时,能够及时进行劝阻、制止,并通知工作人员。

随后,记者来到与北京故宫博物院同为5A级景区、同样拥有众多文物古迹且与其常年游客人数较为接近的北京天坛公园。在曾经一度成为游人胡乱题刻集中地的回音壁前,记者发现,有的游人在导游提示下,隔着栏杆对着回音壁呼喊,有的游人在距回音壁稍远的地方录着音,也有个别少年儿童试图越过栏杆与回音壁"零距离触摸",但被守候在那里的看护人员及时制止,并向其耐心解释。令人欣慰的是,近年来,这处回音壁上只有"旧伤",没有"新痕",众多游人在公园解说员、旅行社导游引导下,基本上都能与回音壁保持一段距离,感受"距离产生美"的乐趣。

(资料来源:中国旅游报,第一旅游网,2013-03-04)

思考问题:

(1) "到此一游"的题刻会给景区带来什么样的影响?

(2) 旅游景区如何加强对此类问题的治理?

适用范围:

人文资源管理中的旅游管理问题分析。

相关链接:

雄伟的八达岭长城,自20世纪50年代起,就开始遭受乱写乱刻的破坏。以前,这些破坏行为大多只是停留在公德层面的指责上或者简单罚款了事,胡写乱画现象一直在延续。在长数千米、人流如潮的游览区域内,仅靠专人看管,显然有些力不从心。自2006年9月20日《长城保护条例》在国务院常务会议上通过,以行政法规的形式明确规范与长城有关的行为的法律责任。《条例》显示,对于破坏长城的行为,开始由专门机构依法惩处,如果是严重的破坏行为,破坏者将有可能负刑事责任。如对于在古城上刻画、涂污行为,《条例》第18条以"明令禁止"的词句显示其严肃性。自《条例》颁布施行后,长城上胡乱刻画现象得到有效遏制。

据文物执法人士介绍,如果文物上胡写乱画者被"锁定",证据确凿,按2003年施行的《中华人民共和国文物保护法实施条例》,罚款数额为200元以下。只有破坏文物到一定程度,公安部门才可以对实施破坏者给予拘留。如此小额的罚款对很多违规者缺少震慑力,更何况当没有拘禁权、处罚权的景区管理者面对在景区文物上胡写乱刻的人时,即便"抓个现行",只要没破坏到一定程度,除了制止、警示、教育之外,又能如何?特别值得一提的是,有些文物、古树名木遭遇刻画之后,可以通过专业技法恢复原貌,但有些会造成难以平复的创伤。不争的事实是:如果对此劣行太过"温柔",难以复制、难以再生的珍贵文物所遭遇的"人祸"还会时有发生。

由此可见，对于景区文物保护，除了宣传教育，还需有强有力的法规"保驾护航"。

分析路径：

(1) 本案例围绕旅游环境面临的问题提出了相关疑问，为此，我们先要了解旅游环境的定义。旅游环境的定义因中心事物的不同而不同。从以旅游者为中心的角度，旅游环境是指以旅游者为中心，使旅游活动得以存在、进行和发展的各种旅游目的地与依托地的自然、社会、人文等外部条件的总和；从以旅游资源为中心的角度，旅游环境是指以旅游资源为中心，围绕在旅游资源周围的其他自然生态、人文社会等各种因素的总和。

(2) 在一定环境中由上述要素所构成的风景，若以自然风景为主，称为天然景观；以建筑为主，称为建筑景观；以人工雕筑为主，称为雕筑景观(大型假山便是雕筑景观)。一个良好的旅游环境必须是一个风光秀丽、未受破坏和污染，并能够满足旅游者观赏和行为心理活动的地区。旅游区有两种：一种是风景优美的天然名胜(名山大川、深山峡谷、茂密的森林、辽阔的草原、蔚蓝的海洋等)，以及一些自然景观(火山、海潮、冰川甚至沙漠)等；另一种是人工胜地，如历史古迹、著名建筑、繁华城市、优美园林等。通常情况下旅游景区是两者兼而有之。

关键要点：

(1) 不论是什么样的景区，都面临一个管理的问题。所谓旅游景区管理，指景区的管理者通过合理地组织人力、物力、财力，高效率地实现预定管理目标的过程。

(2) 随着中国经济的快速发展和人均 GDP 超过 3000 美元，旅游消费在中国家庭的总消费中所占比例快速提升，旅游产品从观光向度假休闲时代过渡，尤其是近年来旅游地产所带来的片区的综合开发，大型综合旅游景区建设一片欣欣向荣。

(3) 资源与环境的多样性是游客体验独特景观的必要条件，也是体验新鲜感的基础。没有了生态多样性，自然就不能给游客带来新鲜感，此时生态环境就成为景区的重要吸引物。因此在满足经济、社会和审美需要的同时，要保证景区的文化统一、基本的生态进程、生物多样性和生命支持系统，对文物保护遵循"有效保护、合理利用、加强管理"的指导方针，以及因地制宜，采用分区、容量控制、轮休等方法保证资源与环境的可持续利用，防止"吃祖宗饭、造子孙孽"的恶性开发。

1.3.5 穷游族

作者姓名：陈美娜

案情介绍：

"穷游网"的网友"花生"讲述了自己 31 天穿越东西欧 16 国的故事，他的计划曾被朋友嘲笑为"天方夜谭"，但他最终靠自己的努力和学习其他网友的经验，完成了这个不可能的计划。

"花生"从今年7月初开始张罗行程，7月由香港飞往欧洲，最便宜的是斯德哥尔摩，单程机票需人民币6400元，来回需人民币12 800元，加上税有13 500元，3万元的预算一下子就没了一半，不能直飞，他在网上找来找去，看到香港国泰航空的一个广告"7月31号前香港莫斯科来回港币3900元"，于是赶紧上国泰网页订票，加上税共需港币4600元，出了票。

"只知道俄罗斯离欧洲很近，但不知道俄罗斯去欧洲最便宜的路线，网上驴友几乎没有这样走过的，看地图查资料，圣彼得堡跟芬兰隔着一个芬兰湾，直线300多千米，圣彼得堡有去赫尔辛基的邮轮，从莫斯科有去圣彼得堡的夜间火车，圣彼得堡去赫尔辛基有夜船，这两样能省掉俄罗斯的两天住宿。"剩下的就是解决欧洲各国之间的交通问题。"花生"表示还要多谢穷游网，他在这里找到了很多怎样买欧洲铁路通票的重要信息，最后用6700元港币(合5500元人民币)刷卡买了一张欧洲21国通行，21天有效的欧铁火车通票，如果是学生或26岁以下，可以半价多一点(人民币3000元左右)买二等舱，同样通行欧洲21国。这张通票可以在21天内无限次在欧洲21个国家之间自由行走，平均下来很便宜。"这样，这次去欧洲的飞机票和欧铁通票加起来还不到人民币9000元，可是已经可以自由行走欧洲21个国家之间了。"

"在欧洲花费最大的还有它的物价，我准备带一个烧水壶，自己烧水和煮方便面，粮食方面，准备带10包方便面，10个肉罐头，这将是我们中国人到欧洲最好吃的东西，吃完了这些，就自生自灭了。"

31天，他经历了一场"辛苦而深刻的旅行"，历经种种惊心动魄的故事，终于按照原定计划胜利归来，游记写了一个200多页的帖子，成为网友们竞相学习的欧洲游攻略。

(资料来源：北晚新视觉网，2011-12-09)

思考问题：

(1) 你对穷游的态度如何？

(2) 在现代社会，人们的旅游方式经历了怎样的改变？

适用范围：

人文旅游管理中的旅游方式分析。

相关链接：

"穷游族"以学生和白领为主，他们往往是有知识、有个性、又有经济头脑的人。"穷游"不是光靠信心和理想就可以完成的。省钱有很多窍门，穷游族们非常善于运用网上的各种机票、酒店打折信息，可以节约大把银子。他们根据网上口碑选择吃住游购，可以免于吃亏上当，得到最高性价比；甚至有人自己设计好旅行路线后放到网上让大家帮忙挑刺儿，力争花最少的钱走最多的地方。

出国游最大的一项开销就是机票，被不少"穷游族"奉为"游神"的朱兆瑞表示："谁都不相信有免费机票，但我凭这个走遍了全球。"他说，其实天下的"免费午餐"有很多，就看你能不能找到。"收集、分辨和应用信息的能力越来越重要，旅行不一定要花很多钱，关键看如何规划。"他举例，在东南亚之旅中，从印度尼西亚的首都雅加达飞往新加坡要花 3000 多元人民币，但飞到距离新加坡不远的一座小岛，只需几十块钱，该岛到新加坡的船费是 100 元，路程半小时。"为什么会这么便宜？因为这座小岛属印度尼西亚，是国内航班，而雅加达飞新加坡，是国际航班。"

驴友"行走 40 国"是一名普通的工薪族，他介绍自己的省钱窍门，首先是反季节旅行，即在旅游淡季旅行，这样各种费用能够省下很多，但这样的方法只适合去一些自然风光不太好的国家；第二是选择旅游真空期，也就是在旅游国遭受自然灾害或局势动荡之后的一个月去旅行，那时旅游业还没完全恢复，机票价格特别便宜；最后一种方法是交换旅行，即双方互换住所，有很多旅游网站都开办了这样的方式，不过可靠性与安全性并不高，最好的办法就是在行走的旅途中结识外国驴友，留好联系方式，达成交换协议。

省钱并不意味着受苦，网友"偶尔跑"总结说："只要肯做功课，其实可以省下很多钱，并不一定要靠住得差、坐得差才能省的，毕竟出去玩还是想舒舒服服的，只要打好自己的小算盘，完全可以自豪地将'穷游'进行到底。"

分析路径：

"穷游"一词来源于网络，据悉是近几年一批留学欧洲的中国留学生兴起的说法。在英语国家，也有相应的提法，叫"budget travel"，直译的意思就是自己做预算的旅游。

其实通俗点说，穷游即是在自由旅行的同时，最大限度地省钱。穷游族有两种，一种的确是囊中羞涩；另外一种，则不是为穷而穷，选择穷游，和有钱没钱无关，只是想要用最经济的方式去"穷"尽天下美景。

但是，如果只是选择去哪里旅游，就称不上是"穷游族"了，正宗的"穷游族"一定会在网上公布自己的路线，找人挑刺儿，最后总结出一条最经典的路线，力争实现"用最少的钱玩最多地方"的宗旨。

关键要点：

时下，旅游已经成为人们日常生活的一部分，越来越多的人通过旅游来达到放松休闲的目的，但是在旅游前一定要选择好最适合自己的旅游方式。

旅游方式最热门的有 4 种，即：随团旅游、自助游、徒步背包游、自驾游。不管是哪一种，旅游带给我们的是身心的愉悦与视野的开阔。穷游也好，富游也罢，旅游业的发展需要多种方式并存。

1.4　文　　化

1.4.1　万里长城濒危，保护刻不容缓[①]

作者姓名： 刘兴倍

案情介绍：

2003 年 9 月，总部设在美国纽约的世界古遗迹基金会公布了 2004 年度全球 100 处最濒危遗址名单，万里长城榜上有名。

根据国家文物局 2012 年发布的长城资源调查结果，历代长城的总长度为 21 196.18 公里。今天所说的万里长城多指明代所修建的长城，据此前所测的明长城数据，明长城全长 8851.8 公里，除去 2000 多公里自然天险作为墙体的段落外，其中人工墙体长度为 6259.6 公里。

由于风雨侵蚀、人为破坏、缺乏维护管理，一些地区文化价值较高的明代长城的文字砖被盗、被拆解、被贩卖的现象屡见不鲜。长城墙体保存状况总体堪忧，较好的比例只有不足 10%，一般的只有约 20%，消失的比例为 30%。一句话，万里长城正在变短、变得更残破！一个典型的事例是，20 世纪 80 年代文物普查的时候，宁夏长城有 1500 多公里，800 公里左右可见墙体。而到了 20 世纪 90 年代中期，可见墙体只有 500 多公里。而如今，只剩下 300 公里左右了。

思考问题：

(1) 我国古长城这一文化遗产保存状况堪忧的原因何在？

(2) 对濒危的万里长城应探究哪些举措去保护并拯救？

适用范围：

人文管理中文化遗产的保护与拯救。

相关链接：

目前我国已有非物质文化遗产 1219 项，其中与端午节有关的就有 60 多项。(央视《焦点访谈：我国的端午节》，2012-06-23)

联合国受理南京大屠杀档案申遗. 江西晨报，2014-06-14

中国"文物犯罪第一案"侦破记. 江西晨报，2015-06-01

---

① 摘录整理自《江西晨报》(2015-06-29)转载新华社消息《万里长城濒危：近三成已消失》。

中国美食拿什么申遗. 江西晨报，2015-06-10

南昌纸刻画艺术传承面临断代. 江西晨报，2015-06-11

江西省国字号非遗传承人6成超70岁. 江西晨报，2015-06-12

江西南昌各县区推系列非遗文化大餐. 江西晨报，2015-06-12

江西省国家级非遗名录增至70项. 江西晨报，2015-06-14

分析路径：

文化——人类在社会历史发展过程中所创造的物质财富和精神财富的总和。

产业——国民经济中按照一定的社会分工原则，为满足社会某种需要而划分的，从事产品劳务生产和经营的一个部门。文化产业在英国、韩国被称为创意产业，在美国被称为版权产业。不同名称的背后，诠释的是文化产业发展与竞争的核心内涵：创意、创新、创造。

遗产——指某个国家或民族历史上遗留下来的物质成果或精神财富：文化遗产、文学遗产。

关键要点：

(1) 我国古长城这一文化遗产保存状况堪忧的原因主要在于：

① 风雨侵蚀、树木撑坏墙体现象严重。

稍微触碰墙体，就会有薄土落下，不少烽火台的砖瓦脱落，部分墙体出现倾斜，有些经风雨侵蚀已被掏空，留下数个大洞，可能一场暴雨就会坍塌，这是河北境内部分古长城上的现象。

2014年中国长城学会调查显示，长城保护状况不容乐观，以明长城为例，明长城的墙体只有8.2%保存状况较为良好，而74.1%的保存状况较差，甚至只剩下了地面的基础部分。

中国长城学会副会长董耀会表示，真正的砖石结构长城大部分分布在河北和北京境内，即使这些长城结构是砖石结构，也经不住常年的风吹雨打，不少城楼已经摇摇欲坠，夏季一场暴雨就可能将其冲塌，对于这些即将坍塌的危楼，政府要尽快普查，修缮越早，消失的就越少。

记者查阅资料显示，城楼被冲塌的现象不乏先例，2012年7、8月份的强降雨天气，就曾造成河北境内的万里长城大境门段出现36米坍塌，山海关城墙出现漏雨险情，乌龙沟段敌楼坍塌。

除了夏季暴雨，长在城墙缝里的树已成了这些地段长城最大的危害。在抚宁县板厂峪、董家口等地段长城，不少城墙缝里都长出了树，墙体被撑坏的现象十分严重。当地百姓表示，如果不清理，这些树根经过雨水的作用继续生长，墙体会继续被撑开，甚至撑裂城楼。

② 人为破坏、野长城旅游热加速古长城破坏。

抚宁县长城保护员张鹤珊表示，除去地震、风雨侵蚀等自然因素，人为破坏仍是长城生存的一大威胁，长城砖被盗、被贩卖现象时有发生，加之近年来的野长城旅游热都加速了古长城的破坏。

记者来到河北卢龙县刘家营乡东风村，首先看到村里房屋多是低矮破旧的建筑，但房屋本体和院墙使用的多是青灰色长厚砖。村里老百姓表示，早些年村子比较穷，所以人们从长城拆下这些长城砖来盖房。

记者获悉，卢龙县东风村背后的长城有一些砖比较特殊，砖上刻有文字，即文字砖，破坏盗窃文字砖的现象还是时有发生。东风村一村民表示自己家里就有文字砖，砖上刻着左中右等字，市场价多是四五十元一块文字砖，如买他的，可便宜到 30 元一块。

长城学界认为，这些文字砖具有不可替代的文物价值，但历经数百年自然侵蚀，加上人们的破坏，目前正在渐渐消失。

近年来，到野长城旅游探险的游客越来越多，但这些长城目前多处于自生自灭的状况，这些年催生的野长城热实际上已经超过了长城的承载能力，目前部分地区野长城的破坏比已开发的长城景区要严重得多。

根据当地长城保护员表示，游客频繁的踩踏难免也会造成一些长城砖石的松动。抚宁县文保部门表示，抚宁县野长城破坏少的，都是山坡比较陡峭、游客难以攀爬的地段。

③ 法条空泛、人财困难让破坏古长城行为乘虚而入。

2006 年我国《长城保护条例》颁布实施，但有专家表示，由于缺乏执法者，缺乏具体细则，目前《长城保护条例》仍处于一纸空文的状态。破坏长城的行为现在只能发现一起举报一起，然后再协调稽查队，等执法人员到现场后，文物可能已经被破坏了。

另外，长城保护面临缺人和缺财两重困境。长城沿线文物部门日常工作之一就是对长城遗址进行巡查监督，但因长城是线性文化遗产，范围太大，不可能单纯依靠文物部门，以抚宁县为例，抚宁县文物部门在编人员只有 9 人，不可能仅靠这些人完成巡查全县 142.5 公里的长城任务。

总之，虽然 2006 年国务院就颁布了《长城保护条例》，但对长城的保护并没有完全开展起来，重视不够，没有整体思路，是长城保护最大的缺陷。

(2) 对濒危的万里长城应探究下述保护或拯救举措：

长城是人类建筑史上的奇迹，也长期被用来作为中华民族精神的象征。1987 年，长城成为中国首批成功申遗的项目，和它一起申遗成功的项目还有明清皇宫、秦始皇陵、莫高窟、周口店北京人遗址等。只不过长城有着自己的特殊性，它不是一地、一点，而是一条绵延 2 万余公里的线，它的保护或拯救办法必须与众不同，而且要花更大力气，要付出更多的代价，包括队伍建设、法规制定、资金筹措、规划方向、责任落实等各个方面。

① 队伍建设：包括管理机构的建立，专业管理人员的选调，隶属关系的确定，群众管理人员的物色，保护人员的素质与考核，任务与职能的划分，评议制度的建立，奖罚办法的实施。

② 资金筹措：包括保护基金的设立，保护物资的储备，资金筹措的方式，筹措资金的使用，经费的来源与管理，政府、法人、社会、公民所投资金的运作。

③ 法规完善：包括《长城保护条例》的完善、《长城保护细则》的制定、长城的旅游开发规定、文物保护规定、建筑设计规定、相关经济开发的展开、长城保护的服务规定、违规行为的罚则。

④ 方向规划：包括长城保护的总体规划，长城保护的段落，逐步扩大保护的区域，"全程保护"的可行性，"段落保护"的现实性，保护连线的时间，保护连线的进度，长城保护的重点，长城保护的计划，人力物力的调集。

⑤ 责任落实：包括法律责任、行政责任、经济责任、管理责任、运行责任、技术责任、协调责任、领导责任、直接责任、中央责任、部门责任、地方责任、责任人。总之，一定要有人承担责任，责任的分量与权力相适应。

1.4.2 孔子去美国 300 年①

作者姓名：刘兴倍

案情介绍：

初到美国交流的时候，四川外国语学院教授张涛总觉得美国人对中国缺乏基本的了解。可在美国宾夕法尼亚大学的图书馆，张涛偶然翻到了一份 1743 年的《纽约周报》——当时的美国还没有独立。这份内容简单的报纸只有 4 个小版，可占据整个头版篇幅的，居然是一篇名为《孔子的道德》的文章。里面对中国崇尚儒学、言必称孔子的行为作了不少介绍。

尽管多年来致力于美国文化的研究，张涛仍然觉得非常意外。事实上，尽管他们都对孔子有所了解，却很少有人关注更深入的内容。

"要不，你来研究一下这个问题吧。"一位同事建议。

在那之后，张涛花了 7 年时间，在 15 家美国报纸上收集了近万篇涉及孔子的报道，从中分析美国媒体塑造孔子形象的变迁。最近，他把这些研究写入了一本名为《孔子在美国》的书里。

思考问题：

(1) 孔子及孔学对美国的文化所起的作用。

(2) 孔子及孔学传入美国的过程。

(3) 孔子及孔学在美国文化中的地位。

适用范围：

人文管理中的文化交流问题分析。

---

① 根据张涛《孔子"漂洋过海"美国 300 年》(《江西晨报》，2012-06-08)改编。

相关链接：

目前美国各地有 71 家孔子学院，为中美文化交流、构建和谐世界充当了桥梁纽带。央视《焦点访谈——孔子学院：大洋彼岸"中国热"》，2011-01-19

截至 2012 年 6 月，孔子学院在国外有 370 多所。央视四套《中国新闻》，2012-07-03

新华社. 英国拟将汉语列入小学必修课. 江西晨报，2012-06-12

陈金星，辛嘉雯，黄挺. 南昌孔庙毁于民国年间. 江西晨报，2013-06-21

分析路径：

文化交流——指两个或两个以上的文化主体之间在文化活动中用任何方式传递、交换或分享信息的过程。

关键要点：

(1) 每任美国总统都会受到"来自孔子的批评"。在美国，孔子的形象并非仅仅是一个中国的古人。美国媒体不仅会提到他的名字，还会引用他的言论，评价国内的新闻。

(2) 孔子"本尊"漂洋过海充当形象大使的角色。16 世纪，传教士利玛窦第一次把中国文化中的孔子形象介绍到了欧洲，随后又传到了美洲大陆。中美关系近几十年发展中，"孔子"始终是一个绕不开的角色。

(3) 孔子在美国只是一个符号，含义不一，各取所需。很多情况下，美国媒体塑造的孔子形象与孔子本身的观点有着天壤之别。近 300 年来，除了中国世代流传的孔子理念，在大洋彼岸，始终存在着一个"美国的孔子"。

1.4.3 南昌西汉海昏侯墓遗址公园的开发与建设[①]

作者姓名：刘兴倍

案情介绍：

2011 年南昌的文物市场曾出现过一条纯金的金龙，十分罕见，吸引了许多人的目光。金龙在古代只有帝王才能拥有。后经过调查得知，金龙出自当时的南昌市新建县大唐坪观西村一座被当地农民称为"墩墩山"的山包上，是盗贼利用洛阳铲从山中古墓里盗得的。而后，考古人员来到当地对墓葬进行了研究，从陪葬品、五辆马车和墓制结构分析推断，这处墓葬应该是属于西汉的海昏侯，但具体是哪代海昏侯，还不能确定。于是，从 2011 年起，考古学家就开始对这处墓园进行考古发掘，从墓园到墓葬区，再到都城遗址，发掘工

---

① 根据以下资料摘录整理：康婧《"江西考古遗迹"系列之一：东晋大地震竟助南昌西汉大墓免遭破坏》（《江西晨报》，2015-12-18）；邓玲、王竹青《南昌汉代海昏侯国遗址公园今年开建》（《江西晨报》，2016-01-04）；邓玲、王竹青《晨报记者实地探访"东方庞贝城"——海昏侯国都城：都城遗址城墙 2000 多年不倒》（《江西晨报》，2016-01-15）。

作一直持续到今天仍在继续。目前，内涵最为丰富的汉代侯国聚落遗址已展现在世人面前，其保存之完好、规模之庞大、体系之完整，即使在最严谨博学的考古专家眼中，也是独一无二的。

南昌西汉大墓地处汉高帝(也称汉高祖)时豫章郡的海昏县，即现南昌市新建区昌邑乡游塘村，当地居民仍称之为"昌邑王城"。海昏县因鄱阳湖南移而沉入湖底，已消失了1500多年。南朝刘宋元嘉二年(公元425年)海昏沉没商业南徙，吴城遂正式立镇。北魏时，鄱阳湖的前身已在都昌县西北一带形成了一片开阔水域；隋炀帝时，湖水南移扩展，到唐代已大致拥有今天鄱阳湖的范围和形态；元、明两代，随着湖区继续沉降，鄱阳湖逐渐向西南方扩展至进贤县北境的北山，海昏古城在这一过程中沉入湖底。

整个西汉大墓墓园面积较大，占地面积约5万平方米，由两座主墓、七座陪葬墓、一座陪葬坑等构成。这处墓园中共有大大小小8座墓，其中只有侯夫人的2号墓被盗过，其余墓葬均完好。整座墓园中不仅有墓葬群，还有一些祠堂、水井等遗迹，这说明在相当长的一段时间内，墓园中是有守墓人看护的，可能多达上百人。

南昌西汉大墓是我国迄今发现的保存最好、结构最完整、功能布局最清晰、拥有最完备祭祀体系的西汉列侯墓园。南昌西汉大墓发掘所揭示的以西汉海昏侯和侯夫人墓为中心的祠堂、陵寝、厢房和墓园墙及道路、排水系统等各类地面建筑基址，规模宏大的侯墓本体、覆斗状封土、"甲"字形墓穴、"回"字形椁室及回廊形藏阁等清晰的功能区划，对于复原西汉列侯葬制和园寝制度价值巨大，在我国考古学史上还是第一次。此外，南昌西汉大墓出土的文物也创下了我国考古史上的众多第一。据了解，海昏侯是个爱读书的人，在其墓葬中出土了数以千计的竹简和近百版木牍，这是中国简牍发现史上的又一次重大发现，也是江西考古史上的首次发现。同时，他还是个爱乐之人，出土的整套乐器包括两架编钟、一架编磬、琴、瑟、排箫、笙和众多伎乐俑，形象地再现了西汉列侯的用乐制度。海昏侯生前生活非常富裕，其墓葬中出土了我国长江以南地区发现的唯一一座真车马陪葬坑。并且出土的五铢钱数量甚多，估计达200万枚。在主椁室西侧的一个床榻下，发现了2盒金饼共189枚和1盒马蹄金共23枚，创下了我国汉墓考古史之最。数量如此之多的马蹄金和金饼的发现，反映了墓主人身份的高贵和特殊，也进一步将墓主人引向第一代海昏侯刘贺。刘贺是汉武帝刘彻的孙子——年轻有为的昭帝刘弗陵的继位人昌邑王汉废帝，因其荒淫无度，只当了27天皇帝就被上官太后一纸文书废黜了。从西汉第一代海昏侯刘贺开始，刘贺的儿子、孙子、曾孙都世袭海昏侯，直到东汉永元十六年(公元104年)废除。刘贺生于公元前92年，卒于公元前59年，30多岁便抑郁而亡。

南昌西汉海昏侯墓是我国迄今为止发现的文物保存最完好、墓园及主墓内结构最完整、墓园区及城池区布局最清晰、出土文物品类数量最丰富的大遗址，对于研究我国汉代政治、经济、文化具有十分重大的学术、历史和艺术价值，将全面提升南昌乃至江西文化的影响力。目前，江西省正在加快推进南昌汉代海昏侯国遗址的保护利用工作。将来，在这座静谧的村落中，一座冲击世界文化遗产的大遗址公园和遗址博物馆将拔地而起，再现当年汉代繁荣风貌。按照计划，南昌汉代海昏侯国遗址博物馆和遗址公园2015年开始建设。三年就将初见成效，建设目标是创建国家 5A 级旅游景区、国家考古遗址公园、世界文化遗产。

思考问题：

(1) 南昌西汉海昏侯墓遗址的考古发掘，其意义与价值何在？

(2) 南昌西汉海昏侯墓遗址公园和博物馆的建设应达到哪些要求？

(3) 南昌西汉海昏侯的主人是谁？其根据何在？

适用范围：

人文文化管理中的遗址(文物)建设问题分析。

相关链接：

熊飘飘，邹锦兴. 盘点全省内 7 处千年古墓遗址. 江西晨报，2015-12-07

国际先驱导报. 全球主题公园纷绘布局中国，中国本土主题公园路在何方. 江西晨报，2016-01-29

邓玲，王竹青. 遗址公园将最大限度呈现主墓原貌. 江西晨报，2016-01-12

王竹青. 入选中国社科院 2015 年"中国六大考古新发现"，海昏侯墓获中国考古界"奥斯卡奖". 江西晨报，2016-01-13

中国青年报. 中国"文物犯罪第一案"侦破记. 江西晨报，2015-06-01

国际先驱导报. 美国归还多国文物，为何独缺中国. 江西晨报，2015-05-26

分析路径：

文物：历代相传的文献和古物。

遗址：已经湮没或坍塌毁坏的古城镇村塔、古建筑物的原址。

遗址公园：在遗址上开建供公众游憩的场所，有花木以至池水。

遗址博物馆：在遗址上开建的搜集、保管、研究、展示原址上有关社会历史、文化艺术、自然科学以至体育竞技等方面的文物或标本的文化教育事业机构。

关键要点：

1. 南昌西汉海昏侯墓遗址考古发掘的成就和影响

南昌西汉海昏侯墓遗址的考古发掘，入选中国社会科学院 2015 年"中国六大考古新发现"，海昏侯墓万众瞩目，获中国考古界"奥斯卡奖"。每年由中国社科院和国家文物局分别主办的"中国六大考古新发现"和"全国十大考古新发现"，都堪称中国考古成就的"奥斯卡奖"。2015 年，这六项重要的考古新发现由论坛评审委员会从全国各地考古机构推荐的大量 2015 年全国最新考古新发现中，经过严格筛选产生。在被称为中国考古成就的"奥斯卡奖"评选中，南昌西汉海昏侯墓与海南东南部沿海地区新石器遗址、江苏蒋庄良渚文化遗址、陕西宝鸡市周原遗址、汉魏洛阳城宫城太极殿遗址和辽宁"丹东一号"清代沉船遗址等重大考古发现一道榜上有名。此外，2016 年 1 月 8 日在京举办的"第四届中国工艺美术收藏年会"上，"南昌西汉海昏侯墓出土万余件珍贵遗文物"还入选了"2015 年中国工艺美术十大事件"。南昌西汉海昏侯墓是我国迄今为止发现的文物保存最完好、墓园及主墓内结构最完整、墓园区及城池区布局最清晰、出土文物品类数量最丰富、拥有最完备祭祀体系的西汉列侯墓园大遗址。对于研究西汉列侯的园寝制度具有重大价值，对于研究我国汉代政治、经济、文化具有十分重大的学术、历史和艺术价值。该墓是我国长江以南地区已发现的唯一一座带有真车马陪葬坑的墓葬，对于研究西汉列侯等级的墓葬制度具有极为重要的意义，迄今为止出土了一万余墓主遗物，形象地再现了西汉时期高等级贵族的生活。同时，以紫金遗址、历代海昏侯墓园、贵族及平民墓地等为核心的海昏侯国的一系列重要遗存，共同构成了一个完整的大遗址，这是中国目前发现的面积最大、保存最好、内涵最丰富的汉代侯国遗址，是国家级乃至世界级的珍贵历史文化遗产，具有重大的研究和展示利用价值，将全面提升南昌乃至江西文化的影响力。具体说明如下。

(1) 这是 21 世纪考古学领域的全新模式和局面，具有科学性、规范性和亲民性，具有示范效应。南昌西汉大墓的考古发掘有三个方面的领先，科学组织、开放报道、文物保护。来自于国家文物局、专家和地方政府、研究单位无缝衔接，从而使得这次重要的考古发掘有权威的指导意义。在每一个阶段都有预测，做到了科学发掘。南昌西汉大墓的考古发掘应该成为新的考古模式。

(2) 这是当今中国考古的标杆。从时间、空间、内涵三要素来说，墓主非刘贺莫属，但目前没有实证。江西做得好，科学发掘、学术研究、文物保护，全过程有机地结合在一起，在发掘过程中就考虑到了今后的展示和利用。南昌西汉大墓的考古发掘理念非常先进，考古发掘、学术研究、文物保护、展示利用通盘考虑，这也是这个墓葬发现的一个亮点。

(3) 南昌西汉大墓考古发掘堪称考古工程。南昌西汉大墓考古发掘做得这么好，可以不叫一个考古项目，应该叫一个考古工程。这个时候发现这座墓葬，是历史赋予我们的机遇，考古人员不能辜负历史、辜负时代的机遇，要把它做成一个标志性的考古工程。

(4) 南昌西汉大墓考古发现具有世界意义。南昌西汉大墓考古工作是超一流的，在科学性上达到了前所未有的高度。随着材料的丰富和研究的深入，该发现将在全世界产生很大的影响力，非常期待遗址公园的建设并申报世界文化遗产。首先南昌西汉大墓是整个海昏侯国的生活文化等情况的完整体现，过去的考古很少会关注周边建筑。同时，南昌西汉大墓的考古发现也十分惊人。不仅在江西，而且在全国都是非常难得的，并且有世界意义。

(5) 这次南昌西汉大墓考古发掘对于墓葬的发掘和保护及今后大型墓葬的考古工作有所启发。以前我们的考古工作都是强调文物要在原位，而这一次的考古发掘利用科学手段进行资料的收集和文物的就地保护，很多易损文物应急处理，及时转移到室内进行科学保护，这都对之后的考古工作有很大启发。

(6) 南昌西汉大墓考古是非常好的案例和标本。南昌西汉大墓作为列侯墓葬要素齐备。这次的发掘，给我们学术研究提供了一个研究汉代，尤其是西汉墓葬非常好的案例和标本。本次发掘工作确实做得很好，很科学、很规范，也很成功。希望把这次考古工作的模式和方法，能够加以总结和推广，为未来的墓葬发掘提供借鉴和参考。

(7) 南昌西汉大墓考古是秦汉考古领域几十年来最重要的发现。南昌西汉大墓达到了侯的规格，王的规模，而很多随葬品呈现出帝王的特殊性。

(8) 南昌西汉大墓实属登峰造极。作为列侯级墓葬，南昌西汉大墓的墓葬形式和随葬品物应该是登峰造极了，除了墓葬形式不能会僭越外，这个墓葬所出土的文物实在是太丰富了。

(9) 南昌西汉大墓规模超长沙王墓。"看到海昏侯墓，我感到王不如侯，长沙王不如海昏侯。"南昌西汉大墓的一些细节与湖南长沙王墓发掘有相似之处，这对研究西汉晚期诸侯墓葬有着重要的意义。

(10) 南昌西汉大墓是世纪大发现。这次南昌西汉大墓的考古发掘可以算得上是世纪大发现，是21世纪国家级的大发现。因此，这次国家文物局也集结了全国文物发掘和保护的力量来把这次发掘做好，而且成立了专家指导小组，随时进驻工地，这种情况在全国少有。

2. 推断墓主是刘贺的证据

南昌西汉海昏侯墓的墓主为当过皇帝的第一代海昏侯刘贺的可能性极大。可以至少梳理出以下十六大证据：

一是发现大量青铜鼎。

二是长江以南首个真车马陪葬坑。

三是三堵悬乐。

四是大量马蹄金、麟趾金和金饼。

五是代表汉王最高水平的玉佩。

六是两张2米长的床榻。

七是大量"昌邑"字样的器具。

八是主墓西回廊大量简牍(超乎想象)。

九是木牍现"臣某"等字样。

十是主棺内出土金印。

十一是内棺中有金器、玉器，还有纺织品的痕迹。

十二是主椁室的漆器和玉质耳杯。

十三是出土龟型玉印章"大刘记印"。

十四是棺椁顶板处发现金丝缠绕玉具剑。

十五是墓中发现三块金板或为册封金册。

十六是文献记载，南昌西汉大墓地处西汉昌邑王刘贺的封地。

3. 对南昌西汉海昏侯墓遗址公园和博物馆建设的建议及应注意的问题

南昌西汉海昏侯墓遗址公园和博物馆的建设首先应充分认识南昌西汉海昏侯大墓考古工程的重要意义、文物遗产的重大价值。按照国家文物局提出的"一流的考古水平、一流的文物保护水平、一流的展示水平"要求，切实把这份人类文明的宝贵财富保护好、展示好、利用好。然后应按照有关计划，南昌汉代海昏侯国遗址公园和遗址博物馆2016年开始建设。坚持"边发掘、边保护、边建设、边展示"的精神，确定"三年初见成效，创建国家 5A 级旅游景区、国家考古遗址公园、世界文化遗产"的目标。接下来，应加快推进遗址公园和遗址博物馆的规划、编制、建设、运营各项工作，高起点做好大遗址总体规划和建设以及旅游、路网、环境等专项规划。此外，南昌还应加快引进人才，强化考古、保护、利用等专业力量，统筹抓好立法、保安等重点工作，不断扩大遗址的知名度和影响力。

对于南昌西汉海昏侯墓遗址公园和博物馆的建设，还应强调以下四个问题：

1) 突出本土主题

主题公园一般是指以营利为目的兴建的，占地、投资达到一定规模，实行封闭管理，具有一个或多个特定文化旅游主题，为游客提供休闲体验、文化娱乐、产品或服务的园区。包括以大型游乐设施为主体的游乐园，大型微缩景观公园和商业开发的植物园、湿地公园等，以提供情景模拟、环境体验为主要内容的各类影像、动漫、演艺等文化活动园区，以及其他园区性旅游综合开发项目。来自 2010 年中国主题公园峰会上的数字显示，中国主题公园市场每年有一亿人次客流，消费额超 100 亿元。然而，仅有 25%左右的主题公园实现盈利，45%收支基本持平，还有 30%处于亏损状态。主题公园存在两极分化现象(爆棚与遇冷并存)和收入模式过于单一的问题，这既是必然趋势，也是市场竞争的结果。

中国居民休闲出游需求不断增加，实际上，中国的主题公园市场还是有较大的发展空间的。处在成长期的本土主题公园，应借鉴国际成功案例，不断优化经营模式、收入结构、营销水平，并通过形成特有的知识产权和创新，赢得消费者的心。为此，一方面，参照国际成功案例，主题公园收入结构应不断优化；另一方面，主题公园的建设应明确定位。从规模上看，可定位为大型主题公园；从游客辐射程度来看，可定位为以地区性主题公园为主体，兼顾全球性游客的需要。在此基础上，做好资源整合。除了有足够的游客访问量外，还应关注交通通信、餐饮、娱乐、表演等配套设施，能为游客访问的感觉"加分"。而最为关键的是园区主题定位特色鲜明，且能为当地游客的生活习惯、文化背景所接受。此外，主题公园的发展还要避免简单粗放的规模扩张。地处亚洲的主题公园接待量的增长主要依靠投资新项目，以公园面积的增长带动接待量的增长。主题公园建设要有基本的市场存量，特别是本地人的休闲消费为保证，不能什么都寄托于外来游客消费。作为一项系统工程的主题公园，从一开始就需要包括工程、技术、文创、投资、市场等多种软硬资源和要素的投入。但更要不断创新，在景点投资和市场营销中继续实施创新的公园才能得到有效的回报。因此，本土主题公园应抓紧布局加快增长，同时，也要在技术研发上加大投入，在知识产权上加快申报储备，形成拥有文化科技含量和自有知识产权的独特竞争力。

2) 呈现主墓原貌

南昌西汉海昏侯考古遗址公园建成后，应最大限度将主墓的情况再现在广大市民面前，包括开展棺椁吊运准备工作时，考古人员对遗留在主椁室内的部分文物逐步进行清理，以保障安全。在主椁室内的不少椁木也是下一步清理发掘的对象。这些椁木不仅要进行保护处理，还拟按照考古遗址公园的展示要求放回原位进行展示。在文保用房的其他保护工作间内，工作人员还应对前段时间发掘出土的文物进行清理保护，如工作人员在做每一层清理时所留下丰富的资料，包括影像拍摄、文字记录、图表绘制、三维模型构建等。在遗址发掘过程中，并不是每件文物最后都可以恢复实物的原样。但是通过现代技术手段能够复制还原，即使文物只剩痕迹，材料腐烂，还是可以提供各种信息，对其材质、结构、工艺等方面进行综合分析研究，通过计算机辅助手段进行模拟复原以及实物复原复制。在海昏侯墓遗址公园和博物馆内部整体布局时，既要有墓葬区概貌，又要能显示主墓方位，突出主次，再现当年汉代繁荣风貌。

3）展现墓主身份

南昌西汉海昏侯考古遗址博物馆建成后，应最大限度将能显示主墓墓主身份的实物(15种以上的证据)、图书、影像资料、高等级礼制性建筑基址、陪葬品、墓葬形式、墓主(刘贺)在各时期与功臣、贵族间的关系、海昏侯与豫章之间的关系、海昏侯墓园对赣江流域的影响、海昏侯来豫章后与当地发展之间的关系等展示出来。

4）坚持质量第一

震惊全国的汉代遗址距今 2000 多年，依然保持着"原生态"。遗址四周是黄土堆积的城墙，高度为 3 米，底宽为 5 米，呈梯形。据标本分析与实地勘察，此古城为汉代"紫金城"。结合调查勘探和考古资料，考古专家确认汉代紫金城遗址为海昏侯国都城，由海昏侯国都城、墓园区、贵族和一般墓葬区组成，体系完整。紫金城城墙的设置等级很高，而且很讲究，城墙呈环绕状，有两首城墙。以紫金城为代表的海昏侯国都城和以海昏侯墓为代表的墓葬区，是中国目前发现的面积最大、保存最好，内涵最丰富的汉代侯国聚落遗址，成为重要的国家级历史文化遗产，是研究西汉侯国历史最独特的大遗址。南昌西汉海昏侯考古遗址公园和博物馆的发掘建设中，更加应该吸取历史经验，坚持质量第一，塑造一座集人文、社会、自然为一个有机整体的不朽工程。

1.5 教　　育

1.5.1 上学难、上学贵

作者姓名：肖刚

案情介绍：

近日河南郑州小学下学期为期两天的报名结束，在家长们抱怨"入学难"时，郑州一热点学校的校长却被难为哭了。她说，学校就 225 个名额，而通过各种渠道递到她手里的"条子"达 700 多个，她不敢开一条缝，否则就会引起"决堤"。入学不仅考验了学生和家长，有的学校校长也喊"难"。

这些天，手机、固定电话的铃声此起彼伏，可我坐在办公室里，长时间不敢去接，因为一个电话，也许就是一串"麻烦"。每到招生时，每天天不亮就有电话，一直持续到半夜，我们只能一个个地做解释工作。

之前，我的手机号一直是对家长公开的，家长经常会让孩子发信息，小孩子会说：阿姨，我想去你们学校上学，如果你不让我上，我会天天站在校门口。每次看到这样的信息，我都无法面对，真不想伤了他们的心。可是，我怕，我怕当我开一条小缝时会引起"决堤"。

自从当了校长，我几乎不敢出去吃饭、聚会。一次出去和朋友聚会，一顿饭下来，吃出 7 个学生。即使这样，现在我的办公桌上放着 8 页纸，上面写着 153 个不同的人递来的"关系"名单，在我的抽屉里还放着 260 多个这样的名单，还有不少放在了门卫处，也有300 多个。

每到这时候，对我来说，每一分钟都是煎熬。每个来学校报名的孩子，我真的不想让他走，可是，学校真的无力接纳。力所不能及的事情太多，只希望每所学校都能变成所谓的热点校，满足所有家长的需求。如今我只盼着快点开学，让一切都平静下来。

（资料来源：大河网，http://edu.dahe.cn/）

思考问题：

(1) 对当前初等教育"上学难、上学贵"的认识。

(2) 探讨解决初等教育"上学难、上学贵"的途径。

适用范围：

人文管理中的中小学教育问题分析。

相关链接：

(1) 变相收费，家长不堪重负。以"择优录取"为名，变相收费、"红包开路"是农民工子女入学面临的又一障碍。南昌市《关于进城务工就业农民子女义务教育工作暂行办法》规定，农民工子女根据居住所在地由当地教育行政部门就近安排入学，不得收取借读费和与就学有关的赞助费、捐资助学款等。但记者在采访中发现，一些公办学校却巧立名目，变相收费。

(2) 小学生入学和"小升初"前夕，总有许多家长揣着"条子"、捧着"票子"拉关系、交赞助，为孩子上学奔走不休。为了让孩子就近进入一所好学校，他们甚至想方设法迁移户口。一位重点学校的老师发现，班上十几名新同学家的门牌号码竟然完全一样——都是学校附近一个公共厕所的号码。

分析路径：

1. 从初等教育"上学难、上学贵"的现象来分析

"上学难、上学贵"既是民众普遍关注的民生焦点之一，也是如今普通老百姓面对孩子教育问题的疾苦呼声。"上学难"主要表现在两个方面：①部分农村小学、初中生免费接受义务教育的政策未落实，学校仍向学生乱收费、变相收费；②上"好"学校难，即上

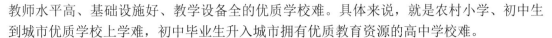

教师水平高、基础设施好、教学设备全的优质学校难。具体来说，就是农村小学、初中生到城市优质学校上学难，初中毕业生升入城市拥有优质教育资源的高中学校难。

2. 从探析初等教育"上学难、上学贵"的原因来分析

随着经济、社会的发展，全国的教育资源越来越丰富，政府相应的惠民政策日益完善，按理说，老百姓应该觉得上学越来越容易。意想不到的是实际情况却相反，部分中小学仍向学生收费、学校差距日益拉大、择校热高烧不退、择校费不断高涨、农民工子女城市就读难，老百姓觉得孩子上学越来越难，学费越来越贵。

关键要点：

(1) 明确各级政府提供教育公共服务的职责，保证财政性教育经费的增长幅度明显高于财政经常性收入的增长幅度，同时要从根本上解决"上学难、上学贵"问题，必须调整国民收入分配结构，加大对教育投入的力度，促进教育又快又好地发展，努力满足新时期人民群众对教育日益增长的需求。

(2) 普及和巩固九年义务教育，在农村并逐步在城市免除义务教育学杂费，全面落实对家庭经济困难学生免费提供课本和补助寄宿生生活费的政策，保障农民工子女接受义务教育。

(3) 要健全教育资助制度和助学体系，完善高等教育和高中教育阶段国家奖学金、助学金制度，落实国家助学贷款政策，同时鼓励社会各界捐资助学，以帮助贫困家庭学生完成学业。

(4) 要规范学校收费项目和标准，采取有力的措施坚决制止教育乱收费行为。引导民办教育健康发展，扩大教育资源覆盖面。

(5) 教育改革和发展创造良好环境。坚持正确的舆论导向，深入动员社会各界和广大人民群众关心、支持和参与教育改革与发展，努力形成全社会共同推进教育发展的新局面。

(6) 加大投入力度，加强教育管理。完善农村义务教育投入体制，建立健全义务教育经费保障的长效机制。同时，继续拓宽筹资渠道，健全教育成本合理分担机制，积极鼓励企业、社会团体和个人捐助教育。加强教育经费管理，不断提高经费使用效益。

1.5.2 "开学经济"折射病态的消费观

作者姓名： 肖刚

案情介绍：

最近发生在北京中关村的一件事引发网友热议：一名即将到外地上大学的女孩，坚持要妈妈给她买"苹果三件套"(苹果手机、平板电脑、笔记本)。母亲认为价格太高，不懂事的女儿竟气冲冲地甩下一句话"你就让我到学校里去丢脸吧！"入学在即，高校新生忙于采购入学装备，拉动了一波"开学经济"热潮。调查发现，各项采购累计算下来，除了学费，入学花费也要上万元。

(资料来源：高霞. 大学生高消费的现象与对策. 济南时报，2012-08-24)

思考问题：

(1) 如何看待大学生高消费的现象？

(2) 探讨引导大学生形成理性消费的建议。

适用范围：

人文资源管理中的大学生教育问题分析。

相关链接：

孩子读大学了，你准备每月给孩子多少零花钱？作为初入大学的新生，你打算一个月花多少钱？记者昨日随机调查了几所高校的老同学，同学们晒了自己一个月的消费账单，最低的学生花了 500 元不到，最高的是 3000 多元，平均下来，800 元是个中间数。而时间退回到 10 年前的 2001 年，当年入学的学生，一个月 400 元的生活费已经过得比较轻松了。

分析路径：

1. 从大学生高消费表现来分析

近年来，一些高校的大学生月花费近 2000 元，且有逐年增高的趋势。当许多贫困学子正在为学费苦恼不已时，另一些大学生的心中却刮起一股奢侈之风，呈现出不合理的高消费现象，主要表现为高档消费、超前消费、攀比性消费等不良倾向。

(1) 高档消费。不少大学生喜欢追求一些反常的豪华奢侈、气派新奇的消费，常把高档消费当作赶时髦和满足虚荣心理的手段。据调查，大学生手机的持有率为 60.3%，有的班级甚至达到了 70.0%，手机消费已成为当代大学生的普遍消费项目。

(2) 超前消费。2004 年，对山东省五所高校的 3000 名在校大学生消费的一次联合问卷调查显示，大学生的饮食和穿戴费用已升至总支出的 60%；与此同时，时尚消费更看涨，通信费用已占总支出的 10%。

(3) 攀比性消费。由于大学生自尊心、好胜心以及虚荣心较强，在消费行为上极易滋生压倒对方而寻求独领风骚的畸形消费心理，从而产生攀比消费、炫耀消费的行为。

(4) 非学习性消费。在上述关于"开学经济"的问卷调查中，各年级学生用于学习上的支出明显少于娱乐、恋爱和人情方面的消费。

2. 从影响大学生高消费的因素来分析

(1) 家庭因素的影响。家庭的消费情况对大学生的消费观有主要的影响。一般来说，来自传统意义上的农村的大学生，每个月的消费大部分用在伙食消费上。另一方面，这些大学生的家庭都不是特别富裕，在学校的消费也和以前在家里的消费一样，不会太讲究。

(2) 个性的影响。每个大学生的性格、气质、能力和兴趣都有很大差异，他们在购买活动中表现出来的识别能力、挑选能力也是因人而异，购买能力较弱的大学生往往犹豫不决。

关键要点：

1. 大学生高消费形成的原因

(1) 自身因素。主要包括个性心理影响和消费认知偏差。

(2) 家庭因素。一般可将我国的家庭分为两种类型。第一种是以"成年人为中心的家庭"，第二种是"以子女为中心的家庭"。

(3) 教育因素。在学生的中学时代，教育完全以应试为目的，很少考虑学生的价值观，更不会去培养消费观念。学生在踏入大学校园后，一下子自由起来，却没有正确的观念指导消费。

(4) 社会因素。当今社会拜金主义思潮泛滥，物质对于不完全谙通事理的青年学生是一种诱惑。

2. 引导大学生理性消费的建议

对于大学生适当提高生活质量和增强自身竞争力的理性消费我们是应该鼓励的。但时下大学生的消费往往严重超出家庭所能承担的程度，有的家庭甚至举债供大学生挥霍享受，给社会造成了不良影响，引起了一系列社会问题。因此，我们应从以下几个方面努力，正确引导大学生的消费行为。

(1) 加强朴素教育。我们不能把大学生的高消费问题完全归罪于商家或其他外在因素。试想，商家本来就是为了赚取剩余价值而付出劳动的，在市场经济的社会中这无可厚非，何况，商家在赚取利润的同时也方便了人民大众，促进了社会的进步，更不能说为了杜绝大学生高消费就要遏制社会的发展。解决大学生高消费问题应该从根本上找原因。据此，大学生要提高思想道德素质，加强朴素教育，才能应对外界的任何变化。

(2) 培养健康心态。大学生拥有什么样的世界观，就有什么样的人生观和价值观，世界观决定人生观、价值观。因此，我们在确保大学生正确世界观的同时要培养其勤俭朴素的作风，形成健康的消费心态，使其明白有所比有所不比的道理。

(3) 开展生活指导。步入大学，许多学生是高兴万分，但在高兴之余也存在许多迷茫。因此，大学辅导员在重视思想政治辅导的同时也要注重生活指导。同时"两课"(马克思主义理论课与思想品德课)老师要对学生进行消费道德教育。最后，要把理财知识写入课本，带上课堂，使学生学习理财知识并用来指导自己的消费。这样，现代的大学生不但懂得了理财，而且还善于理财。

(4) 创造相对纯净的校园文化和环境。整顿校园风气，对大学生进行国学教育，加强朴素、勤俭的优良传统教育。要通过各种渠道让大学生明白，自己还是一位无收入者，还是完全靠父母供养的纯粹消费者，要用感恩的心多去体谅父母，坚决避免让自己成为一个"躺在汇款单上的高消费者"。纠正学生在吃穿上的攀比心态，使学生理解"穷且益坚，不坠青云之志"的道理。

1.5.3　高校报名点拉起的家长"警戒线"

作者姓名：肖刚

案情介绍：

近日甘肃省高校新生陆续开始报名,记者 23 日在西北民族大学大一新生报到现场看到,新生报名区门口专门为家长设置了"警戒线"。西北民族大学相关负责人介绍,今年学校首次在报到区设"家长禁区",只允许新生带材料独自进入报名区办理入学手续,家长只能在线外等候或在专门设置的家长休息区等候。据相关负责人介绍,为了防止大一新生在办理入学手续中出现差错,学校今年简化了入学手续的办理程序,并且组织了 600 多名学生开展"志愿服务"等活动。

相关专家认为,孩子入学是他们成长的关键期,这个时候家长要学会"放手",信任老师、信任孩子,相信孩子能处理好生活中的问题,这样才能让孩子真正从心理上"断奶"。

(资料来源：新华网,2012-08-23)

思考问题：

(1) 对当前大学生素质教育的认识。

(2) 高等教育人才培养模式存在问题的探析。

(3) 探讨高等教育人才培养模式的途径

适用范围：

人文管理中的高等教育问题分析。

相关链接：

据 2012 年 8 月 24 日《钱江晚报》标题为"大学生就业难,企业招聘也难"新闻调查结果显示,如今大学生就业存在以下现状：①大学生普遍贪图安逸享受；②企业用工与大学生求职难以对接；③大学生就业率低于高中生就业率。

张平. 国内大学的创新力为何不如斯坦福. 南方周末,2015-12-31

国际先驱导报. 中国高校"魅力"渐增,来华留学驶入"快车道". 江西晨报,2015-12-24

分析路径：

1. 从大学生素质教育的内容和存在的问题来分析

(1) 素质教育的内容。素质教育的概念出现在 20 世纪 80 年代后期。原国家教委副主任柳斌同志于 1987 年在《努力提高基础教育的质量》一文中使用了"素质教育"一词，此后，有学者撰文从学理上探讨了素质教育问题。素质教育的提出与应试教育是相对应的，它是指一种以提高受教育者各个方面素质为主要目标的教育模式。素质教育是通过提高受教育者的思想道德素质、科学文化素质、心理素质、身体素质和生活技能素质，来提高其综合素质的教育。在我国，素质教育的主要目标就是培养学生德智体美劳全面发展，并重点培养学生的创新精神和实践能力。

(2) 当前大学生素质教育存在的问题：①应试教育占主导地位；②思想道德素质发展失衡；③文学素质普遍匮乏；④哲学素养欠缺；⑤自主创新意识比较淡薄。

2. 从高等教育人才培养模式来分析

1) 高等教育人才培养模式的内涵

"人才培养模式"一词开始在我国教育界出现的时间是 20 世纪 90 年代。随着"人才培养模式"概念的提出，其内涵也受到了广泛的关注，并引起了热烈的讨论。关于人才培养模式的定义还有很多种，分析各种表述，考虑人才培养模式概念的实际使用情况，我们赞同使用这样的一种定义：在一定的教育理念指导下，高等学校为完成人才培养任务而确定的培养目标、培养体系、培养过程和培养机制的系统化、定型化范型和式样。

2) 我国高等教育人才培养模式存在的主要问题

随着社会、经济、文化教育的发展。人才培养模式已经形成了一些新的理念：即现代大学培养的人才应该是知识结构合理、实践能力强、综合素质高、全面发展、可持续发展的人才。而事实却并非如此，究其原因，我们发现现代人才培养模式与我国高等学校传统的人才培养模式之间存在着诸多的矛盾。

(1) 人才培养目标与培养体系之间的矛盾。多年来受计划经济体制的制约，我国大学传统的人才培养过多地强调专业教育，注重专才型人才培养，在大学的专业设置上采取了细致划分学科专业的做法，导致大学教育中专业设置过窄的现象十分普遍。

(2) 人才培养目标与人才培养过程之间的矛盾。长期以来，我国大学在学习过程设计方面存在较多的问题，过程单一、模式刻板的现象比较普遍。教学场地仅限于学校之中，学校教学仅限于课堂之上，这种传统的教学方法与模式不利于培养学生的发散性思维、批判性思维和创造性思维，不利于创新能力的养成和创新型人才的成长。

(3) 人才培养目标与人才培养机制之间的矛盾。我国传统大学教育的培养机制不利于人才的成长。传统大学的教育管理以计划经济体制为基础，以学科专业教育管理为目标，为培养专才服务，与现代大学人才培养的目标很不适应。

关键要点：

1. 创新型人才培养模式

培养创新型人才需要不断创新教育模式。由于创新教育与传统教育在教育理念上存在明显的差异，因此，创新型人才培养更加重视以下几种教育模式：①教师与学生互动、引导与自学结合；②课内与课外并重、校内与校外结合；③理论与实践并重、知识与运用结合。培养创新型人才还要坚持正确的价值导向，评价学生不能单一地看考试成绩，更主要的是要看学生运用理论知识解决实际问题的能力，即实践能力。

2. 创新型人才的培养途径

培养创新型人才是建设创新型国家的必然要求，高校必须转变旧的教育观念，充分认识创新教育在素质教育中的地位，树立以创新精神为价值取向的新型教育思想，把培养具有创新精神和创新能力的各类人才放到关系国家前途和民族命运的高度来认识，确立唯有创新教育才能培养出创新人才，唯有创新人才才能建设创新型国家的意识。通过实施创新教育培养，满足社会需要的高素质创新人才。

总之，培养创新型人才是一个综合过程，是需要全社会共同构筑的系统工程。在高校的培养阶段，贯彻启发式教学，实现教学与科研融合是培养创新型人才的关键，而良好的制度和创新文化环境是保证人才健康成长不可忽视的"软环境"。

1.5.4　交不起择校费，南京一学生要跳楼

作者姓名：肖刚

案情介绍：

2012 年 8 月 21 日早上 9 点多，有南京市民报料称，在南京幕府西路附近的滨江中学，有一名即将上初中的男孩因为家庭贫困，难以承受 15 000 元的赞助费，一时情绪激动，做出了打算跳楼的举动，所幸被旁边的人及时拉住。校方表示，由于该学生属于外来务工人员子女，又无法提供"五证"，因此才要求他交费，而收取的钱也不是赞助费，而是捐资助学费。

(资料来源：金陵晚报，2012-08-22)

思考问题：

(1) 对中小学教育择校费问题的认识。
(2) 解决中小学教育择校费问题的措施。

适用范围：

人文管理中的中小学教育择校费问题分析。

相关链接：

据相关教育机构对中国 35 个主要城市进行的 2010 年度公众教育满意度调查显示，88.6%的公众认为本地中小学择校问题"非常严重""比较严重"，而这一数据在北京地区超过 95%。教育部表示，一些地方群众对择校乱收费问题反映强烈。教育部表示，义务教

育阶段择校乱收费和教辅材料泛滥问题是当前群众反映强烈的两大难点问题，连续几年处于群众投诉的前列。

廖乐逐，袁辉翔，万凯芸. 我省 590 万中小学生明年仍免课本费. 江西晨报，2015-12-05

分析路径：

择校费，简单说，就是一个学生一个阶段学习毕业后，进入上一个学习阶段的学校进行学习，在选择非教育局规定的所属地区的路段学校(不收取任何费用)的过程中所交纳的费用。同时转学也需要交纳择校费。择校费还包括赞助费、捐资助学费、教师慰问费等各种变相称呼。

1. 从择校费产生的原因来分析

(1) 择校费的收取具有可能性。

① 教育资源的稀缺性及学校的差异性。

② 旧体制对学校资源配置的不平衡导致了学校发展的不平衡。

(2) 教育垄断为高额择校费提供了条件。

(3) 不合理的人才选拔制度及用人制度刺激了高额择校费的收取。

2. 从择校费产生的负面影响来分析

① 教育资源优化配置成为空中楼阁。

② 导致"设租"与"寻租"等腐败行为的产生。

③ 影响学生成长和社会稳定和谐。

关键要点：

为全面贯彻落实教育规划纲要，依法推进义务教育均衡发展，推行政务公开、校务公开，纠正损害群众利益的不正之风，着力解决人民群众反映强烈的突出问题，维护教育公平公正，办好人民满意的教育，根据《中华人民共和国义务教育法》等法律法规，特提出治理义务教育阶段择校乱收费的 8 条措施。

(1) 制止通过办升学培训班方式招生和收费的行为。坚决禁止学校单独或和社会培训机构联合或委托举办以选拔生源为目的的各类培训班(以下简称"占坑班")。严厉查处学校和教师在举办"占坑班"过程中的收费行为，对于违反规定的学校和教师要依照有关规定追究责任。

(2) 制止跨区域招生和收费的行为。按照区域内适龄儿童少年的数量和学校分布情况合理划定每所公办学校的招生范围，并根据学校招生规模、生源数量等变化情况，及时动态地进行调整并向社会公布，确保就近入学的新生占绝大多数。

(3) 制止通过任何考试方式招生和收费的行为。小学生入学和小学升入初中招生工作要公开透明，主动接受社会监督。城市和有条件的农村义务教育学校招生工作要在教育部门设定的招生网上进行，禁止组织任何形式的考试。坚决禁止要求家长到学校或到学校指定单位缴纳各种名目的择校费行为。

(4) 规范特长生招生，制止通过招收特长生方式收费的行为。除省级教育行政部门批准的可招收体育和艺术特长生的学校以外，义务教育学校一律不得以特长生的名义招收学生。坚决禁止学校以招收特长生的名义收取任何费用。

(5) 严禁收取与入学挂钩的捐资助学款。规范学校或教育行政部门接受社会组织和个人捐赠的行为，收取捐赠款时必须依法为其出具凭证。地方政府、有关部门和学校违规收取与入学升学挂钩的各种费用，一经查实，要坚决予以清退，无法清退的要收缴国库，对相关责任人要严肃问责。

(6) 制止公办学校以民办名义招生和收费的行为。禁止公办学校以与民办学校联合办学或举办民办校中校等方式，按照民办学校的收费政策，向学生收费。凡未做到"四独立"的义务教育改制学校和未取得民办学校资格的学校一律执行当地同类公办学校收费政策。

(7) 加强招生信息和学籍管理。坚持公平、公正、便民的原则，向社会公开学校性质、办学规模、经费来源、招生计划、招生条件、招生范围、招生时间、录取办法，主动接受社会监督。招生结果要报当地教育行政部门备案。要进一步完善学籍管理办法，积极推行中小学学籍管理电子化。建立学生信息库，特别要加强招生指定区域外转入学生的学籍管理，接受检查与监督。

(8) 加大查处力度。加强对治理择校乱收费措施执行情况的监督检查，对于违规收费的行为，要坚决予以查处，严肃追究校长和相关责任人的责任。要畅通监督渠道，设立举报电话、信箱，接受群众监督，做到有诉必查，有错必纠。对设立"小金库"行为要发现一起、查处一起、通报一起。教育部等有关部门组成联合工作组，对重点城市部分学校的整个招生过程进行专项督导检查。同时，吸收媒体参与监督，对典型案件及时曝光。

(资料来源：教育部关于印发《治理义务教育阶段择校乱收费的八条措施》的通知)

1.5.5 幼儿园的"国学"热

作者姓名：刘凤

案情介绍：

进入新千年以来，国学在国内迅速升温。目前，国学热正在越来越多的条件参差不齐的幼儿园中弥漫开来。有的每周开设了固定的国学课；有的干脆以"国学"为特色，穿汉服，诵读经典，受到家长的追捧；更有甚者，通过开展国学教育让濒临破产的幼儿园"起死回生"。

"人之初，性本善，性相近，习相远……"、"有朋自远方来，不亦乐乎？"当你不经意间路过幼儿园门前，或者就会有这样稚嫩的声音不断地传入你的耳朵，这就是幼儿园的孩子们正在诵读国学经典。

北京启航幼教集团近年来的特色教学就逐渐向国学倾斜。启航幼教集团董事长逯欣心表示，随着这些年教育大环境和家长需求的变化，双语作为传统特色仍在延续，教学效果也是精益求精，但是教学重点在发生变化。近年来，启航双语幼儿园重点开始向"国学"这个方向转变。

目前，广州也有不少公立、私立幼儿园都开设了国学课程，就像英语特色班、艺术特色班一样，成为吸引家长报名的亮点。还有些幼儿园做得更彻底，索性变身为"国学幼儿园"。

某幼儿园园长曾介绍，在她接手之前，从2005年到2008年11月短短3年内，这家小型私立幼儿园就被转让了8次，主要原因都是招生不理想、经营不善。到了她手上之后不久，这家幼儿园变身为一家"国学幼儿园"，招生数量翻番。

据悉，在幼儿园橱窗内显示的家长反馈意见中，大多数都表示认同国学教育的效果，还有些家长称孩子变得爱读书、记忆力更强等。

（资料来源：中国广播网，2011-11-07）

思考问题：

(1) 为何国学在幼儿教育中如此"热"？

(2) 如何理性看待"国学文化"？

(3) 究竟该不该让幼儿园的小朋友学国学？

适用范围：

人文管理中的教育管理问题分析。

相关链接：

刘丽. 吟诗诵经读论语　播国学启蒙种子. 江西晨报，2016-01-12

分析路径：

所谓"国学"，其中的"国"是指"本国"，"学"是指学术文化，是作为"西学"的对照概念来使用的。目前所说的"国学热"，其实是传统文化热。"国学热"一定程度上标志着中华民族自我意识的觉醒，体现了民族自尊与自信的高扬，开启了民族文化的自觉。

"国学热"的兴起和持续表明，中国在崛起的同时，中国人对传统文化的认识和态度正在或已经发生根本性的改变，中华民族的民族精神正处于从自在转变到自觉的过程中，"国学热"所体现的正是中华民族文化自觉的开始。

在全球化背景下，多元文化的沟通和交流，各种文化的冲击和碰撞，促使我们寻找民族之根和文化身份，也促进了"国学热"的兴起和发展。

(1) 从家长的角度分析，首先通过诵读经典，能够让孩子了解、学习中华民族几千年沉淀下来的传统美德，让孩子从小对自己的言行有一个道德标准；其次，读经能够促进孩子识字，是一举两得的好事情。

(2) 一些国学启蒙专家也指出，家长可以利用生活中的小故事、小情节，深入浅出地引导孩子去理解国学经典中所蕴含的深刻意义。而且及早让儿童诵读经典，就是趁他心灵最纯净、记忆力最好的时期，让他们接触最具智慧和价值的作品。

(3) 从经济与文化的关系方面来看，今日"国学热"是在我国经济高速发展、经济形态多元化基础上出现的，是文化形态朝多样化发展的一个体现。国学研究和普及活动成为热点新闻，并被冠以"国学热"，其实这正好反映了长期以来的"国学弱"。

关键要点：

1. 认真理性地看待国学

(1) 传统文化不是万能灵药，相对于当下传统文化已经时过境迁，但并非意味着一无可取，比如可以熏陶个人修养、培养为人处世等。

(2) 国学教育应当"量体裁衣"，艰涩高深的作品不宜过早与幼儿接触，因为孩子无法理解文章深意，如果强行灌输，只会削弱孩子的学习兴趣。

(3) 学国学，不可急功近利。学传统文化需要的是积淀和熏陶，是潜移默化的功夫，不可操之过急，否则会给孩子造成压力，不仅没什么效果，甚至会起逆反心理。

(4) 别把宝全押到国学身上，传统文化本身产生于农业时代王权统治的环境之下，它的一些价值观念在今天已经过时了。

2. 用正确的方式来弘扬经典国学

(1) 幼儿读经须去芜存菁。现在我们所要弘扬的国学，主要是指精神层面的东西，穿汉服、行官礼等做法其实是在作秀，根本没有抓住国学的要义。幼儿学国学，应当有所选择，把四书五经统统背下来，并不符合儿童生理和心理发育特点，甚至违背认知发展规律，因此不宜提倡。

(2) 弘扬国学要有开放心态，如何与时俱进关系着国学的未来，我们既要让孩子领略和感受中国文化的魅力，又要为孩子创造多元化的教育环境，让孩子有机会在具有开放性和包容性的文化环境中发展自己的潜能。

(3) 在家营造国学学习氛围，多播放古典音乐尤其是能开发右脑的音乐；多布置名画，多熏陶不同风格的名家风范；多跟孩子一起读经典，言传不如身教。

3. 应辩证地看待 "国学" 教育

它既不是"洪水猛兽"，也不是"灵丹妙药"，它和其他文化一样，是幼儿文化启蒙阶段"多元化"的组成部分，而"国学热"的产生，证明了人们正在逐渐重视中华传统文化。儿童作为国家未来的希望，让他们从小了解、熟悉中华传统文化具有重大意义。五千年文化的传承发展并非一朝一夕之功，如何在传承中创新，在发展中传承，需要社会各界不断地研究与探索。而孩子学国学首先要注意兴趣的培养，切勿盲目跟风、揠苗助长。

1.6 体 育

1.6.1 人人都爱"林疯狂"

作者姓名：邱君

案情介绍：

当 ESPN 打出"chink in the armor"(穿上盔甲的中国佬)的标题时，全美哗然了。亚洲人、西班牙人、黑人甚至土生土长的美国人都站了出来，他们将视频上传至 Youtube，告诉 ESPN，"你们的说法是多么的愚蠢"。

林书豪在事发第二天回应："我相信他们不是有意中伤，也不会有什么目的，既然他们已经道歉，我也不会再计较。"

翻看林书豪的篮球经历就会了解，偏见于他是多么见惯不怪的事情。尽管他拿到北加州地区高中联赛的冠军和最有价值球员，却换不来一纸 UCLA(加利福尼亚大学洛杉矶分校)或者斯坦福大学的录取通知书。即使到了哈佛大学，他所受到的偏见依然没有减少。

篮球世界依然是黑人和白人的天下。"黄种人会打篮球？"这几乎是林书豪每天都会听到的讥讽和嘲笑，"不仅是球迷，连教练都会说——别让那个东方小子得逞。"即使听到这些鄙视的话，林书豪也从不在语言上予以回击。

进入 NBA(美国职业篮球联赛)，林书豪在选秀时遭遇了无人问津的尴尬，虽然后来加盟勇士、火箭、尼克斯，头一个月他照样被冷落在板凳席的最末端，直到爆发的那天。

人们惊讶，哪里来了一个华人小子、亚洲面孔能做到如此地步，而正是因为他的独特背景和经历，让他的故事更显神奇。

在一次新闻发布会上，林书豪说："一直以来，人们都有刻板印象，我想做的就是，越打越好去回应这些不对的想法，希望有朝一日，不会再有这样的偏见；希望有朝一日，有更多的亚洲人，或者在美国出生的亚洲人能够打 NBA。"

这样一段话，让人们突然想起了另一个人——李小龙。

当李小龙用腿将"东亚病夫"四字招牌踢断，用出神入化的拳脚捍卫正义时，美国人震惊了。曾经采访过李小龙的老记者皮尔曾经留下这样一段录音，"当他站在你面前时，不用任何动作招式，你就会了解一个中国人的志气和理想。"

一个并不强壮的亚洲小个子对抗只有黑人或者白人的固有世界时，所遭遇的传统理念上的挑战绝对不比身体的挑衅来得少。但林书豪告诉外界，"你越说我不行，我就越要证明给你看"。这也是为什么人们在谈论林书豪的个人意义时，会想到影响了很多代人的偶像李小龙。

(资料来源：南方人物周刊，2012-02-24；辽宁日报，2012-03-06)

思考问题：

(1) 林书豪现象体现了中国与美国体育体制的哪些不同？

(2) 中国的体育体制可以从林书豪现象中学到什么？

适用范围：

人文管理中的文体教育问题分析。

相关链接：

"林书豪在美国可以复制，但在中国无法粘贴。"一句经典评语在微博上广为流传，一时间，有关林书豪是否在中国也可以诞生的讨论沸沸扬扬。这个问题，甚至在全国政协会议分组讨论时也引发热议。必须要承认的是，"林书豪现象"在美国很正常，与美国教育与体育有机结合，运动员多出自学校的模式相比，中国是"一条龙的体育教育结合道路"。中国的体育人才都是先成功再上学，究竟中国能不能出像林书豪这样成功的体育人才，怎样才能出这样优秀的体育人才？林书豪如果在中国篮球的环境中成长，会取得今天的成绩吗？

分析路径：

(1) 从体育机制来分析，中美两国的体育机制不同。目前，中国的高校可能出现个别高水平体育人才，但还不能成批出现。美国孩子练体育都是自己的事，国家不负担，你要是真想往上练，就得自己花钱。如果去学校，就要申请体育的奖学金。但中国的机制不是这样，专业运动员是国家投入经费培养，高校愿不愿意掏钱搞体育，也不一定。

(2) 从信念的角度来看，林书豪有勇气继续坚持自己的梦想，并且成功地做到了，抛开民族主义，这才是"疯狂林书豪"的真正意义。

关键要点：

(1) 千里马常有，伯乐不常有。中国篮球不缺人，缺"好厨子"，也就是好教练。现在我们经常请洋教练，但忽视了自己的文化底蕴和特点。中国篮球是应该学习，但不论学美国还是学欧洲，一定要结合自己的具体情况去领会。

(2) 机制存局限，学校体育和竞技体育"双轨制"运行。林书豪被评价为"用脑子打球"的球员，这让人不禁联想到他出身哈佛的名校背景。他的成功，可谓是对美国式"体教结合"的最佳诠释。但就目前看，中国高校还不具备培养和输送优秀运动员的功能。一直以来，中国的学校体育和竞技体育在两个不同的圈子中运行。竞技体育早期专业化、精英化，脱离了学校体育的轨道，实际上也失去了最广大的基础人群。"双轨制"的运行模式，是中国体育面临的结构性挑战。"体教结合"的概念，依然着眼于高校培养高水平运动员，而忽视了体育本就是教育组成部分的意义。让体育回归教育，回归生活，谈论林书豪的成长模式才更有价值。

林书豪的示范效应，对于那些有学业任务的体育少年的家长们相当于一粒定心丸。从某种程度上证明，拥有正常学业和高水平竞技能力是完全可以兼顾的，甚至文化素质还可以反哺竞技能力。当然，这其中离不开个人的天分、合理的时间分配和科学的训练。但是，迄今为止中国人在竞技体育领域取得的绝大多数成就都离不开封闭式、缺少足够文化教育的专业体制，我们要意识到"体教结合"将"有利于让读书人运动好，更有利于运动员读好书"，能真正从普通学校走出不普通的体育人，影响更多普通人爱上体育、享受体育。

1.6.2　审判——为搞好中国足球

作者姓名：邱君

案情介绍：

从丹东到铁岭，从陆俊到杨一民，历时两年之久的足坛反腐案审判，最终以轻判作终。所有涉案人员的刑期都在最低期限附近，甚至情节最严重、身份最特殊的张建强的刑期也比预期要短。

有人认为，这样的判罚结果会让法律失去原本的惩戒作用，在巨大的利益驱使之下，还会有人试图铤而走险，去尝试逾越法律的界限，中国足坛的环境也无法得到彻底的清理。

但一个不容忽视的事实是，中国足球一直无法崛起除了人的因素外，制度的缺失也有不可推卸的责任。对于这些已经受到惩罚的人而言，穷追猛打并不是最好的手段。惩罚只是一种手段，治病救人才是最终目的。要知道，力度空前的中国足坛反腐，目的只有一个，就是为了今后能够搞好中国足球。难道将涉案者统统重判，甚至执行一两个死刑，中国足球就会从此腾飞吗？

这次被绳之以法的足球人其中很多曾是中国足球界的金哨、名将、俱乐部高管、足协高层……也是中国足球曾经不容忽视的中坚力量。他们中的很多人也曾是因为单纯的热爱着足球运动而投身足球事业，甚至出狱之后仍然想从事足球行业。就像被当庭释放的许宏涛，成都的足球人甚至期待着他的回归，能够让步履维艰的成都足球重现辉煌。

中国足坛反腐的目的是为了搞好中国足球，而不是搞死中国足球。

(资料来源：南方日报，2012-02-19；华西都市报，2011-12-20)

思考问题：

(1) 中国足球的市场化、职业化是否存在问题？存在哪些问题？

(2) 中国体制下的足球改革该走向何方？

适用范围：

人文管理中的体育管理问题分析。

相关链接：

从 2009 年 10 月中旬开始，一场旨在扫除中国足球"假赌黑"的风暴悄然拉开帷幕。历时两年多，一些被曝光的内幕让人"大开眼界"。比如，足协前副主席南勇供述受贿 20万，介绍沈阳海狮队向吉林敖东队买球；再比如，足协前副主席谢亚龙供述，曾在 2006 年操纵鲁能队夺冠战，收取贿赂 20 万元……

足坛腐败，让人震惊。震惊之余不免追问，这些腐败是怎样"炼"成的？足协前裁判委员会秘书长张建强谈及受贿过程时承认，"没有监管，个人面对诱惑时很难把持住"这一点，中国足协也不否认。足协官网上发表声明称："足坛领域腐败案件的发生，暴露了中国足球改革以来出现的管理体制不顺、制度不完善、监管不到位等问题。"

孙革. 建国以来我国足球运动改革发展的回顾与反思. 运动，2009(4)；知网空间，2009(12)

新华社，中新社. 足改方案一周年落实了哪些. 江西晨报，2016-02-29

分析路径：

中国足球改革是中国整体改革的标本，但就是这样一个最早向国外学习，进行市场化、职业化改革的领域，却不无讽刺地成为全民"娱乐"的对象。有人据此说，这都是市场化惹的祸，真的是这样吗？

(1) 从中国足球的市场化、职业化来分析。了解中国足球的人都清楚，中国足球的市场化、职业化改革在 20 世纪 90 年代后期就已经停止了，近年来更是在狭隘既得利益的主导下，大踏步后退了。中国足球并不是市场足球、职业足球，而是行政足球、政绩足球；足球领域不是市场说了算，不是俱乐部、球员、球迷这一足球的主体说了算，而是政府说了算，政府官员说了算。也就是说，中国足球的市场化、职业化实际上是半截子市场化、职业化，或者说是伪市场化、伪职业化。

(2) 从如何打破行政垄断来分析，把足协和它名下的企业进行市场化改制，引入充分的竞争，变成民间组织。因为这些通过权力依附在经济体内的特殊利益集团本身已经成为毒瘤，吸收无数资源，毁坏市场价值。打破这种垄断，将让中国足球的成长更具备活力和公正性。

关键要点：

目前中国足球的整体生态环境依旧恶劣，体制落后、伪职业化、商业运营极差、球场等硬件设施严重不足、足球人口极度匮乏等诸多问题制约和阻碍了足球事业的改革与发展。为此我们要加快推进中国足球体制改革和职业化运营，加大足球硬件设施建设，扩大足球人口，推动中国足球可持续发展与全面崛起。

(1) 加快体制改革，建立职业联赛独立运营机制。联赛公司与足协相互独立又密切协作，从而真正体现俱乐部和公众利益。

(2) 加快硬件设施建设，鼓励兴建大型专业足球场。出台优惠措施，鼓励各类资本投资兴建大型专业足球场，在改建、扩建现有公共运动设施时，增加足球场数量，适度开放校园球场，合理调配、灵活运用，发挥已有设施在足球普及方面的作用。

(3) 加快扩大足球人口，提升足球从业人员素质。鼓励开办专业足校，鼓励社会力量投资兴办规模化、专业化、高水平的足球学校，直接扩大足球人口。

每个关心中国足球的人都期待中国足球涅槃重生，中国足球的未来取决于两点：一是破；二是立。既要反腐打黑，革除制度积弊，比如，足协应管办分离，不能既是管理者，还是经营者；另外，还需进行制度建设，让阳光照进去，让权力受到有效的约束。

1.6.3 谁寒了桑兰的心

作者姓名：邱君

案情介绍：

中国体操队前队员桑兰日前委托代理律师向美国纽约南区联邦地方法院递交诉状，共18项指控，索赔18亿美元，桑兰因此再陷舆论旋涡，随之而来的还有关于人性和道德的争论。桑兰究竟为什么要弄出这么大的动静？恐怕不仅仅是受委屈那么简单。曾经的主管单位、国家体育总局体操中心和浙江省体育局撒手不管，伤残运动员保障制度缺失以及中美双方沟通上的差异，也是引发这起官司的导火索。由于被告人中包括桑兰受伤后在美的监护人刘国生、谢晓虹夫妇，消息披露后引发巨大争议。

其实高位截瘫患者有多少痛苦，可能只有患者自己才能理解，但最让桑兰伤心的是被组织抛弃了。

桑兰打官司的想法是去年 8 月才有的，桑兰获得一次青联委员的提名，需要找单位盖章，但体育总局说桑兰不是我们的人，这让桑兰很委屈。从那时起她便有了维权的想法。

桑兰受伤后，时任体操中心主任的张健明确表示："我们一定会对桑兰负责到底"，并保证给桑兰"最好的医院，最好的医生"。时任国家队总教练、前体操中心主任高健在接受采访时表示，自己已退休不便发表意见。浙江省体育局局长李云林拒绝谈论桑兰事件。

后来，张健在接受采访时又称："中心专门委派体操协会副主席、美籍华人谢晓虹负责照顾桑兰在美治疗期间的生活。"

据《光明日报》报道，1998 年 8 月 11 日，谢晓虹和刘国生出席了由中国体操协会举办的新闻发布会，这对夫妇正是受中国体操协会委托的桑兰在美国治疗时期的监护人。

上述是媒体报道的部分内容，应该是比较可信的，在可信的背后，却是让人心酸的惊醒，这世界不要相信承诺，尤其是政治承诺。

(资料来源：中国江苏网，2011-05-11；北青网，2010-09-10)

思考问题：

(1) 中国的商业化体育保险存在哪些制度缺陷？

(2) 如何才能保障退役运动员的养老、医疗等基本生活所需？

适用范围：

人文管理中的体育管理问题分析。

相关链接：

桑兰，1981 年 6 月 11 日出生，身高 1.40 米，体重 35 公斤，浙江宁波人，原中国女子体操队队员。1993 年进入国家队，1997 年获得全国跳马冠军。1998 年参加第四届友好运动会，当时桑兰正在进行跳马比赛的赛前热身，在她起跳的那一瞬间，外队一教练"马"前探头干扰了她，导致她动作变形，从高空栽到地上，而且是头先着地，不幸使颈椎受了重伤。在美国经过近一年的康复治疗后，于 1999 年 5 月回国。在她 18 岁生日这一天，北京清华附中向她发了入学录取通知书和校徽，她成为这所学校的一名正式学生。2002 年，桑兰被北京大学新闻与传播学院新闻专业正式录取。

桑兰所参加的第四届友好运动会给全体参赛的各国运动员购买了意外保险，因此桑兰受伤后的医疗费用应由保险公司提供。但并非对桑兰今后的一切都提供了保障，美国保险公司所提供的保险，只负责桑兰在美国的医疗费用，并不承担医疗费用以外的生活费用和其他任何费用，也不承担桑兰回国后的医疗费用。因此，桑兰回国后已经不再享受美国的医疗保险。

分析路径：

(1) 从商业化体育保险的制度缺陷来分析，桑兰受伤事件一度被外界视为完善中国运动员保险制度的标志性拐点。在她受伤并获得美国方面高昂的医疗保障金额之后不久，国家体育总局下发了各运动队必须给运动员购买意外保险的文件。随后中华全国体育基金会为 1400 名国家队运动员投保。遗憾的是 12 年过去了，保险制度和执行手段，并未随着保障意识的巨大提升而有较大进步。

(2) 从对退役运动员的保障体系来分析，北京奥运会举办之后，举国体制的大手开始逐渐放开，市场化和职业化的介入让中国运动员有望在职业体育领域找寻到更多淘金机会。但同样不可忽视的另一面是，运动员获得"自由"的同时，也失去了体制的庇护，这意味着他们在受到严重伤病乃至退役后的生活都将面临更多不可预测的风险。

关键要点：

(1) 对中国运动员而言，这也许是最好的年代，更可能是最"坏"的年代。在被举国体制"无微不至"地培养几年之后，他们会发现退役后的自己因为缺乏教育导致缺乏谋生乃至职业规划的能力。因为得不到永久的编制，他们的运动创伤难以得到有效保障，而与此同时，他们本该倚赖的体育商业保险在诞生12年后，却依然是一个发育不良的怪胎。"老无所依"的焦虑注定将在未来很长一段时间内纠缠着中国运动员。体制之手逐渐淡出，市场和相关保障却很难以健全的方式及时接替，现在，越来越多运动员将要站上这块中国体坛危险的"断裂带"。如果市场和体制的交接不能及时完成，体制庇护与商业保险制度的交替留下过多灰色地带，那么门卫才力和搓澡工邹春兰这些冠军们的悲剧，也许将更频繁地上演。

(2) 中国的体育商业保险需要两大外部条件，一方面，中国体育保险需要相关经验和信息。保险公司靠概率吃饭，开辟新的险种需要基于经验计算概率，这样才能确定保险费率，尤其是对体育保险这种项目多且杂，相关风险发生的概率以及治疗标准、收入补偿等方面数据很难统计分析的领域，由于发展时间的相对短暂和中国长久以来举国体制造成的信息不对称，使保险公司缺乏足够可资参考制定费率的样本，因此不敢轻易涉足。这是首先必须要解决的问题。另一方面，中国体育保险需要相应的市场。中国运动员看似基数不小，但长期以来对体育商业保险的需求却不大，皆因他们的头顶罩着举国体制这把硕大的保护伞，从衣食住行到伤痛病患，全部可在体制内解决。即便在桑兰受伤后商业保险开始进入体育界，由于体制化之下的思维惯性，投保基数仍难以符合保险业的"大数原则"，笼统的体育保险规则迟迟得不到修订和细化，正是出于规避风险的考虑。如何彻底放开体制？该是相关部门考虑这些问题的时候了。

1.6.4 外援打天下是福是祸？

作者姓名：邱君

案情介绍：

都说恒大女排是支强队，这话当然没错。可抛开两名世界级外援，还能剩多少成色，是个大问号。有这两人在，其他人除了干一件事，几乎其他什么都不用干——把球使劲往她们头上送就行。这活当然不难，除非技术实在太烂。所以，谁当队友都无所谓，谁做教练都很轻松。

说这话，或许严重了点。不过，要是郎平敢不用外援，相信昨晚这场大战早就成了另一个结果。上海女排输在哪儿？只恨老板不是许家印啊。

强援在手，对恒大女排来说，这是福；对其他球队来说，则是不折不扣的"祸"。来了俩老外就能横扫，这是什么联赛？

可反过来一想，为何其他球队都不愿请外援？不是请不起，而是不愿请。外援是"自己人"吗？外援能参加全运会吗？很多球队名义上是职业队，实质上还是地方队、专业队——什么时候场上的外援多了，女排联赛也就职业化了。

别再骂中国足球伪职业化了，它能甩中国排球好几条街呢。

(资料来源：新民晚报，2012-03-01；人民日报，2012-02-28；工人日报，2012-3-6；

东北新闻网，2012-03-6)

思考问题：

(1) 采用爆发式投入的恒大模式是否值得效仿？有何利弊？

(2) 恒大模式市场化的操作还需要哪些制度的约束才能更加完善？

适用范围：

人文管理中的体育管理问题分析。

相关链接：

2012年3月4日，恒大女排横扫老牌劲旅上海队，一举夺得了全国女排联赛冠军。加上上周，恒大男足在超级杯上击败天津泰达登顶，短短一周时间，他们赚得盆满钵满。恒大，这个涉足体育时间不长的新品牌，再次在中国体坛刮起一股神奇之风。恒大模式，又一次成为人们热议的话题。

恒大女排是个奇迹。3年前广州还没有女排队伍，恒大买了个乙级队名额便开始招兵买马，生生组成个队伍。依靠从各俱乐部"捡来"的已经退休或将要退休的老将，恒大女排在过去两个赛季，一举成为中国排坛最强大的女排球队。这个赛季，由于那些曾经的国字号老将的退役，赛前有人认为恒大女排的实力不如从前。但是依靠过去在国内赛场都是二流选手的老将，加上两个外援，恒大女排在几乎没有遇到强有力的抵抗情况下，站上了冠军领奖台。

分析路径：

(1) 从恒大模式来分析，恒大引进外援，不仅于己有好处，于人也有好处。恒大引进内外强援，给对手提供了难得的机会，足不出户，无须破费，就可以跟高水平的世界级球员同场竞技，对于许多从没打过国际比赛的球员来说是件好事。

(2) 从人才培养的角度来分析，买星不如造星，这种讲究实用、忽视培养的方式是否适合中国国情，用高额的投入换来球队的迅速崛起，是否值得效仿，这种模式还有待时间的验证。

关键要点：

(1) 这种爆发式的投入有很多负面效应。"烧钱"是个骂名，企业财力雄厚，也要顾及经济社会乃至文化环境，大把甩钞票之风不足取。他们在体育方面也许更注重眼前成绩，球队建设上奉行"拿来主义"——更讲实用，忽视培养。同时也不排除为了更大的商业图谋。另一方面，这种砸钱式投入也搅乱了中国排球正常的运行节奏，透支了社会资源，造成资金浪费。更让我们担心的是，恒大模式会在圈内形成一个新的(资金)标准，迅速抬高社会参与体育的门槛，限制了社会参与的范围，减弱参与积极性，从而对我国体育事业的长期发展产生负面影响。

但不可否认的是，恒大的大手笔投入和高调宣传极大地刺激了相关联赛球市，女排联赛、中超联赛，恒大都是最近两个赛季最大的看点。激活球市，带动企业掀起新一轮投资体育的热潮，是恒大模式对当前中国体育最大的贡献。

(2) 从市场运作的角度来看。恒大女排从其他球队招来的多是暮年已至或羽翼未丰的球员，老的老、小的小。如果没有强力外援一手擎天，这些人恐怕很难留在排球联赛赛场上。

(3) 应该建议、引导，甚至制定相应的规则。在中国体育项目纷纷试水"市场化"的时候，来自社会和企业的资金非常重要，但是，建议、引导，甚至制定相应的规则，是职能部门的职责所在。

1.7　心　　理

1.7.1　"路人"见死不救的背后

作者姓名：邱君

案情介绍：

10月13日下午5时30分许，一出惨剧发生在佛山南海黄岐广佛五金城：年仅两岁的女童小悦悦走在巷子里，被一辆面包车两次碾压，几分钟后又被一小型货柜车碾过。而让人难以理解的是，7分钟内在女童身边经过的十几个路人竟然对此不闻不问。

15日晚，记者看到了事发时的监控视频。当日下午5时26分，小悦悦在五金城内一条小巷玩耍，一个人走在路上。这时，前方一辆白色面包车缓缓驶来，就像没有看到女童一样，开始加速，并将小悦悦卷到了右侧车轮下，从小悦悦的胯部碾过。面包车停了一下，又加大油门，后轮再次碾过小悦悦的身体。十几秒后，3个路人经过此地，其中一男子从女童身边绕过，看也没看；另外两人看了女童一眼并绕过，没有放慢脚步。紧跟着，一辆小型货柜车开了过来，右侧前后轮两次碾过小悦悦的双腿。此后几分钟内，又有4辆电动车、三轮车和3位路人经过(其中一位女士领着一个约五六岁的女孩)，但都只是看了一下，没有伸出援手，也没有打电话求助。而路边的店铺也没有人走出来看一眼。

下午5时33分，一位捡垃圾的阿姨经过小悦悦身旁，试图扶起她，但小悦悦一下子就瘫倒在地。阿姨把小悦悦抱到了路边，似乎在向旁边的店铺喊话询问，但没有人出来。之后这位阿姨向巷子里走去，几秒钟后，一位年轻的女士出现，抱起了小悦悦，匆忙离去。记者了解到，这位女士是小悦悦的妈妈，她立马把女儿送往医院救治。

备受社会各界关注的小悦悦，经医院抢救无效，于今天(10月21日)零时32分离世。

(资料来源：羊城晚报，2011-10-21)

思考问题：

(1) 如何在家庭教育、学校教育、社区教育中启动应对危机能力的培训？

(2) 法律制度的不完善导致了道德的沦丧？

适用范围：

人文管理中的心理问题分析。

相关链接：

随着经济改革开放，国人的腰包逐渐鼓了起来，而相关的文化道德建设却被远远地抛在了时代后面，南京彭宇案(2006年发生在南京，路人扶起跌倒老太反被诬陷事件)的判决结果让路人不敢再去随便搭救陌生人。道德风气的倒退让国人不禁感叹，中国要回到旧社会的黑暗中去了。

分析路径：

(1) 从社会心理学的角度来看，"小悦悦"事件源于一种旁观者效应。美国20世纪60年代的"纽约Kitty案"促使大量的社会心理学家去研究旁观者效应，即当只有一个旁观者时，他会意识到他负有100%的救济责任，这种心理责任感会促使他立刻采取相应的行动，至少会去报警。但是，当有100个旁观者时，他所负的责任就只有1%，其所承担的心理救济责任就大大减少，心理学家约翰·达利把这称之为"责任扩散"。

(2) 从道德建设的角度来看，道德感的缺失是目前国人所面临的最为严峻的问题，"路不拾遗，夜不闭户"的时代已经离我们太过久远。中国急需一记重锤敲醒国人已经麻木的道德感，而"小悦悦"事件的发生正是这记重锤。

关键要点：

我们可以从以下几个方面分析如何解决此类问题。

(1) 从社会心理学角度分析此类事件的心理学根源是旁观者效应，那么应从心理学的角度对旁观者效应进行有效抑制。出现旁观者效应的原因有以下几种。

① 社会影响结果(从众心理)。一个人不仅会以他人的看法来评估某一情境，而且在行为举止方面也倾向于模仿他人。这种情况在特殊情况下更为突出。个体在面对紧急情况时，即使意识到有责任上前帮助，但若别人没有行动的话，个体往往会遵从大家一致的表现。

② 多数人忽略。他人的在场和出现影响了个体对整体情境的认知、判断和解释，尤其在紧急情况下对陌生情况进行判断。因此每个人都试图观察在场其他人的行为以澄清事情的真实、自己的模糊认识，从他人行为动作中找自己行为的线索和依据。

③ 责任扩散。在紧急情况下，当有他人在场时，个体不去救助受难者的(社会)代价会减少。见死不救产生的罪恶感、羞耻感、责任会扩散到其他人身上，个体责任会相对减少。

(2) 加强对公民的道德素质教育。尊老爱幼和助人为乐都是中华民族的传统美德，我们应该在全社会范围内继续弘扬这种好的传统，给未来一代做好榜样。社会上以前是出现过一些有损道德的事情，如搀扶老人反被诬告的一些现象，但我们不能因噎废食。

(3) 加强制度的完善。当记者采访撞人的司机时，司机说了这样的一席话："假如这个小孩没被撞死的话，有可能在治疗上花掉自己几十万，而撞死了几万就可以了。"从这我们可以看出，当前我国的制度设计确实存在一些问题，相关部门应该找出制度的漏洞，提高违法犯罪的成本，杜绝此类愚蠢想法的产生。

(4) 加强普法意识宣传。当前我国在建设法治国家上投入了巨大精力，但还要继续努力，加强普法的力度与广度，尤其要加大基层的普法力度，让广大底层人民也能够学法、懂法和用法。假如撞人的司机具有一定的法律意识，那他就不会逃逸，而是想办法如何救人，承担起该负的责任。

1.7.2 富士康跳楼事件

作者姓名：邱君

案情介绍：

富士康跳楼事件回顾：

2010年5月25日，富士康观澜园区一名男性员工坠楼身亡，19岁

2010年5月21日，富士康龙华园区一名男性员工坠楼身亡，21岁。

2010年5月14日，龙华厂区福华宿舍安徽籍梁姓男员工跳楼，21岁。

2010年5月11日，龙华厂区女工祝晨明从9楼出租屋跳楼身亡，24岁。

2010年5月6日，龙华厂区男工卢新从阳台纵身跳下身亡，24岁。

2010年4月7日，观澜樟阁村，富士康男员工身亡，22岁。

2010年4月7日，观澜厂区外宿舍，宁姓女员工坠楼身亡，18岁。

2010年4月6日，富士康观澜园区C8栋宿舍女工饶淑琴坠楼，仍在医院治疗，18岁。

2010年3月29日，龙华厂区，一男性员工从宿舍楼上坠下，当场死亡，23岁。

2010年3月17日，富士康龙华园区，新进女员工田玉从三楼宿舍跳下，跌落在一楼受伤。

2010年1月23日4时许，富士康19岁员工马向前死亡。警方调查，马向前系"生前高坠死亡"。

(资料来源：江南都市报，2011-03-14)

思考问题：

(1) 如何加强企业中的心理工作阵营？

(2) 在等级森严的企业管理中，如何解决人格歧视，做到真正的人人平等？

适用范围：

人文管理中的心理问题分析。

相关链接：

21 世纪的竞争是人才的竞争，早已是众所周知的了。企业管理层总是会误以为人才的竞争即是人才能力、技能方面的竞争，因而过度地强调员工的学历、能力、技术水平及对公司的忠诚度，而忽视了员工的心理素质。

随着经济环境的变迁、工作压力的日益加剧以及"80 后"、"90 后"进入劳动力大军，企业面临着越来越多的来自常规管理之外的挑战。企业员工非正常死亡事件在一些企业愈演愈烈，恶劣的员工关系事件也紧紧地敲打着企业管理者敏感而脆弱的神经。如富士康员工跳楼事件、华为员工非正常死亡事件等均是因为员工无法缓解自身压力、精神苦闷、抑郁所致。

分析路径：

(1) 从企业方面来看，企业需检讨旧的用工制度，长时间加班、工资低、缺乏保障、工人长期受到劳动力压榨和歧视性待遇，被压迫者会"有约而同"地选择极端的方式抗议或抵抗压力。

(2) 从员工方面来看，"80 后""90 后"员工缺乏挫折教育，心理脆弱，遭遇了企业的严格管理后，心理上产生严重不适。无论是事业的压力，情感的受挫，抑或是过低的待遇，在遇到极弱的心理承受能力后，会发生令人难以置信的"化学"反应。

关键要点：

企业领导层应该反思，公司的制度管理和企业文化是否适应时代，是否适合青年人发展。组织文化强调的是高效率，而好的企业文化强调的是既要组织层面健康，也要个体健康，既强调高效的工作业绩，又关注员工的成长和心理健康。一些企业也关注到个体层面的问题，并采取了相应措施。但他们中的很多只做到了表层，没有真正做深层的工作。富士康的问题是一个社会现象，并非一家企业或者几家媒体就可以轻易解决的。

(1) 政府部门需介入调查。企业暴露出管理中的漏洞与不足，政府部门不应以坐而论道为满足，迄今为止，仍没有任何政府部门对产生巨大社会影响的员工自杀事件提出具体的改正意见。

(2) 社会组织需要承担责任。除了政府介入、媒体关注之外，还应该有更多的专业组织、调查研究性的社会组织介入。社会问题应由社会来共同关注、共同解决。

(3) 企业需改变劳动方式。现在不少企业属于劳动密集型产业，不仅工作强度较大，而且往往从事一些单一机械化的操作，每天重复高强度的枯燥工作，不仅容易让人的精神变得麻木，而且压缩了人与人之间交流的时间，再加上有些员工远在他乡，无法得到家人的安慰和支持，这都会加重他们的挫折感和孤独感。此时，一旦遭到突如其来的不良事件的影响，如失恋、家庭变故等，有可能会选择自杀这种消极行为逃避现实，推脱责任。因此企业需多多提供人性化的管理，改善员工工作环境，为员工提供更多交流的机会，减少负性情绪产生的可能性。

(4) 抓住群体心理特点。首先从整体来看，我国目前"80后""90后"打工者已成为打工行列的新生代。在这些"80后""90后"中，很多人生活经验、阅历相对缺乏，与父辈相比较少受到挫折打击，缺乏磨炼，应对生活压力的能力有限，但却又有着很强的自尊心，对社会抱有较高的期待。他们虽立志于实现自我目标，但步入社会后，发现理想和现实间存在较大落差，觉得生活看不到希望，从而产生负面的情绪，而情绪是具有感染性的。正如正面的、积极的情绪能感染人一样，消极的和负面的情绪也会影响人。因此，当个案发生的时候，一定要对其周围的人及时进行心理疏导，预防负性情绪的影响。

(5) 提高对困难和挫折的心理承受力，积极预防问题的产生。"80后""90后"读书期间大多数较为顺利，参加工作后，需要独自生活，独自面对工作的压力，独自处理各类人际关系，在这些行为活动中，难免出现很多不顺心的事。而当有焦虑、抑郁、愤怒、无助感等不良情绪时，如何正确进行自我心理疏导，显得极为重要。

1.7.3 官员频频自杀为哪般

作者姓名：邱君

案情介绍：

近日，连续两起官员自杀事件再次把"官员非正常死亡"引入公众视野。8月25日河北省万全县县长王聪著在宿舍自缢死亡；27日，江苏射阳县纪委的一名干部在该县人民医院住院部大楼跳楼自杀，当地警方随后公布死者生前患有抑郁症，不存在任何经济问题。

近年来，自杀官员频频出现，级别从省部级、厅局级、县处级、科级，每个层级都有。据不完全统计，2009年一年有13名官员非正常死亡，其中大部分是自杀。2010年官员自杀事件更是不断，截至目前媒体公开报道的已有8起。"官员自杀"为何屡屡发生？如何减少此类悲剧？有专家表示，官员自杀是极少数个案，远远未能上升到社会共性。

(资料来源：新华社区发展论坛，2012-01-25)

思考问题：

(1) 现有的政治环境与官场体制为何能让官员拥有"从容"赴死的决心？

(2) 心理压力在多大程度上决定了官员的自杀行为？

适用范围：

人文管理中的心理问题分析。

相关链接：

一起起官员自杀事件的出现，一次次触动着人心，什么原因致使官员自杀？有关资料显示，官员自杀大部分是涉嫌贪污腐败，自知无法逃避法律严惩而心理压力过大，或者企图中断查案线索而保护既得利益者，于是选择了自杀。在自杀官员中，从省部级、厅局级、县处级、科级，每个层级都有，有些似乎还没有被证明与贪污腐败案件有关系，有些是在组织或司法调查过程中自杀，有些则是被拘押到监所里后自杀，手段包括服毒、跳楼、开枪、卧轨、撞墙、割腕、上吊……应有尽有，既有突然的举动，也有思考后的行动。

在我国，由于一些特殊的政治和社会原因，官员的道德自觉有助于提升整个社会的道德水准，官员的失德行为也容易败坏社会德行、危害社会正义，所以官员非正常死亡，已经不是官员的私人事件，而在一定程度上成了公共事件。

分析路径：

当今官员自杀的情况似乎越来越多，有以下几种观点可以对此进行解释。

(1) 也许与精神疾病有关。比如面临挫折而自杀，最常见的情况就是抑郁症。众所周知，抑郁症具有很高的自杀率，而社会对抑郁症缺乏正确的认识，偏见使患者不愿到精神科就诊。而对于被调查机关监控，甚至失去自由的涉嫌贪腐官员，就更没有正常就诊的机会了。

(2) 现行的干部培训往往只是枯燥的政治说教，忽视精神心理健康对工作的重要性。干部工作压力大、精神负担重得不到重视，从而引发极端行为。

(3) 官员自杀大部分是涉嫌贪污腐败，自知无法逃避法律严惩而心理压力过大，或者企图中断查案线索而保护既得利益者，于是选择自杀。

关键要点：

官员自杀是公共事件，根据其发生的原因，我们要采取不同的应对方式，尽量控制和预防此类事件的一再发生。

(1) 要掌握心理危机的应对方式。一旦发现问题出现的可能，就必须及时对其进行"危机心理干预"。在心理学领域中，危机干预一般指对处在心理危机状态下的个人采取明确有效措施，使之最终战胜危机，重新适应生活。当然，把这些工作实施在贪官身上，可能会令一些旁观者不满意，因为很多人会觉得他们罪有应得、死有余辜。

目前，心理危机干预的主要目的有两方面：①避免自伤或伤及他人；②恢复心理平衡与动力。相关自杀研究表明，人们做出自杀决定的时间非常短暂，生存或毁灭的选择仅系于一念之间，即对于自杀的预防不能寄希望于心理危机时期的自杀干预，而是要在心理问题出现的早期就积极疏导。

(2) 要从抑制腐败入手。目前，一旦有贪官自杀的消息传出，老百姓都会表现出拍手称快、奔走相告的心态。而在一个运作良好并且合理公正的反腐司法体系下，民众是不会对贪官自杀表现出如此兴奋的，现在的兴奋状况显然说明了贪官的生命已经被群众漠视。

我们必须高度重视并采取有效措施抑制官员腐败，不能让官员自杀愈演愈烈。抑制官员腐败要比抑制官员自杀容易，但要求我们坚持做到以下"三个要"。一要加强思想道德教育。将思想道德教育作为官员的学习教育必修课定期进行，还要加强对官员的心理健康教育，开展形式多样的道德教育活动，培养他们健康的心理，筑牢抵御腐败的思想道德防线，并充分发挥领导的道德示范引领作用。二要加强社会舆论监督。三要加强信息公开透明。由专人负责将政府政策信息及时予以公开，保证每一个政策环节公开透明，防止政府部门及其工作人员营私舞弊等不良行为；对官员的个人财产、收入实行财产申报、登记、公布制度，予以公开化，同时对高官的配偶、子女的财产申报也要做出明确规定；加强财务制度执行情况的检查，严格审计，加强对违反常规事件的追责，从中及时发现问题并及早查处，以防止官员在腐败的道路上越走越远。

官员腐败的问题若能得到有效控制，自杀的情况自然会逐步减少，反腐败工作也会取得成效，官员们就能在公众面前树起良好的国民形象。

1.7.4　谁来为大学生的奢侈消费"埋单"

作者姓名：邱君

案情介绍：

2011 年年末，国家统计局长春调查队发布一项在长春高校就读学生的个人消费调查：3月到 7 月，大学生人均消费达 5170 元。其中消费最高的学生消费达 13 100 元，而消费最低的学生仅为 1870 元。从消费水平分布情况看，个人消费不足 3000 元的占 14%；消费在3000～5000 元的占 52%；6000 元以上的占 33%。

某重点高校女生张囡(化名)从大一年级下学期开始，就和两名同学在校外合租公寓。60平方米的两居室月租 500 元，而学校全年住宿费只有 600 元，可是张囡觉得这笔钱花得值，公寓里有独立卫浴、洗衣机，比学校条件好多了。为什么一边向学校交着住宿费，一边在外租房？她给出的理由很简单："别人是有钱花在吃穿上，我们用来改善居住条件。这笔开销不算铺张浪费，也不是过度消费。"

不少学生坦言自己有过"寅吃卯粮"、"借债消费"的经历。"必须承认，大学生消费存在'两极分化'倾向，某些学生的炫耀性消费会带给大部分学生巨大的心理压力。"吉林工商学院经济学教授董本云说，"这些消费升级的表现，折射出学生消费的盲从性。"

"靠父母赚钱消费算啥能力？我凭自己的本事赚钱孝敬父母。"吉林工商学院三年级学生任秀影自豪地说。这个从扶余县农村考进省城读书的女孩，每到周六日都在外面打工兼职，赚取生活费。任秀影也是班上少数几个没买笔记本电脑的人，可她照样学习成绩出色，每回考试都拿一等奖学金。

（资料来源：吉林日报，2012-01-06）

思考问题：

(1) 当代大学生消费的基本特点是什么？与以往的大学生相比有何不同？

(2) 享受型消费的泛滥对大学生价值观的形成有何影响？

适用范围：

人文管理中的心理问题分析。

相关链接：

西方有这样一个故事：有一位富翁十分"吝啬"，他每次坐地铁或者喝茶时给服务员的小费从来都没有超过 1 美元的，可不同的是他的儿子每次给的小费从来不低于 10 美元。这是个很奇怪的现象，于是人们就问这个富翁为什么，富翁笑着说："其实很简单，他有位有钱的父亲，而我没有……"

这样的父亲在中国不多见，但是这样的儿子在中国却比比皆是，尤其是当代的天之骄子——大学生这个群体。在中国，大学生的依附性极强，通俗点说就是大学生的消费水平与消费能力直接取决于这个大学生家庭的收入能力。

分析路径：

(1) 从大学生消费心理的特点来看，大学生的消费心理日趋成熟，但易受暗示，容易冲动，且从众心理严重，但大学生的消费心理可塑性也很强。

(2) 从大学生非理性消费的行为表现来看，大学生的消费结构不合理，重享受型消费，且消费无计划、盲目性大，有时为了获得认同，会进行炫耀性消费，同时还存在人际交往消费过度的现象。

关键要点：

从我们所处的时代背景来看，当今世界经济、科技高速发展，尤其近几年来我国经济取得了飞速发展，人民生活水平提高了，物质生活得到了极大的满足，同时社会上的贪污腐败现象、"拜金主义"等盛行，某些错误的舆论导向对部分大学生的人生观、世界观和内心世界的发展产生了不良影响。生活在"象牙塔"的部分大学生受各种社会思潮的影响，价值观上发生了一定的变化。要帮助大学生建立成熟、健康的价值观，我们必须加强大学生消费的思想政治教育。

(1) 加强学生世界观、人生观的教育。大学时代是大学生世界观、人生观、价值观形成的黄金时期，能否树立正确的世界观、人生观和价值观，对于他们的大学生活至关重要。如果长期沉湎于吃喝玩乐，势必使大学生出现追求享乐、崇尚物质生活的思想。教师可以通过思想道德修养课，在人生目的、人生责任、人生价值的教育中渗透消费观的教育，加强勤俭节约这一传统美德的教育，指引学生形成正确的世界观、人生观与价值观，学会追求有价值的人生，懂得父母的辛苦，学会感恩。

(2) 提高学生心理调控能力。导致大学生出现冲动消费、盲目消费、攀比消费等消费误区，除了有外在消费环境所造成的影响以外，大学生自身的心理因素也是一个重要原因。当代大学生承受着诸多的来自自身及环境的压力，心理上不完全成熟，受挫能力与意志力相对较弱。有些大学生为了宣泄自己的不良情绪而进行消费，以达到一种心理上的补偿和代替。高校应该通过开设心理健康课程和开展心理咨询，使大学生学会用正确的方法调整自己的心态，宣泄不良情绪，帮助大学生缓解其消极的消费情绪。

(3) 增加勤工助学的渠道。勤工助学是在校大学生利用课余或者假期在校内或者校外参加的各种有偿的实践活动，也是缓解大学生消费压力的一个途径。学校应该在有关部门的支持和帮助下，给学生提供更多的助研、助教的岗位，不仅增强他们自强、自立的意识，还可锻炼他们的社交能力与组织管理能力。

(4) 加强学生的理财教育。大学时期也是学习理财的黄金时期，帮助大学生在大学时期形成良好的消费习惯，对于大学生来说，可能会受益终生。理财教育主要有三个方面的内容：①理财价值观的教育，包括对金钱、人生意义的正确理解和价值认同；②理财基本知识的传授，包括经济、金融常识及个人、家庭理财技能方式；③理财基本技能的培养，包括理财情景教育、实际操作训练和理财氛围的营造等。通过对这些知识的学习，让学生理性地分析哪些开支是必需的，哪些开支是不必要的，将钱花在刀刃上，建立合理的消费计划，树立艰苦奋斗、勤俭节约、科学消费的意识。

1.7.5 捅人8刀的弹琴手

作者姓名： 邱君

案情介绍：

2010年10月20日23时许，药家鑫驾驶红色雪佛兰小轿车从西安长安送完女朋友返回西安，当行驶至西北大学长安校区外西北角学府大道时，撞上前方同向骑电动车的张妙，其后药家鑫下车查看，发现张妙倒地呻吟，因怕张妙看到其车牌号以后找麻烦，便产生杀人灭口之恶念，遂转身从车内取出一把尖刀，上前对倒地的张妙连捅数刀，致张妙当场死亡。杀人后，药家鑫驾车逃离现场，当车行至郭杜十字路口时再次将两情侣撞伤，逃逸时被附近群众抓获，后被公安机关释放。2010年10月23日，药家鑫在其父母陪同下到公安机关投案。经法医鉴定：死者张妙系胸部锐器穿刺致主动脉、上腔静脉破裂大出血而死亡。(2011年1月11日，药家鑫被西安市检察院以故意杀人罪提起公诉。2011年4月22日，西安市中级人民法院一审判处药家鑫死刑；5月20日陕西高级人民法院对该案二审，维持一审死刑判决。2011年6月7日，药家鑫被执行死刑。)

在这次出事之前，药家鑫喜欢安安静静地弹琴，在罗太太家做了近两年的家教，有时候他一周会在这个家里出现5次。"他弹琴之前总会仔细地把手洗干净，弹琴的时候像融在里面"，学生的家长罗太太说，"能看出来，他喜欢音乐"。药家鑫不喜欢激烈的曲子。他说，一弹抒情的曲子就觉得悠扬，而激烈的就没了感觉。

(资料来源：百度百科)

思考问题：

(1) 不当的家庭教养方式和存在缺陷的学校教育制度该从多大程度上为大学生犯罪负责任？

(2) 社会分配不公导致的心理失衡是否是大学生犯罪的心理根源之一？

适用范围：

人文管理中的心理健康与情绪调控问题分析。

相关链接：

随着中国高等教育的改革，大学生数量不断增长，但大学生的道德素质也在不断下降。由于社会上不良现象、不良思想的影响，使一部分大学生知行背离，在思考人生价值时产生了不少困惑，个别学生甚至形成了错误的人生观。如受到享乐主义、拜金主义、功利主义、实用主义、极端个人主义等影响。大学生思想道德潜在的危机及动因有：①道德取向的迷惘与混乱；②道德调控的弱化与失当；③道德导引的错位与困境。大学阶段是大学生道德学习和道德建设的重要时期，是养成道德观念和道德行为的关键时期，教育工作者要做好大学生的道德学习和道德建设工作，则需要充分认识大学生思想道德建设中所出现的新情况，注重大学生道德学习和道德教育途径及方法的创新，采取积极有效的措施，才能解决新问题。

分析路径：

(1) 从大学生的心理认知来看，大学生认知比较偏激，自我是非观念极强，凡是与自己观念相左的即认为是错的，以自我为中心，一旦形成强烈的欲求并选择了错误的满足方式，即产生犯罪。

(2) 从大学生的情绪调控来看，大学生情绪调控能力差，容易冲动。大学生所处的年龄段决定了其尚不能以成熟稳重的方式来处理问题，而重智商轻情商的教育方式也会导致大学生在独立生活后出现一系列新问题。

(3) 从大学的教育体制来看，目前我国大学重智育轻德育，而德育教育的弱化会导致大学生品德缺陷及自制力的缺乏，从而产生激情式犯罪。

关键要点：

道德是人之所以为人的一个非常重要的特征，而大学生是受过高等教育的人，相对来说，其道德素质要比一般人高很多，至少大学生的身份也要求其必须要有较高的道德素质，这就是标签的作用。此外，大学生的心理素质也亟待提高，当前许多大学生对挫折的承受力低、人际交往能力差、社会适应能力弱、自我意识不成熟等心理素质问题也逐渐得到社会的广泛关注。我们可以从以下几个方面着手来关注这些问题。

(1) 大学生应树立正确的人生观、价值观和世界观。始终保持开阔的心胸，提高对心理冲突和挫折的忍受能力，热爱生活，热爱学习。充分认识自己，正确估价自己，有自知之明，不自卑不自负。

(2) 加强思想道德和法律意识的教育。要做好思想道德教育必须做到：①坚持育人为本、德育为先，着力强化德育理念。我们之所以矢志不移地推进素质教育，目的不只是为了让青少年掌握更多科学知识，更重要的是把他们培养成为德才兼备的栋梁之材。②遵循青少年成长规律，着力完善德育体系。培育爱国情感，养成良好道德品质、文明行为习惯、遵纪守法意识，是一个通过教育逐步培养、形成和发展的过程。③坚持学校德育与社会教育相结合，着力优化德育环境。

(3) 大学生应掌握应对心理问题的科学方法。首先要勇于向亲友倾诉，在他们的劝慰和开导下，心灵的困扰便会慢慢消失；其次可以考虑看心理医生，在美国，每个中产阶级的身后都站着两个人，一个是他的律师，另一个就是他的心理医生，所以不需对看心理医生心存顾虑；再次要量力而行、与人为善，要正确、客观地评价自己，对自己的期望值不要过高，讲究方法，寻求支持。

(4) 大学生应懂得合理调控情绪。性格孤僻、过于享乐、焦虑不安、抑郁、敏感多疑、强迫自我、内在心理压力和自卑等不良情绪如果得不到良好的调控，就会对人的生理功能、外部行为、自我暗示等起到一定的消极作用。因此，当察觉到不良情绪产生时，必须及时疏导，如听音乐、体育运动、深呼吸等都是行之有效的疏导方式。

1.8　人　口

1.8.1　"老龄化"来了怎么办

作者姓名： 雷姝燕

案情介绍：

复旦大学举办了一场"沪港发展与中国未来可持续增长学术研讨会"。有趣的是，与会专家们无论是谈香港还是话上海，都不约而同大谈"老龄化"。眼下的香港和上海，面临着预期寿命越来越长、生育率越来越低这样的"两极化"。

以香港为例，根据预测，到2041年，香港65岁以上的老人将占到人口总数的32%，也就是说，每100个人里有30个是老人。

生育率偏低，一个重要原因是香港、上海这些大城市的结婚年龄普遍在往后推。一位香港学者提供的调查数据表明，在香港的女性中，有22%的人35～39岁时尚未结婚，有17%在40～44岁还没有结婚。另有学者指出，当经济社会发展到一定程度，人们对下一代的素质有较高要求，而所处的环境让养育高素质下一代的代价变得很昂贵。这样的情况在世界上很多发达国家已经出现。

"老龄化"会带来一系列的经济挑战。人口的预期寿命延长了，退休之后没有工作收入、依靠社会养老的时间延长，如果相关社会保障不相应调整，全社会的养老压力会很大。同时，青壮年劳动力占总人口的比重减少了，过去是人找工作，今后是岗位等人，稀缺性增加带来劳动力变"贵"了，工资普遍上涨，劳动力比较成本优势可能将一去不复返。

面对即将到来的老龄化威胁，延长退休年龄是提得比较多的，但反对声也不少。也有专家提到，要保持一个稳定的生育率，政府要做的基本工作是要营造一个好的环境。例如，让优质的教育、医疗资源不那么难以获得，在政策范围内更愿意生育。

（资料来源：解放日报，2012-12-19）

思考问题：

(1) 材料中反映了当前的什么问题？

(2) 如何才能真正实现"老来无忧"？

适用范围：

人文管理人口管理问题分析。

相关链接：

(1) 人口老龄化作为年龄结构变动的趋势主要是由生育率下降和人口转变引起的。西欧发达国家早在19世纪末(如法国)、其他大部分国家在20世纪初开始进入老龄化阶段。之后，随着生育率的降低和平均预期寿命的不断延长，加速了人口老龄化。现在包括美国和日本在内的发达国家都面临着人口老龄化问题。

(2) 以2010年11月1日零时为标准时点的第6次全国人口普查，从年龄构成变动来看，0～14岁人口占16.60%，比2000年人口普查下降6.29个百分点；60岁及以上人口占13.26%，比2000年人口普查上升2.93个百分点，其中65岁及以上人口占8.87%，比2000年人口普查上升1.91个百分点。我国人口年龄结构的变化，说明随着我国经济社会的快速发展，人民生活水平和医疗卫生保健事业的巨大改善，生育率持续保持较低水平，老龄化进程正在加快。

分析路径：

健康老龄化战略内涵，主要包括"老有所养、老有所医、老有所为、老有所学、老有所教、老有所乐"内容，这是对中国老龄工作的综合概括，是促使经济社会可持续发展的重要内容，是解决好我国人口老龄化问题的主体思路。为此，我们应该做到以下几点。

(1) 提高对老龄化问题的认识。要加强舆论宣传和引导，强调我国人口老龄化趋势加快的严峻性，对社会经济发展影响的紧迫性，以及实施健康老龄化战略的重要性，提高各级政府和领导的思想认识，增强全社会的老龄意识。

(2) 明确国家老龄工作的方向。将实施健康老龄化战略纳入国家中长期发展规划中，结合经济发展进程和城乡不同情况，精心设计和构筑我国老龄的工作体系，明确提出目标要求、工作重点、投入力度、检查标准。

(3) 落实到各地的发展计划中。要求各级政府高度重视，把本地区老龄工作列入议事日程，根据国家的要求，结合自己的实际，纳入当地的经济和社会发展计划中，采取分工负责和齐抓共管方式，对老龄工作有管理、有服务、有措施、有检查。

关键要点：

(1) 走家庭养老和社会养老相结合的道路。建立以家庭养老为基础，社区养老服务网络为辅助，公共福利设施养老手段为补充，社会保险制度为保障的居家养老体系，把老年人自身、家庭、社会和国家作用有机地组合起来，使之发挥出最佳效用。

(2) 积极发展老龄产业。老龄产业是为了满足老年人物质和精神生活需求而形成的产业，既包括生产性产业，也包括服务性产业，是解决人口老龄化问题的重要手段。发展老龄产业，一是要从我国实际出发，以满足老人物质和精神生活的需要为目的；二是要以市场为导向，按经济规律办事；三是要保证养老费用的合理使用，提高老年人的消费能力。

(3) 加快完善老年法律法规体系。依法治国是我国社会主义现代化建设的基本方略，依法治理人口老龄化带来的社会经济问题，应是老龄工作的重要内容。

(4) 搭建综合服务网络平台。以社区居家养老服务中心为站点，在各社区普遍建立空巢家庭、独居老人、高龄老人信息库，将其生活习惯、健康情况、家庭情况、子女联系方式、所需服务项目等相关资料输入计算机，一户一档，实行动态化管理。大力推广"贴心一键通"养老信息服务模式，建立居家养老呼叫服务网络，保障社区老年人不受地域和时间限制享受各种优质服务。从物质和精神上让老年人"老有所养、老有所乐"，从而真正实现健康老龄化，实现人人享有健康、长寿的战略目标。

1.8.2 "用工荒"再升温

作者姓名：雷姝燕

案情介绍：

全国各地"用工荒"有升温之势。与几年前相比，如今的"用工荒"来势更猛：缺技术工人，更缺普通工人；不只珠三角、长三角用工短缺，内地劳务输出大省也为用工发愁。

1. 缺技术工人，更缺普通工人

今年以来，许多用工企业比往年更尴尬：技术工人难找，普工居然也难找。

记者连续多日在北京虎坊桥人才市场"蹲守"。不少用工者举着牌子，焦急地等待来者。但凡有民工模样的人经过，大家就一拥而上，问是不是找工作的。

据浙江宁波市人力资源和社会保障局统计，去年全市 11.96 万家企业提供了 213.32 万个岗位，但求职人数只有 104.8 万人，供求比为 2∶1。

2. 农村劳动力不富余

不少专家认为，我国农村还有 5000 万 40 岁以上的劳动年龄人口，由于受教育程度、社会保障、职业培训和社会心理等因素的制约，这部分富余劳动力难以转移。

国家统计局《第六次全国人口普查主要数据公报》显示，我国进城务工人员约 2.5 亿。中央国家机关青年"百村调研"也发现：在湖南、河北、山西、内蒙古农村，青壮年都外出打工，60 岁以下劳动力极少。

3. 新生劳动力在减少

国家统计局出版的《中国统计年鉴》显示：在入学率接近 100% 的情况下，全国小学在校生却持续大幅减少：1998 年，全国小学在校生有 13 953.8 万人，到 2009 年只有 10 071.5 万人，短短 11 年间，净减 3882.3 万人，平均每年递减 352.94 万人。这表明，我国新生劳动力正大幅减少。

国家统计局公布的历年我国出生人口数据显示，1962—1971 年 10 年间，全国总计出生 2.5 亿人，这 2.5 亿人从今年起正陆续进入退休年龄。假设 20 周岁为参加工作的平均年龄，则这 2.5 亿人退休腾出的工作岗位，需要从今年起陆续由年满 20 周岁的人口来顶替。而 1992—2001 年 10 年间，全国总计才出生 1.56 亿人，两个数据相差近 1 亿人。

当务之急是如何应对一年更甚一年的"用工荒"。

(资料来源：经济日报，2012-03-16)

思考问题：

(1) 劳动力供需出现了哪些新变化？

(2) "用工荒"出现的原因有哪些？

(3) 如何解决"用工荒"这一问题？

适用范围：

人文管理中的人口管理问题分析。

相关链接：

招工难本跟企业洗牌无关，但从整个社会的发展来看，劳工问题将会是企业接下来一直需要面对的难题。"缺工"已成全国现象。

原因一：长三角也缺工，民工多转战二线城市。

内地城市发展起来了，缺工已经不仅仅是珠三角、长三角，而是全国性的问题，现在连安徽这样曾经的劳务输出地也都发展起来，开始出现缺工现象。

原因二：新生代农民工素质提高，倒逼企业升级换代。

缺工是因为供求的不平衡，企业需要大量的一线工人，但是新成长的劳动力学历越来越高，其就业首要选择已经不再是生产工。新生代劳动力结构的变化，不仅仅影响着企业的招工情况，在一定程度上，也在逼迫着企业升级换代。

分析路径：

(1) 专家称劳动者权益得不到保障是"民工荒"的根本原因。工人权益受到侵犯或者工资待遇太低是造成劳动者主动辞职的重要原因。一项对珠三角 5 市 1500 余名民工的最新调查表明，2009 年加班费收入为 0 元者为 839 人，但工作时间为 1～8 小时者有 640 人，也就是说有 199 人有加班，但是没有加班费，工作时间更长，收入却没有增加。

(2) 民工一去不复返背后是制度保障性缺失。沿海地区和内地同时出现严重的缺工现象，而珠三角地区缺工达 200 多万。这不得不让人思考，民工为何一去不复返呢？从现阶段民工所处的困境来看，他们没有工作所在城市的户籍，所以他们在医疗、住房、教育等方面都不能与城镇居民同日而语。

关键要点：

(1) 要为民工创造良好的工作和生活社会环境。能否吸引和留住外来民工，除了企业的工资福利及工作、生活条件外，社会环境也是一个重要因素。政府的责任就是要为外来民工创造一个良好的社会环境，要制定相关的法律、法规和政策，建立和完善民工的社会保障制度，切实维护民工的合法权益；解决民工看病难，子女上学难等实际困难；宣传教育当地市民与外来人员互敬、互让、互帮、互学，共建和谐社会，使外来民工从情感上真正融入当地社会。

(2) 要为企业减负，扶持企业转型。在"用工荒"问题一年比一年严重的形势下，劳动力成本大幅度增加，企业的负担越来越重。政府应当采取有力措施，给予更多的政策支持，减轻中小企业的税负和各种费用；运用税收、财政、信贷政策，鼓励、支持企业改革创新，加大技术改造，革新生产工艺，改善经营管理，加快调整产业、产品结构，有效地提高劳动生产率和经济效益，从而使企业增强应对"用工荒"的能力和稳定发展的后劲。

(3) 要加快城市化进程和户籍制度改革。人口大量地从农村向城市集聚是社会经济发展的必然。加快城市化进程和户籍制度改革，在城市发展规划中，特别在规划工业发展园区时应充分考虑建设新城区，采用政府投资、政企联合投资或吸收民间资本等多种形式，建设大量的廉租房、经济适用房作为"民工公寓"、"新市民公寓"；制定相关条件标准，出让有限产权(使用权)，或出售给外来民工，让民工能够在工作所在地真正安家落户，这是解决"用工荒"问题的根本性措施。

1.8.3　谁该为孩子的不幸负责

作者姓名： 雷姝燕

案情介绍：

2012年11月16日，贵州省毕节市七星关区流仓桥办事处环东路一垃圾箱内发现5名男孩死亡。接报后，毕节市成立由公安、民政、教育等部门组成的工作组，迅速开展调查处理。

记者18日从贵州省毕节市委宣传部了解到，11月16日，5名男孩被发现死于毕节市七星关区街头垃圾箱内，经当地公安部门初步调查，5名10岁左右的男孩是因在垃圾箱内生火取暖导致一氧化碳中毒而死亡。

从记者调查看，毕节死亡的这5名男孩很爱玩火，很爱"出来混"。尽管在他们那么偏远、那么穷困的山寨家乡，已经很不容易地有了一所条件不错的村小，尽管一旦发现学生不来，学校老师会走一小时山路上门家访，但这些孩子就是不愿意回去上学，一次次远离山寨，一次次被抓回来，又一次次跳车逃走。

在5位孩子的背后，是由来已久、普遍存在的农村留守儿童问题。

(资料来源：中国广播网，2012-11-19)

思考问题：

(1) 男孩们为何喜欢"出来混"？

(2) 如何救助流浪儿童？

(3) 谁该对男孩们的死负责？

适用范围：

人文管理中的人口管理问题分析。

相关链接：

所谓留守儿童，是指父母双方或一方外出到城市打工，而留在农村生活的孩子们。他们一般与自己的父亲或母亲中的一人，或者与祖辈亲人，甚至父母亲的其他亲戚、朋友一起生活。2012年9月，教育部公布义务教育随迁子女超1260万人，义务教育阶段留守儿童为2200万人。

分析路径：

1. 监护不力，九年义务教育难以保证

据统计，80%以上的留守儿童是由祖父母隔代监护和亲友临时监护，而年事已高、文化素质较低的祖辈监护人基本没有能力辅导和监督孩子学习。农村学校受办学条件、师资力量、教学理念的局限与制约，针对留守儿童的需求提供特殊有效的教育和关爱力不从心，学校与家庭之间缺乏沟通，家庭和学校监护不力，导致相当数量的留守儿童产生厌学、逃学、辍学现象。留守儿童学习成绩及初中教育的在学率都低于正常家庭儿童。据中国人民大学人口与发展研究中心的研究显示，进入初中阶段以后，留守儿童在校率大幅度下降，14周岁留守儿童的在校率仅为88%。

2. 心理问题是农村留守儿童最值得关注的问题

长期的单亲监护或隔代监护，甚至是他人监护、无人监护，使留守儿童无法像其他孩子那样得到父母的关爱，家长也不能随时了解、把握孩子的心理和思想变化。这种亲情的缺失使孩子变得孤僻、抑郁，甚至有一种被遗弃的感觉，严重地影响到了孩子心理的健康发展。这些心理方面的问题，直接影响到孩子的行为，使他们不论是在家里，还是在学校、社会上都经常出现一些与其他孩子不一样的行为，这些行为常常超越道德、法律底线。

3. 学习问题

由于父母双方或一方不在身边，对留守儿童学习方面的帮助和监督大大减少，甚至完全减除了，使孩子在学习方面处于一种无人过问的状况。学好了，没人夸；学坏了，无人教，渐渐使孩子对学习产生一种无所谓的态度。孩子的精力不放在学习上，自然就要在其他方面加以消耗，于是其行为开始出现偏差，各种超越道德、规则的行为开始在孩子身上出现。加上监护人本身对孩子亲情缺失状况的同情，当孩子行为稍有出格的时候也不会加以管束，使孩子在偏离健康发展轨道的方向上越走越远。缺乏管教引发行为失范甚至越轨，在留守儿童身上体现极为普遍。

4. 生活问题

留守儿童的生活问题，特别是父母双方都外出打工的那部分儿童，其生活状况是不容乐观的。留守儿童的父母之所以抛下自己的孩子外出打工，是因为家庭务农的收入无法让自己的家庭过上稳定的生活，否则如果有一点办法，他们都会想方设法与孩子待在一起的，所以生活困难是留守儿童家庭的共同特征。虽然他们出去打工可以挣到一些钱，但其付出与收入相比依然是极不平衡的，有时因为制度等方面的缺陷，自己挣到的钱还不能及时拿到手，所以他们在家庭生活方面是极其节俭的。

关键要点：

留守儿童问题是伴随工业化、城镇化进程和劳动力转移而产生的，并将长时期存在，解决好这个问题，关系到未来人口素质和劳动力的培养，关系到农村经济和社会的协调发

展，也关系到社会稳定和可持续发展。坚持以人为本，认真贯彻中央《关于推进社会主义新农村建设的若干意见》和《关于加强未成年人思想道德建设》的精神，就必须从法律、制度层面整体地加以考虑和解决。

(1) 各地政府和教育部门应根据本地实际情况，合理调整学校布局，加大寄宿制中心学校建设，让留守儿童尽量住校。

(2) 建立多种形式的留守儿童保护网络。比如，建立以父母、亲属为主体的家庭监护网络，以基层组织为主体的管理网络，以学校老师为主体的学校帮护网络等，对留守儿童给予对口的帮助。

(3) 调整人口管理制度，逐步取消户籍差别，并将解决留守儿童问题与城市农民工子女入学问题有机地结合起来，实行农民工"市民待遇"，从根本上解决留守儿童问题。

(4) 各级政府特别是教育部门应该给予一定的扶持和帮助，政府应合理分担留守儿童的教育成本，取消所谓的借读费和择校费。

1.8.4 双独夫妻生二胎

作者姓名：胡艳

案例介绍：

小郑和小郭都是宁波人，又都是独生子女。5 年前，两人结了婚，并在婚后第 2 年生下第一个儿子。2012 年年初，夫妻俩又顺利产下一男婴。

据《浙江省人口与计划生育条例》第 18 条规定，符合再生育条件的夫妻也要经过批准才可以生育第二个子女，而他们在生第二个孩子前一直没有办手续。

今年 4 月底，夫妻俩收到了江东区计生局发出的征收社会抚养费决定书，决定书上说，由于他们生第二胎没经过批准，要向他们征收社会抚养费 7 万多元。夫妻俩认为，夫妇双方都是独生子女，既然符合生育二胎的条件，那就不需再缴纳 7 万多元社会抚养费。见小郑和小郭对此置之不理，江东区计生局再次向夫妇俩发出了社会抚养费行政征收催告书。可是，强硬的小郑夫妇俩依旧没有主动去缴纳相关费用。

8 月初，江东区计生局向法院申请对该夫妇采取强制执行措施。9 月初，法院经过审查准予强制执行。

思考问题：

(1) 当地政府在处理该类事件过程中有无违背行政权力行使的原则？以案中事例说明。

(2) 为避免行政权力使用过程中负效应的出现，应用何种约束机制？其内容包括哪些？

适用范围：

人文管理中的人口政策的执行与调适分析。

相关链接：

盘点各地计生政策九类人有条件生二胎. 新京报，2013-08-13

中广网. 中国每年超生罚款或超 200 亿元. 江西晨报，2012-05-03

社会抚养费征管存六大通病，45 县超 3.2 亿元，超生罚款专入国库. 中国剪报，2013-09-21

每年征收两百亿元社会抚养费抚养了谁. 中国青年报，2013-07-12

社会抚养费成"糊涂账". 卫计委：禁与计生支出挂钩. 新京报，2013-09-05

支振锋. 公开社会抚养费事关计生部门清白. 南方周末，2013-10-10

张璐. 未来我国将有一千万失去独生子女的家庭. 北京晨报，2012-09-21

北京晚报. 计划生育还将坚持二三十年. 江西晨报，2016-01-12

分析路径：

社会抚养费是指为调节自然资源的利用和保护环境，适当补偿政府的社会事业公共投入，而对不符合法定条件生育子女的公民征收的费用，俗称超生罚款。社会抚养费属于行政性收益，具有补偿性和强制性的特点。

行政权力是指国家行政机关依法享有的，为有效执行国家意志，依靠特定的强制性手段对全社会进行管理的一种政治权力，包括行政执行权、行政强制权、行政处罚权。

关键要点：

(1) 当地政府在处理该类事件过程中没有违背行政权力行使的原则。在广东、深圳等经济发达地区，超生一个孩子，至少要缴纳十几万元的"社会抚养费"。除了收取"社会抚养费"，还要对超生者进行行政处罚。

(2) 为避免行政权力行使过程中出现负效应，应建立完善合理的制约机制。包括强化对行政权力配置的制约；加强对行政权力行使过程的制约；健全对权力滥用者的惩罚机制；健全行政监督机制等内容。

1.8.5　孕妇交不起钱被逼引产[①]

作者姓名：胡艳

案情介绍：

2012 年 6 月 4 日凌晨 3 时许，陕西安康镇坪县曾家镇村妇冯建梅在镇政府干部的强制要求下，被迫引产了已经 7 个月的女婴。面对记者时，冯建梅痛哭流涕说："我不是自愿的，是他们几个人按着我的手，让我签字的！"

---

① 根据以下资料改编：综合中新网、《华商报》、中国网消息《陕西安康孕妇：交不起 4 万元被逼引产》(《江西晨报》，2012-06-16)。

6月3日，记者接到冯建梅的小姑子报料称，她嫂子第一胎生的是女儿，今年已经5岁半，按照国家政策，间隔5年是可以生二胎的，家人正在补办准生手续的过程中，现在已怀有7个月身孕的嫂子，却被镇政府的二三十名干部，用衣服蒙住头，强行送镇坪县医院做引产手术。

6月4日下午，在冯建梅的家里，冯建梅的公爹邓孝刚正带着5岁半的孙女。他对记者说，当时镇上来了一帮子人，说要么交4万块钱，要么得强行引产，家里拿不出来这么多钱，他们就强行将儿媳拉走。说到这儿，这位憨厚的老汉哭了起来。

冯建梅的丈夫邓吉元说，此事发生时，他在外地打工。此前，他的确已向妻子的娘家发信件，让给办理准生手续。

思考问题：

(1) 当地政府机关在处理这类事件过程中有何不足或负效应？

(2) 双方当事人应如何避免此类事件的发生？事后应如何处理？

适用范围：

人文管理中的计划生育政策与人文关怀的执行与实施。

相关链接：

陈家伟，吴亚芬. 南昌30岁以上孕妇比例逐年上升. 江西晨报，2012-12-19

陈家伟，吴亚芬. 湖北女子结扎致死获百万赔偿. 江西晨报，2013-04-10

新京报. 计生委派督察组整治粗暴执法. 江西晨报，2012-06-29

刘良昌. 再婚家庭有望纳入全面二孩范围. 江西晨报，2016-01-15

翟烜. 社会抚养费将继续征收——卫计委：计划生育至少再坚持20年. 京华时报，2016-01-12

分析路径：

行政权力的负效应——行政权力主体在行使权力过程中所产生的某种结果，这是一种违背公共利益和行政根本目的的现象，主要表现为行政越权、滥用行政权力和行政失职。

行政权力——国家行政机关依法享有的，为有效执行国家意志、依靠特定的强制性手段对全社会进行管理的一种政治权力。包括行政执行权、行政强制权、行政处罚权。

关键要点：

(1) 当地政府机关在处理这件事过程中有行政越权、滥用行政权力等两种违背公共利益和行政根本目的负效应。主要表现在违反了国家及陕西省人口计生部门关于禁止大月份引产的规定(怀孕7个月的孕妇冯建梅遭强制引产)，影响恶劣。

(2) 双方当事人为了预防或避免此类事件的发生，应及时或催促办理准生手续，并待小孩出生及时按国家政策规定交纳社会抚养费。

事件发生后，上级有关部门应及时调查，严肃认真处理县、镇有关部门当事人，坚决杜绝大月份引产，还百姓以公正、公开、责任、公信力。

1.9　妇　　幼

1.9.1　刺痛眼球的美女经济

作者姓名：肖刚

案情介绍：

齐鲁网讯　身材性感热辣的美眉参加选美比赛并不稀奇，但是有一个选美比赛不一样，唱主角的不是美女，而是美女身后的奶牛。这两天，一则标题为《山西山阴县奶牛选美大赛"牛模"穿比基尼为牛挤奶》的新闻在网上炸开了锅。听说过车模、手模，这牛模还真是头一次听说。这会是一场什么样的比赛？奶牛与比基尼美女本来是八竿子也打不着的两个事物，为什么就能扯到一块呢？山东卫视《调查》栏目的记者赶赴比赛现场。

8月18日，山西省山阴县举办了首届"奶牛选美大赛"，活动现场，8位身材热辣的比基尼女郎作为"牛模"登场助兴，并且现场挤奶。8位"牛模"一登场，就吸引了众多的奶农和参观者，她们衣着性感暴露，头戴面具，在奶牛身边摆着各种造型。

(资料来源：山东广播电视台的调查栏目，2012-08-28；北京晨报，2012-08-27)

思考问题：

(1) 对当前社会美女经济现象的认识？
(2) 探讨引导女青年正确择偶观的途径。

适用范围：

人文管理中的美女经济问题分析。

相关链接：

根据《北京晨报》记者王琳的《港姐曾经辉煌如今落寞 选美渐成鸡肋》报道，昨晚，2012 年香港小姐选拔落幕，新一届港姐新鲜出炉，然而面对一张张美丽的面孔，却似乎很难再像从前那样让观众激动和追捧。港姐已经历了 40 年的兴衰，它曾经是美女的代名词，而现如今的港姐不仅与美丽的关系越来越少，更屡屡成为人们诟病的对象。回首 40 年，在我们曾经追捧过的那些港姐中，有人拥有石破天惊的美丽，有人拥有无与伦比的智慧，也有很多遭人诟病的丑闻。然而，当审美进入个性化时代后，冠军与否对大多数观众而言已经变成了一个空壳。

分析路径：

1. 从美女经济产生由来来分析

何谓美女经济？在经济学词典里并没有解释，截至目前也还没有一个权威的定义，只有两种不同的说法：①所谓美女经济，就是围绕美女资源所进行的财富创造和分配的经济活动，其宗旨是利用美丽资源，服务市场经济，其本质是以美丽为介质，传播、提升、放大经济价值；②利用"美女搭台、经济唱戏"，把消费者的注意力转移到产品、服务贸易上的经济活动。这种经济行为的核心是消费，有着鲜明的功利色彩和商业目的。在"选美"过程中，美女们凭借自身的条件，加上刻意的"修炼"，刺激大众"眼球"，进而成为商业促销的手段和吸引注意力的工具。

2. 从"美女经济"的基本特征来分析

作为一种特有的经济形式，美女经济具有自己的特点，其基本特征是利用女性的容貌、身体以及性的特征来刺激消费，追求经济利益。

(1) 美女经济是大众传媒发展到一定阶段的必然产物。美女作为一种特殊的媒体，以其亲和力强、市场号召力大的特点，在传播企业形象和产品形象过程中效果良好，因此成为各界竞相争取的最佳传播载体。

(2) 最有效益的美女经济就是：广告。美女广告为企业创造的经济效益难以计数。

(3) 美女具有天然传播的神奇功效。

情感需要是人类最本质的特性之一，千姿百态的美女经济活动，正是直接诉求于人类共同的情感。

关键要点：

1. 美女经济带来的负面影响

(1) 美女经济误导了美的内涵。美应该是心灵美和形象美的统一，而美女经济却片面地以满足男性的性心理和性生理需求为基本宗旨，把容貌和形体符号作为"美"的唯一指标。

(2) 美女经济造成女性的"阶级分化"。经济基础决定上层建筑，美女经济是以牺牲女性的人格尊严、制造等级分化为代价的。美女经济的要害正是把人们不能选择的天生容貌变成了衡量社会作用、社会地位的标尺，把自然的不平等变成了人为的不平等。

(3) 美女经济不利于推进男女平等的社会进程。男女平等是我国的基本国策，男女两性平等和谐地共同发展是人类社会的前进目标。但是，美女经济却反其道而行之，千方百计强化男性中心的社会机制。美女经济极力挖掘女性的观赏价值，将女性物化成商品，似乎女性的价值只在于她们的容貌和身材。女性则被动地不断改造自己的身体去迎合男性的需要，这对广大女性是极不公平的。

2. 探讨引导美女经济规范发展的途径

(1) 全社会应树立正确的审美观。美丽不是单一的，美丽的标准也应该多元化。全社会应鼓励和引导人们树立正确的审美观。一方面，要改变以男性审美标准为主的大众审美标准，消除审美客体的女性化，使两性都能自由、平等地成为审美的主体。另一方面，要提倡形象美和心灵美相结合、心灵美重于形象美。

(2) 政府应加大宏观调控力度。目前，我国的美丽产业尚缺乏国家统一的行业规范和行业标准，没有系统的管理办法，没有专门的管理机构和管理人员，也没有相应的法律法规及统一标准，由此出现了"规矩真空"。

(3) 发挥妇联组织作用，倡导给予女性充分自由的发展权。美女经济在本质上是对女性的性别歧视、能力歧视。妇联组织应特别重视维护女性的各项权利，在遏制美女经济中发挥中坚作用。要当好女性代言人，宣传、倡导、努力构建先进的性别文化，动员、呼吁、协调、监督社会力量，为女性发展、创业提供一个健康的环境，使女性能够平等地参与到社会生活的各个领域。

1.9.2　年龄可放宽 身家不能降

作者姓名：肖刚

案情介绍：

根据深圳市婚姻介绍所、市玫瑰园婚介中心等婚介所的数据显示，他们的会员单身男女比例约3∶7，单身女生集聚在27～35岁之间，男生年龄在28～40岁之间。在择偶上，女性在年龄上放宽了条件，大于自己10岁之内都可考虑，但在经济等方面没有降低门槛。

数据显示，深圳作为一座年轻的城市，近5年时间，大龄单身男女多集聚在30岁左右。市婚姻介绍所客户经理余女士介绍，很多人来深圳挖到第一桶金，但感觉不到城市的归属感，于是有的男士们就回内地二线城市发展了，优秀男生相对就少了。而女性凭着拼搏精神很快在城市立足，收入水平大幅提高，又有独立人格，无形中对男性要求提高，大部分男士达不到择偶要求，而达到要求的男性，更多人会选择年轻貌美的女生。此外，还有女生爱走极端，宁缺毋滥，最终都决定了单身女生远远多于男生的现状。

(资料来源：梅云霞. 南方都市报，2012-08-23)

思考问题：

(1) 对当前女性择偶观现象的认识。
(2) 探讨引导女青年正确择偶观的途径。

适用范围：

人文管理中的女性择偶观问题分析。

相关链接：

婚恋交友网站世纪佳缘在 2011 年 12 月 22 日—2012 年 1 月 9 日期间，对全国 75 185 位网友进行婚恋观调查，其中男性 32 650 人，占 43%，女性 42 535 人，占 57%，并在其后公布《2011—2012 年中国男女婚恋观调研报告》。报告中说到，男女在相亲时共同追求的是人品、性格、共同语言的合拍。而从单独来看，男性关注的是女性的身高、长相，而女性关注的是男性的经济收入，这也就是传统的"男财女貌"。

分析路径：

1. 从女青年择偶标准变迁来分析

(1) 新中国成立初期，农村生活穷苦，吃穿困难，劳动强度大，女青年都希望婚姻能让自己摆脱生活困境，工人老大哥是农村姑娘的首选目标。

(2) 20 世纪 50—70 年代，女青年非常注重男方是否是出身好、根红苗正或政治上得志的人。

(3) 改革开放后，女青年更重视男方的脾气性格、学历、身高和爱情。

(4) 到了 20 世纪 90 年代，男性的事业和社会经济地位对女青年的吸引力提升。

(5) 21 世纪，在年龄方面，较多女青年希望男性比自己年长。从对方的精神条件来看，女青年希望男方的性格内敛稳重、有事业心、有涵养、孝顺、忠诚，同时也重视对方的家庭经济条件。

2. 从影响女青年择偶标准的因素来分析

(1) 社会政治因素的影响。主要包括人际关系、思想政治倾向、政治地位等的变化对择偶标准的调整。

(2) 经济因素的影响。在现代社会，人们已经不愁温饱，但经济条件却成为女青年更加关注的择偶条件，甚至出现没有房子不嫁的情况。

(3) 地域差异因素的影响。一般来说，沿海比内陆地区的择偶标准更务实，对拥有文化知识、经济条件好、相貌端正的要求更高。

(4) 受教育程度因素的影响。受教育程度较高的女青年择偶标准一般会更高一些。

(5) 传统思想观念的影响。中国的女青年普遍都认为男性最好年龄比自己长一些、身高比自己高一些、在恋爱时男性应更主动、男性的经济收入要比女性多、男性的受教育水平应比女性高等，由此可见，传统思想也影响着当代女青年的择偶标准。

关键要点：

1. 女青年婚恋观偏差的自身、家庭因素

(1) 功利性动机。不少女青年把婚姻作为改变命运、走向幸福的跳板。

(2) 攀比心理。

(3) 对物质基础认识的误区。许多女青年由于是独生子女，从小在父母的呵护下养尊处优，吃不起苦，缺乏艰苦朴素、勤俭持家的精神，消费注重品位、档次，过不惯节约、清贫的生活，所以对物质基础的标准要求也就提高了。

(4) 家人的干预。许多男女青年本来感情很好，却出现恋爱纠纷，往往是因为女青年家长的指导思想存在一些问题，如对女婿或准女婿不满，便不顾女儿的感受，从中挑拨、干涉。

2. 探讨引导女青年正确择偶观的途径

(1) 大力发挥核心价值体系的主流引领功效。社会主义荣辱观所提倡的"以辛勤劳动为荣、以好逸恶劳为耻""以艰苦奋斗为荣、以骄奢淫逸为耻"和"以诚实守信为荣、以见利忘义为耻"，为思想政治工作注入了鲜活的内容。我们要以学习、宣传荣辱观为契机，帮助人们提高认识、转变思想，树立符合社会主义意识形态的婚恋观。

(2) 学校、共青团要加强对女青年婚恋观的辅导。在婚恋过程中，对外在美和内在美的认识和追求上，经常出现错位的现象。学校作为教育青少年的场所、共青团作为锻造青年的熔炉，有责任对女青年加强教育引导，通过讲座、辩论等形式，帮助她们树立正确的择偶观、婚恋观，自觉摒弃社会上流行的一些低级、庸俗、堕落的观念，把纯洁高尚的爱情放在恋爱、婚姻的首位，主动承担家庭责任和义务，学会自强、自立，切勿把个人前途命运寄托在丈夫或男友身上。

(3) 媒体要坚持正确的舆论导向。媒体要为全社会形成正确的婚恋观营造积极有利的氛围，对一些婚姻、恋爱中涌现出的真善美故事，要大力度、广范围地进行宣传和报道，甚至改编到小说、电影、电视剧、戏曲等文艺作品中。针对社会出现的各种为了私利而违背婚恋道德的行为，报纸、电视、广播等媒体应开设专栏或专题节目，进行讨论和批判，使公众逐渐养成对婚恋问题的基本是非观念。

(4) 以先进文化改革婚恋中的陋习、潜规则。现在结婚的经济代价很沉重，如果男青年不靠父母，单凭工作几年的积蓄，一般很难承受。于是，"裸婚"便悄然应运而生，主张小两口结婚不办婚礼、不拍婚纱照、不买房、不买车，仅办张结婚证。这并非历史的倒退，而恰恰是文明的进步、先进文化的体现。依笔者愚见，裸婚反映了当代青年对婚姻的积极思考和更深层次认识，虽不可强行要求，但完全值得提倡。

1.9.3 李阳家暴，美籍妻子"要离婚"

作者姓名： 肖刚

案情介绍：

网友"丽娜华的 Mom"在其微博上连发数张带伤照片，并自称是李阳的妻子，遭遇家庭暴力。

"李阳，你需要帮助。家庭暴力是一个严重的问题。"近日，"丽娜华的 Mom"在微博中称遭到家庭暴力，并配发数张外籍女子额头鼓包、耳朵流血及膝盖破损的照片。相关微博被大量转发，其粉丝也暴增到 2.6 万余人。不少网友对她的处境表示担心，也有网友表示愤怒，"一定要用法律来保护自己。不管怎么样，家暴都是绝对不允许的。"

昨日下午 2 时，李阳在其微博首度对家暴一事做出回应。

李阳说，"我向 KIM 正式道歉，我对她实施了家庭暴力，对其造成了身体和心灵上的严重伤害，对孩子也产生了不良的影响。我也向所有人道歉，我将深刻反省我的行为。"李阳还透露，按照 KIM 的要求，他们正在接受心理咨询师的专业帮助。

(资料来源：新京报，2011-09-06；浙江日报，2012-03-22)

思考问题：

(1) 对当今社会存在家庭暴力问题的认识。

(2) 解决针对家庭暴力的对策建议。

适用范围：

人文管理中的家庭暴力的防治。

相关链接：

家庭暴力是一个全球性的问题。在世界各国家庭中虐待妻子的现象都十分常见。据世界银行调查统计，20 世纪全世界有 25%～50%的妇女都曾受到过与其关系密切者的身体虐待。全国妇联的一项最新抽样调查表明，在被调查的公众中，有 16%的女性承认被配偶打过，14.4%的男性承认打过自己的配偶，每年约 40 万个解体的家庭中，25%缘于家庭暴力，特别是在离异者中，暴力事件比例则高达 47.1%。据资料统计，目前，全国 2.7 亿个家庭中，遭受过家庭暴力的妇女已高过 30%。家庭暴力引起的后果是严重而且是多方面的，因为发生在家庭中而得不到及时有效地制止和处理，很容易导致婚姻的破裂和家庭的离散，同时使加害人有恃无恐。并且，发生家庭暴力的家庭中的孩子通过耳濡目染、潜移默化，在他们成长后大大增加了使用暴力的可能性。

在我国，家庭暴力已经成为严重的社会问题。有统计显示，近 1/4 的女性遭遇过家庭暴力，每年有 10 万家庭因家暴而分解。

5 月 13 日，反家暴公益机构北京红枫妇女心理咨询服务中心在北京启动了"大声说出来——反对家庭暴力，构建和谐家园"活动。

这个活动的发起源于红枫中心之前作的一个主题调查。根据调查的 1858 份网民答卷显示，有高达 54.6%的受调查者遭遇过家庭暴力。暴力形式涵盖所有列项，38.4%求助"自己和对方家人朋友"。而选择自己默默忍受，"不敢大声说出来"的竟占 57.9%。

据宁波北仑法院统计，春节后受理的离婚纠纷案中，约有 15%的诉由是家庭暴力，其中 90%以上的受害人为女性。家庭暴力仍然是婚姻的大敌，以家庭暴力为由起诉的案件中，最终离婚的比例高达近 90%。

分析路径：

家庭暴力简称家暴，是指发生在家庭成员之间的，以殴打、捆绑、禁锢、残害或其他手段对家庭成员从身体、精神、性等方面进行伤害和摧残的行为。

家庭暴力直接作用于受害者身体，使受害者身体上或精神上受到痛苦，损害其身体健康和人格尊严。家庭暴力发生于有血缘、婚姻、收养关系，生活在一起的家庭成员间，如丈夫对妻子、父母对子女、成年子女对父母等，妇女如儿童是家庭暴力的主要受害者，有些中老年人、男性和残疾人也会成为家庭暴力的受害者。家庭暴力会造成死亡、重伤、轻伤、身体疼痛或精神痛苦。

(资料来源：胶东在线综合，2011-12-30)

家庭暴力因施暴主体不同而分为男性家庭暴力和女性家庭暴力两大类。虽然男性家庭暴力在量上占主体，但女性家庭暴力后果的严重性也不亚于男性家庭暴力，不可小视。

女性家庭暴力是女性作为一定的家庭角色(妻子、母亲、女儿、姐妹等)对其他家庭成员施予的暴力。包括语言暴力、精神暴力等。具体表现为言语攻击、精神暴力、垄断财权、性胁迫，具有言语性、精神性、隐蔽性、持久性等特性，有着极大的危害性(包括导致丈夫爆发性的疯狂报复，使家庭暴力升级直至引发恶性刑事案件；导致夫妻感情破裂、家庭解体、离婚率激增；会对子女的成长造成消极影响；挑战家庭伦理；给妇女解放、女权运动抹黑等)。

30%中国家庭存在家庭暴力，而家庭暴力受害者有15%是男性。重庆市婚姻指导中心负责人李晋伟认为，相比女人遭遇家庭暴力，可能对孩子的影响更大。因为孩子总认为父亲是保护神，一旦父亲的这种形象坍塌，孩子更容易缺乏安全感，就会产生心理缺陷。由于面子、性格等多方原因，重庆男人面临此问题时，也多数选择"关上自家门，沉默"。妇联维权部称，男性遭遇家庭暴力，同样可以向妇联寻求帮助和维权。

关键要点：

1. 当今社会对存在家庭暴力问题的几种认识

(1) "好男不跟女斗"，这是封建儒家思想观念在处理异性间矛盾的反映。

(2) "清官难断家务事"。法律不应当干预家庭事务。这是因家庭暴力难以调查取证，低估法律作用的反映。

(3) 家庭暴力受到特别关注，因为它不仅是一个十分突出的社会问题，而且极大地危害社会治安、家庭稳定以及儿童的身心健康。世界银行认为，暴力对女性来说与癌症一样是育龄妇女死亡和丧失生命能力的重要原因。因此在世界各国都应当建立更为健全的法律制度以消除家庭暴力。

2. 防止家庭暴力的对策

解决家庭暴力，最有力、最重要的不仅应使用法律手段，更应当从观念上、社会舆论宣传上入手，这样才可能解决家庭暴力问题。

① 要解决家庭暴力，就必须广泛宣传、讨论家庭暴力的表现和危害，呼吁人们不仅要重视男性家庭暴力，也要重视女性家庭暴力。

② 制定《家庭暴力防治法》。针对日趋增加的家庭暴力犯罪，应制定一部专门的家庭暴力防治法，以有效制止和预防家庭暴力的发生，从而减少家庭暴力犯罪现状。

③ 建立受暴者医疗救助体系。受暴者不仅在身体上受到伤害，而且在精神上也十分痛苦。

④ 提高妇女的社会地位和文化水平，普及法律知识。要全面提高女性的文化素质和法律意识，面对家庭暴力时，女性要学会用法律武器维护自己的合法权益，用合法的方式去解决，避免使自己陷入另一个深渊。

每年的 11 月 25 日是"国际反家庭暴力日"，千家万户关切的反家庭暴力工作迈出实质性步伐——《中华人民共和国反家庭暴力法(征求意见稿)》开始向社会公开征求意见，在全国 20 多个省区市已有反对家庭暴力的法规、条例及决定的基础上，全国人大常委会将反家庭暴力法列入本届(中华人民共和国第十二届全国人民代表大会常务委员会)立法规划。这部法律已于 2015 年 12 月 27 日由十二届全国人大常委会第十八次会议通过，成为中国首部防治家庭暴力的专门性、综合性法案。

1.9.4　应聘遭遇性别歧视　山西姑娘怒讨说法

作者姓名：肖刚

案情介绍：

因在应聘时遭遇性别歧视，2012 年 7 月 11 日，山西籍女应届毕业生曹菊(化名)将招聘单位——北京巨人教育科技有限公司(以下简称巨人教育)投诉到北京海淀区人力资源和社会保障局，同时，她以"平等就业权被侵害"为由向北京海淀区法院提起诉讼。

知名就业歧视法律学者、中国政法大学宪政研究所负责人刘小楠副教授表示，这可能是《就业促进法》生效后全国性别就业歧视第一案。

7 月 20 日，记者专程前往北京，采访了当事人曹菊、负责该案的律师黄溢智以及涉事单位巨人教育。

看到巨人教育的招聘启事时，曹菊认为，无论从专业对口角度还是从个人能力方面来看，自己都能胜任巨人教育的行政助理工作。而对方提供的这个行政助理职位，正是她之前所设定的就业方向。"难道就因为我是个女生，就剥夺了我从事这项工作的权利？甚至连投递简历、继而进行面试的机会都没有？那这个社会对女性的评定标准是什么？作为一个女性，是否注定要与许多工作机会擦肩而过？"

(资料来源：山西晚报，2012-07-26)

思考问题：

(1) 对当今社会存在女性就业歧视问题的认识。

(2) 解决女性就业歧视的对策建议。

适用范围：

人文管理中的女大学生就业歧视问题分析。

相关链接：

全国妇联妇女发展部 2011 年发布的《女大学生就业创业状况调查报告》指出，56.7%的被访女大学生在求职过程中感到"女生机会更少"，91.9%的被访女大学生感受到用人单位的性别偏见。

知名就业歧视法律学者、中国政法大学宪政研究所负责人刘小楠副教授告诉记者，该所 2010 年发布的《当前大学生就业歧视状况的调查报告》显示，在应聘过程中，68.98%的用人单位对大学生求职者的性别有明确要求。"用人单位的性别限制已经成为女大学生求职的主要门槛之一。但由于歧视行为往往表现得比较隐蔽而间接，以及反歧视法律知晓度低，女大学生通常会选择忍气吞声。

分析路径：

女性就业歧视是指没有合法的目的和原因，基于性别而对妇女采取的任何区别、排斥、限制或者给予优惠，其目的或作用在于取消或损害女性劳动者的就业平等权。

1. 从女性就业中存在的歧视问题表现来分析

(1) 职业性别隔离。职业隔离就是在一种职业所包含的劳动力构成相异于不同人口相对于劳动力人口的相应比例。女性和男性在劳动力市场的各种职业中的分布是不均匀的，女性还是主要集中在特定的且工资较低的职业里。这使两性收入差别会进一步扩大，职业的性别隔离将被进一步固化。

(2) 就业机会不平等。虽然国家明令禁止对妇女就业的歧视，但是仍出现如下一些现象：有些用人单位在招工、招生、招干中拒用、拒招女性；企业在同等条件下优先招用男工。

(3) 男女同工不同酬。由于女性的生理、性别分工使得女性的负担要重于男性，这导致女性的生产率低于男性生产率。从生产率与报酬成正相关的角度来讲，企业必然会做出男女同工不同酬的选择，产生工资差距或其他福利待遇上的差距。

(4) 就业中针对女性的容貌歧视问题。容貌歧视是一种新的性别歧视。作为女性，容貌歧视问题更为突出。在女大学生和女硕士毕业求职过程中，在各个行业基于容貌评价而受到不公允对待的现实实例比比皆是。

2. 从女性就业歧视问题的原因来分析

(1) 法律制度不健全。《劳动法》在实践中仍然存在不少问题。首先，一些企业规避法律的最优策略就是尽量减少雇用女工。其次，另外一些企业则往往并不严格遵守《劳动法》，雇主会以各种原因为借口在任何一个时刻随意辞退员工，当然也包括女工。

(2) 历史上对女性价值的陈旧看法仍然存在并发挥作用。即使是职业女性，也难以摆脱家务重担，难以摆脱男主外、女主内的传统家庭结构的束缚。这使女性在劳动力市场中更为不利。

(3) 用人单位或企业不愿承担所谓"性别亏损"。对雇主而言，要利用可获得的生产要素组合追逐利润最大化。繁重的家务劳动占用了女性的很多时间和精力，阻碍了女性接受教育和工作，产生"性别亏损"。

关键要点：

解决我国女性就业歧视问题的对策建议如下。

1. 女性就业权益保障法律制度建设

应该完善保障妇女权益的法律、法规。①尽快制定《反就业歧视法》，对各种歧视妇女的行为进行定性，规定严格的法律责任，对性别歧视行为进行严厉的打击；②修改相关的法律，对用人单位一些歧视妇女的做法进行监督纠正；③明确地赋予劳动者对歧视的诉权。

2. 转变传统思维观念，文化教育中体现"两性平等"

要消除妇女就业权实现中的"不平等"现象，从根本上实现男女平等就业，就必须改变传统的性别歧视观念。①必须转变传统的男尊女卑的思维模式，树立男女平等的观念；②实现家务劳动社会化；③让女性自己认识到追求公平就业的要求是合理合法的。

3. 均衡企业负担、推进生育保险制度

用人单位排斥女性的一个重要原因就是：企业要降低成本，雇佣女职工显然要比男职工支付更多劳动成本。女性生育是人类社会繁衍后代的方式，是对社会的一种贡献，其成本应该由社会来承担。国家应该完善生育保险制度、产假和哺乳假制度。

4. 加大执法监察力度，规范用人单位招聘用工行为

严格监督《劳动法》在各类企业的执行情况，为保证女工的正当权益不受损害，要加大执法监察力度，规范用人单位招聘用工行为，从而有效地保证女性在就业过程中的合法权益。

1.10 青 少

1.10.1 "独二代"路在何方

作者姓名：邱君

案情介绍：

从 20 世纪 70 年代末开始，随着中国计划生育政策的实施，第一代独生子女出生了。

如今，"独一代"们也渐渐步入结婚生子的年龄，担负起身为父亲母亲的责任。虽已成年的他们仍习惯于上一代的照顾，但又开始面对自己的下一代。而他们的下一代即"独二代"却与他们一样，背负着相同的特殊身份：独生子女。

两代独生子女，带着各自的生活习惯和生活方式，在 21 世纪初相遇时，于是就有了尴尬之局。

1980 年出生的童琳(化名)，家住武昌南湖，现在汉口一家装修设计公司担任部门经理。2008 年，女儿呱呱落地，因工作太忙，加班熬通宵是家常便饭，加上爱人也是单位骨干，小两口根本没精力去照顾幼小的女儿。咬咬牙，童琳只好把女儿托付给了已退休的父母。

但随着女儿一天天长大，童琳发现，3 岁多的女儿完全不把妈妈放在眼里，在妈妈面前，脾气越来越"冲"，想干吗就干吗，说她一句，立马就被顶回来。"工作上的困难我什么都不怕，但面对小孩，我却觉得一头乱麻。"童琳说。

前日，在汉口公司接受采访的童琳告诉记者，为了纠正女儿的坏习惯，她买了十几本儿童教育的书，一本一本仔细研究。通过学习，童琳才发现，之前她对孩子完全不了解，"如果再给我一次机会，我一定会自己带孩子。"

(资料来源：楚天都市报讯，2011-04-04)

思考问题：

(1) 独二代存在哪些问题？应如何去解决？

(2) "独二代"是社会问题还是心理问题？

适用范围：

人文管理中的青少年教育问题分析。

相关链接：

20 世纪七八十年代，我国开始实行计划生育政策，第一代独生子女出现。早在将近 20 年前，当第一代独生子女出生不久之时，社会对独生子女的担忧已经出现，独生子女带来的问题很多，比如说亲情缺失。亲情不仅仅是父母和孩子之间的感情，还包括手足之情，这是亲情中很重要的一部分。独生子女没有兄弟姐妹，意味着他们生命中非常重要的一种心理上的情感没有了，少了这种体验，独生子女成了心理上和人格上有缺陷的一代人，孤独、自私等问题一一出现。如今他们也进入了"而立之年"，其中一些已经成家立业、养育后代，而他们的孩子同样是独生子女，这些孩子被称为"独二代"。

著名社会学家、人民大学教授周孝正表示："第一代独生子女失去了手足之情，到第二代，这种情况更是雪上加霜，他们不但没有手足之情，甚至不再有舅舅、姑姑、叔叔、大伯，人格上的残缺将比第一代更加严重。"

分析路径：

(1) 两代独生子女存在天然隔膜，独生子女再生独生子女，两代独生子女相遇，使得更多人真正意识到了问题所在。

(2) 市场竞争法则下的冷漠，不仅仅是亲情的缺乏，在市场竞争环境之下出生和成长的人更有着天然的机器般的冷漠，只承认竞争法则而不讲其他。

(3) 人口负增长带来社会问题，社会人口负增长会带来很多社会问题，比如老龄化问题、劳动力问题。

关键要点：

"独二代"再次引爆独生子女的社会问题，不能不让人想到问题的根源。独生子女政策从 20 世纪 80 年代开始，其目的是为了缓解人口爆发的问题，但是事实上效果并不尽如人意。从 20 世纪 80 年代至今，尽管有人说独生子女政策使中国少生了 3 亿人，但其中发挥更大作用的其实是社会进步带来的必然的出生率下降。

(1) 第一代独生子女在心理上并未真正成熟，却已经要担负起为人父母的责任。实际上，"独二代"大多数是由爷爷奶奶抚养，"独一代"尽管已经生了孩子，但是他们自小习惯了被别人照顾，尚未学会怎样照顾别人，基本上不会抚养孩子，甚至没有抚养的意识。不会抚养孩子的后果显然不仅仅这么简单，因为从未亲自抚养过孩子，"独一代"和"独二代"之间存在着一道天然的隔膜。而被爷爷奶奶、姥姥姥爷抚养，"独二代"从小娇生惯养致使"独一代"和"独二代"之间产生冲突。即孩子不但不愿意服从父母的管教，更有甚者与父母之间的亲情也很淡漠。也就是说，"独一代"失去了手足之情，"独二代"不但没有手足之情，甚至连父母之情也非常淡漠，这就使得情况变得更为严峻。

(2) 城市和社会因为发展的需要，反复强调的是铁面无情的市场经济法则。这些孩子在幼年时通常被一个人关在家里，反复地练习钢琴或做功课，以便将来可以成为强者。作为工具，冷漠是相当正常的一种属性；至于孤独，因为这些活生生的孩子无法反抗这种工具的特性，只能习惯性地把自己隐藏起来，久而久之就会在内心产生出一个自我封闭的世界。而且，当他们接触到社会时，越来越多的事实也让他们发现，成为工具还是有很多好处的。因此除了在情感上的缺陷之外，"独二代"还面临着价值观的扭曲问题，这在目前的孩子当中已经成为普遍现象。

(3) 人口负增长带来很多社会问题，"421"的家庭结构，让处于中间的独一代身上的压力前所未有的沉重。此外农村人口是新增劳动力的主要来源，农村都只生一个孩子了，进城务工的比例就变得很小，未来劳动力可能出现短缺。

《独生子女宣言》一书中，最后一个女孩说到，"没有人知道我们将变得多么好。"当然对于一言难尽的"独二代"，如果我们不去逃避那些注定存在的问题，从根源上应对已经存在的挑战，没有人知道他们将变得多么好。

1.10.2　"读书无用"的启示

作者姓名： 邱君

案情介绍：

陕西农民韩培印含辛茹苦供儿子韩胜利上大学，指望儿子能有一个光明前途。当儿子大学毕业，作为父亲的老韩无法想象儿子每月工资收入居然还比不上当农民工的自己，且毕业几年仍无法改善，失望道："读书还有用吗？"

大学生"就业难"是全球性问题。无论是在发展中国家，还是在发达国家，"毕业即失业"现象都日趋严重。然而，德国却堪称一枝独秀，不仅本国的毕业生完全不受"就业难"的困扰，而且吸引了来自欧盟各国的优秀毕业生，整个国家被誉为"欧洲的就业天堂"。

为何德国"风景这边独好"？归根到底完全可以用"国情不同"的说辞加以概括。

当欧洲大多数国家被欧债危机搞得狼狈不堪时，德国经济却是彩霞当空、欢声笑语、高歌猛进。没有如此令人欢欣鼓舞的经济形势，德国哪里会赢得"就业天堂"的美名。所以说，发展是硬道理，强劲有力的经济发展才是大学生就业强劲有力的支撑。

毋庸置疑，在大学生就业问题上，我们该向德国学习，但究竟从"德国经验"中汲取哪些我们缺少的营养，还需要进行认真、具体、仔细的分析和讨论。中国的情况与西方发达国家不同，中国大学生面对的则多半是选择的困境，他们通常会抱怨无法找到适合自己或能让自己满意的工作。这种供需之间结构上的不对称，反映出我国人力资源市场还不发达，服务还不够完善，政府在相应的制度设计方面还有很多工作要做。

（资料来源：光明日报，2012-01-07）

思考问题：

(1) 大学生就业难的原因所在。
(2) 解决大学生就业难的出路所在。

适用范围：

人文管理中的青少年教育问题分析。

相关链接：

随着高校连年扩招，毕业生人数也连年增长，2003 年是高校扩招后本科生毕业的第一年，毕业生人数比上一年增加了 44.6%；2004 年毕业 280 万人，比上一年增长 32.1%；2005 年毕业达到了 338 万人。而市场需求却没有明显的增加，供需矛盾仍然十分突出，就业压力非常大。这两年毕业生人数仍有较大增长，面对工作岗位没有明显增加的现实，毕业生们要同富有工作经验的下岗工人、劳动力价格低廉的农村富余人口进行竞争，就业形势不容乐观。

分析路径：

解决大学生"就业难"的根本出路，在于切实促进经济转型，实现国民经济从以传统制造业和农业为主，向以先进制造业、现代服务业为主转变。其中最关键的突破点是放宽或取消对服务业的政策管制，并大力促进其发展。

大学生"就业难"的第二个原因，是我国体制内的一部分工作岗位被长期冻结，后来者很难得到进入和参与竞争的机会。一些机关、事业单位和国有企业的干部职工，一旦进去之后就等于进入了终生保障的"保险箱"，被淘汰、辞退的比例比较低。

大学生"就业难"的第三个原因，是围绕就业的制度建设相对滞后。大学生就业由国家包分配过渡到自主择业之后，最突出的表现就是从政府、学校到用人单位，都缺少有效的机构或者手段，去指导、协调和服务大学生就业市场的供需衔接。由于缺少业务指导、充分的信息和有效的供需渠道，用人单位的招聘和大学生的择业都带有较大的盲目性。

关键要点：

(1) 要改变"铁饭碗"的陈旧思想。解决这一问题无疑具有很大的复杂性和艰巨性，根本的途径在于用人单位要建立开放性的用人机制，建立完善人员进入机制、责任机制、考核奖惩机制和退出机制，给予新增劳动力更多的竞争和进入机会。从而既有利于干部职工队伍综合素质和工作效率的提高，又有利于为就业市场注入活力。

(2) 摆正就业心态。①切忌过度焦虑和抑郁。大学生在就业过程中存在一定焦虑是正常的，但一些大学生的焦虑过了头，成天都充满了各种不必要的担心并造成精神上的紧张不安，行为上将会反应迟钝、手忙脚乱、无所适从。②切忌有消极等待与"怀才不遇"心理。有些大学生自恃条件很好，认为自己"满腹经纶""学富五车"，可以大有作为，在择业过程中如果遭遇挫折则抱怨自己运气不好，成天闷闷不乐、怨天尤人。③切忌抑郁与逆反心理。大学生在择业中受到挫折后，有些人会感到无能为力、失去信心，从而表现出失落抑郁、不思进取、情绪低落、意志消沉，他们常常会放弃一切积极的求职努力、听天由命。

(3) 加强就业制度建设。要通过制度建设，将政府、学校、用人单位、家长和学生都动员起来，确保大学生就业市场的信息得到及时全面的搜集整理、发布、传播和利用，在信息的指导下逐步实现供需平衡和供需衔接。同时，通过制度建设确保教学更加贴近市场的需求，并使学生得到职业规划的指导、培训和服务，从而提高择业的成功率。

(4) 大学生要学会面对严峻的就业形势。①树立职业理想，职业理想是人生对未来职业的向往和追求，帮助大学生树立坚定正确的职业理想是学校对大学生职业教育的切入点和核心内容。②了解职业个性，帮助大学生了解自己的职业个性是职业素质教育的关键点。

社会人力资源的研究成果表明，职业个性对个人事业的成功与否有密切的联系。职业素质培养的目的就是要解决大学生的兴趣、能力与工作机会相匹配的问题，帮助大学生寻找与其特性相一致的职业。好的职业性格有助于个体在相应职业中更良好地完成工作。③培养职业技能，大学生不断提高自己各方面的技能，对自己的职业发展非常有好处。

1.10.3　"干得好不如嫁得好"

作者姓名：邱君

案情介绍：

中国社会工作协会婚介行业委员会与百合网昨日联合发布《2011 年中国人婚恋状况调查报告》。这是去年 8 月我国出台《婚姻法司法解释(三)》后，一次覆盖全国 31 个省份，涉及 50 384 位婚恋男女的社会调查。

调查显示，虽然仍有 7 成受访者认为，人们结婚是为了爱情，但调查同时显示，77.3%的女性认为，男性月收入超过 4000 元才适合谈恋爱。其中，还有 27.1%的人认为，男性月入万元以上才适合谈恋爱。

除了对男性收入要求提高外，"无房不婚"的婚姻观也渐占主流。一组针对"90 后"大学生婚恋观的调查数据显示，63.5%的"90 后"认为男性要有房才能结婚，21.5%的"90 后"认为男性要有车才能结婚。

调查中仅有 57%的受访女性认同"干得好不如嫁得好"，较 2010 年的调查数据 71%有所下降。

以往，恋爱中的男人几乎承担所有费用，而今年的调查显示，有 31.6%的人没有在意过恋爱费用由谁承担的问题，仅有 26.1%的人认为应该由男方承担，其中更多女性更乐于接受 AA 制或 AB 制(一方多承担)。

(资料来源：http://news.163.com/12/0106/02/7N278ESJ00014AED.html)

思考问题：

(1) 新婚姻法出台后，女性的婚恋观发生了怎样的变化？

(2) 为何女性在婚恋关系中越来越独立，却对男性的婚恋要求越来越多？

适用范围：

人文管理中的青年婚恋问题分析。

相关链接：

2011 年 8 月 12 日《最高人民法院关于适用〈中华人民共和国婚姻法〉若干问题的解释(三)》(以下简称《解释》)出台，这一新《解释》也成为年度最受关注的婚恋交友行业新闻。

《解释》出台后，男女对于新规定的态度有很大区别。仅有 25% 的女性赞同该《解释》，而男性中则有 73% 的人表示赞同。明确表示反对该解释的女性占 22%，而表示反对的男性则只占了 3%。之所以如此多的女性站在《解释》的对立面，是因为多数女性认为婚姻法新解释对女性不利。其中，67% 的女性在《解释》出台后认为"女人只能靠自己"，半数女性认为《解释》"降低了男人的离婚成本，纵容了男人'养小三'"。男性则对婚姻法新解释持欢迎态度，60% 的男性认为"这是对'拜金择偶观'的纠正"，还有 45% 的男性表示"这是真正意义上的男女平等"。

随着该《解释》的出台，越来越多的女性在婚恋中表现出了独立性，不少女性婚前独立买房愿望更强，在将来做全职太太意愿降低。有房单身男士的优势下降。同时，有部分女性抱着反正都要自己扛一切生活压力的态度，认为如果结婚那么大压力，还不如不结婚，所以结婚动力减弱，可能接受长期同居，或者晚婚，甚至不结婚。

分析路径：

(1) 从法律方面来分析。婚姻法新解释带给不少女性"不公"的感觉，而要想解决这种"不公"，婚前财产公证不失为一个好办法。在双方都同意的前提下，将婚前财产进行法律意义上的明确，可以将感情的问题和财产的问题分开处理，从一定程度上有利于感情的独立。

(2) 从择偶条件的地区差异来分析。"郎才女貌"曾是男女天生一对的准则，不过这一标准慢慢演变为"郎财女貌"。不过，总起来说，人品、性格、共同语言是男女共同追求的合拍条件。不同地区的人在择偶时的要求差异显著，北京、上海、广州等大城市的择偶观与二线城市相比差异尤其显著。

关键要点：

《2011—2012 年中国男女婚恋观调查报告》已发布，该报告收集有效样本 75 185 份，通过民意调查及 2011 年婚恋热点话题，深入剖析了中国男女的婚恋价值观。调查显示，在新的法律、文化等背景下，国人的婚恋观正在悄悄发生改变。

(1) 新婚姻法促使当今女性越来越真正地独立，不但包括经济独立，还有人格独立、精神独立。当女人在经济上无法自给自足、内心没有足够的力量抗拒外部世界带来的不安时；就会明白依靠自己是多么重要。当你不必取悦他人，不再担心失去，才能真正感受到生存的意义。如果你在精神上过于依附他人，吸引对方的特质便会慢慢褪色。千万不能因为爱而忽视了自己的生活、朋友、事业，更不能因为依赖而忍辱负重维系残喘的婚姻。独立不是要"一个人活"，而是不靠别人也要活得很精彩。所以新婚姻法不是为男性而制定的，而是为我们树立正确的婚恋观、人生观、价值观而制定的。

(2) 婚恋观存在地区差异。调查显示，北京的男女在择偶时，最看重教育背景和有房有车，最不能接受"异地恋"。上海男女最包容"跨国恋""老少恋"，不看好"凤凰男、孔雀女"，最认可"爱商"。广东的男女则最不看好"女强男弱"。重庆地区男女则表示"共同语言很重要"，女性最欢迎"上门女婿"。山东地区男女则最能接受"姐弟恋"，河南男女则最能接受"裸婚"。安徽男女最看重外在，喜欢帅哥美女，钱多钱少都不是问题。辽宁人则表示收入很重要、年龄不是问题。同处东北的吉林人则看重家庭背景、职业职位。

而且男女在择偶要求方面也存在差异，最显著的差异在于男方对女方的相貌有要求，且不在意女方的收入，其中 44%的男性更看重女方的身高、长相；女方对男方的收入要求显著高于男性，34%的女性更看重男性的经济收入。

但是，专家认为，收入和相貌在择偶时的地位不宜放得过高。因为婚姻最后是实实在在的，有共同的话语、能够良性地互动、彼此能够包容对方性格上的缺陷、在日常生活中没有太大的矛盾、能以一种和谐的状态相处等，绝对不仅仅是建立在物质基础和外表之上的。

1.10.4　我们的教育到底怎么了

作者姓名：邱君

案情介绍：

许多家长都有这样的经历：只要在繁华路段或幼儿园、学校附近稍作停留，各种培训广告就会蜂拥而至，什么"一对一""提分快""幼小衔接"，英语、奥数、作文等各种类别，令人目不暇接，势头早已压过卖房广告。

无论是寒暑假，还是节假日甚至平日课后，不管严寒酷暑还是刮风下雨，很多家长都会带着孩子奔波于社会上各类辅导班之间——这已成为许多城市特别是大城市的一道风景。

国家教育咨询委员会委员吴建民前不久在一个教育论坛上说："'不能输在起跑线上'，这是近些年来青少年教育方面一个十分时髦的说法。起跑线在什么地方？是中学、小学、还是幼儿园？谁也说不清楚，但总的趋势是愈来愈往前提，甚至认为在娘胎里就是起跑线。"

最近发布的 2011 年《中国家庭教育消费报告》显示，被调查家庭每月用于教育消费的支出占家庭总支出的 44%。学前教育阶段消费成为除大学教育消费以外最大的支出项；小学生成为参加培训班最主要的人员，超过 80%的家长希望孩子在小学阶段参加培训班。

课外培训之所以火爆，除了那位"大学教师家长"揭示的"利益链"外，更为根本的原因在于课外培训已与学校教育"接轨"，在很大程度上满足了学生及其家长甚至中学招生的"需求"。

媒体日前报道，从 1978 年到 2010 年年底，我国各类出国留学人员总数达 190.54 万人，成为全球最大留学输出国之一。值得注意的是，高中及以下学历的低龄留学人员占有不小的比例。国内一留学中介机构对北京、上海等 14 个大城市 1.75 万名大中学生和家长进行的调查显示，2010 年，我国出国留学的高中及以下学历学生占留学生总人数的比例近两成(19.8%)。中国教育国际交流协会公布的《2011 年中国出国留学趋势报告》显示，目前高中生出境学习人数占我国总留学人数的 22.6%。

一项在线调查显示，超过 50% 的"90 后"学生表示，如果条件允许会选择出国留学，高考不再是唯一选择。教育部公布的数据显示，2009 年高考全国弃考人数达 84 万；而 2010 年弃考人数接近 100 万，其中因出国留学而选择弃考者的比例达 21.1%。

让孩子低龄留学，主要原因有三点：看好国外的教育质量，希望孩子能享受更好的教育；绕过国内竞争激烈的高考，直接追逐国外名校；希望在国外"镀金"后增加就业(尤其是回国就业)的竞争力。

专家提醒，比起成人留学生，低龄留学生在国外的学习生活、回国就业等方面均存在更多不确定的风险。低龄留学的"好处"可能要大打折扣。

(资料来源：光明日报，2012-01-04；投资时报，2012-01-12)

思考问题：

(1) 应试教育如何从体制层面到心理层面彻底转化为素质教育？

(2) 教育培训低龄化是对应试教育的适应还是教育体制下的畸形产物？

适用范围：

人文管理中的青少年教育问题分析。

相关链接：

作家张爱玲说，成名要趁早。如今在教育领域里，也开始流行留学要趁早。近日广州一场"国际教育展"曝出：竟有 3 岁幼童远赴新加坡上幼儿园。由于家庭经济实力逐渐增强、国内优质教育资源不足、就业形势日趋严峻等原因，30 年来，中国的留学教育不仅从公派行为转变为个人行为，也从精英留学变成了大众留学，低龄化呈现出不可逆转之势。

无独有偶，近些年来，国内的课外培训也呈低龄化，为了不让孩子输在起跑线上，各种各样的"一对一""幼衔小""小升初"培训层出不穷，家长负担沉重，孩子叫苦不迭。

广州日报. 中国小留学生热衷去泰国. 江西晨报，2015-06-01

陈之琰."混血"高校——中外合作大学观察. 南方周末，2015-11-26

陈之琰，杨雪. 教育全球化是多元化，不是西方化. 南方周末，2015-11-26

青年参考. 赴美读高中：没有你想得那么轻松. 江西晨报，2016-01-18

新华网. 中国学生赴美读"大专". 江西晨报，2015-12-30

分析路径：

(1) 幼童留学是"镀金"还是"自毁"，是许多家长需要慎重考量的。凡事应从两面来看，但比起近年来由于中国教育体制的不合时宜并导致就业严峻、高考退考、退学等情况来看，家长们的选择应该说是不无道理的。

(2) 对于打着"素质教育"旗号的"应试教育"，如果不从根本上改变一考定终身的教育制度，那么我们又怎么能去责备那些为了适应中国的教育制度而带着孩子疲于奔命的父母。

关键要点：

(1) 以考试、分数作为学生标准的应试教育模式扭曲了考试的功能。在这里，考试不是为了检测和反馈学习情况，服务于教学；相反，考试成了教学的目的。智育目标狭隘化，应试教育模式虽然把智育放在第一重要的位置上，但是智育的目标却是片面的、狭隘的。智育是传授知识、发展智力的教育，其中发展智力是智育最重要的目标。但是，应试教育从应试这一角度，过分强调传授知识和技能，强调知识的熟练程度，大多采取过度学习、强化训练的手段，把学习局限在课本范围内，致使学生无暇参与课堂以外的、各种对发展智力十分有益的活动，进而导致知识面狭窄、高分低能的局面。

(2) 出国留学低龄化，对于社会来说应该是利大于弊，它恰恰是全球化的一种体现。国外的教育环境能够给中国学生张扬个性、学贯中西提供良好的平台，对学生更早适应全球化带来的变革是大有裨益的。而这一波波汹涌的留学潮，给中国老旧的"苏联式"教育模式也敲起了警钟。所以出国留学低龄化的问题是中国父母应对中国教育所做出的应激性选择，假如中国的教育制度适宜所有孩子，那么我们又何必舍近求远呢。

(3) 出国留学导致的人才流失问题不容忽视。改革开放以来我国人才流失严重，留学生人数到 2008 年已有 140 万，其中 70 % 以上没有回来，尤其是在国外获得成功的人回国的比例更小。现在留学生趋于低龄化，他们和祖国文化的联系更弱，融入外国文化的程度更深，使人担心他们将来回国的可能性会更小。对于一个还在科技和经济上追赶国际先进水平的国家，人才流失或许是难以避免的，但是少数已归国留学生却为国家的建设做出了不可替代的贡献，所以出国留学还要继续。理想的情况是，随着国家的发展和进步、国力的增强，无论是选择留学或是不留学，也无论选择低龄留学还是高中毕业后留学，优秀的人才都会选择留在国内。换句话说是否留学、选择多大的年龄留学也就不再会是困扰中国父母的问题了。

1.11 老 弱

1.11.1 "421 家庭"的赡养困局

作者姓名：邱君

案情介绍：

自从春节后送走母亲，林晓虹一直在盘算这件事情。今年母亲正好 60 岁，眼睛白内障越来越严重。她记得那天母亲蹒跚地走进火车车厢门，抬起头左右看了片刻，才发现自己车厢的方向。

前几年父亲突然去世后，母亲曾安慰她说，他走得早不给林晓虹夫妻增加负担。可是眼前，母亲自己又该何去何从？

家庭年收入 16 万元的林晓虹夫妇有车有房。刚刚习惯有孩子的生活，她突然发现自己开始为赡养老人发愁：首先就是把父母们接到北京后住在哪里？他们家 80 多平方米的住宅无法容纳两家 3 位老人。

类似的烦恼不只困扰着 33 岁的林晓虹，还包括她的已经年过 40 的上司以及"80 后"的下属们。

当"421 家庭"的双方父母年事日高，养老问题便迫在眉睫，若双方父母都健康安好，子女虽然可以争取一段时间攒钱养孩子拼事业，但精神上却也免不了时刻担心挂怀，一旦父母遭遇病痛疾苦，如何照顾生病的老人，便成为一个很大的难题。

中青报的一项调查发现，九成"80 后"称自己无法赡养父母。其中，有一半以上的"80后"还需要父母进行资助。74.1%的人表示生活工作压力大，照顾父母力不从心；50.1%的人表示生活在两地，无法把父母接到身边照顾；42%的人表示社会保障、医疗保险不同城市无法互通，也导致无法与父母生活在一起。

在高额的房价和不断拉大的支出-收入差距下，赡养老人会不会压垮中国中产阶级、准中产阶级？

(资料来源：齐鲁网，2012-01-05；常州日报数字报纸，2012-02-06)

思考问题：

(1) 传统式养老在遭遇挑战后，该采取何种养老方式才能改善"空巢"老人问题？
(2) 随着家庭结构的变化，中国的青年一代养老的难题主要体现在哪些方面？

适用范围：

人文管理中的老年人赡养问题分析。

相关链接：

刘晓燕，刘良昌. 2020 年我省老年人预计超 700 万，将建 1.3 万个社区居家养老服务中心与其配套. 江西晨报，2015-12-25

李晓聪. 南昌数百户失独老人难进养老院. 江西晨报，2015-12-22

王咏梅. 空巢老人五招自救. 江西晨报，2015-12-15

长期以来，中国社会最主要的养老模式是家庭式养老，"养儿防老、积谷防饥"是沿袭多年的至理名言。但随着社会的发展以及家庭结构的变化，独生子女无力、无暇照顾老人的矛盾却越发凸显。据媒体报道，1979 年中国有 607 万个家庭领取了独生子女证。如今，30 多年过去了，中国正全面迎来"421 家庭"时代，养老及生活压力着实给当代中国青年出了一道难题。

分析路径：

(1) 从改善养老综合性服务方面来分析。在养老方面，当今社会急缺的资源就是照料资源，一个是日常生活照料，像家政服务一样帮老年人打扫卫生；其次是老年人生病短时间卧床时，身边需要有人全天候照料；第三是老年人心理、情感方面的精神需要，比如带老人出去走走，接触一下社会。

(2) 从空巢问题来分析。由于工作压力、社会保障、教育观念的分歧等问题的存在，导致"空巢老人"在各大城市平均比例已达 30%以上，个别大中城市甚至已超过 50%。这对中国传统的家庭养老方式提出了严峻挑战。大城市居住成本比较高，接老人同住并无足够的空间和金钱；更重要的是，一起接过来就算经济上可以承受，"四个老人+一对夫妻+一个孩子"的生活模式也问题多多。

关键要点：

我国正快速步入老龄化社会，目前我国 60 岁以上老年人约有 1.69 亿，预计 2050 年 60 岁以上老年人将占总人口三成，达 31%。根据这个预测比例，按照中国现有人口来算，到 2050 年中国 60 岁以上老年人将有 4 亿之多，到时绝对数量可能还会更多，"421 家庭"的大量出现，使赡养老人的压力进一步加大。考虑到这些问题出现的必然性，我们要注意到以下几个问题。

(1) 养老，除了经济供养，还要精神供养。伴随着人们经济收入的日渐增多和社会养老保障体系的不断完善，一些老年人在经济上不再依靠儿女供养，相比之下情感需求日益凸显。有些年轻人事业有成后把父母接过来，父母和子女住得近了，却觉得和他们离得很远，反而没话说了。因为子女有他们的生活方式、价值取向，很多从外地到子女身边来的父母要融入子女的生活方式中恐怕还要经过很长的时间。在中国这个亲情浓厚的国家，来自子女的感情慰藉是老人最为看重的东西，家庭成员所提供的精神赡养是新型社会养老文化中需要更新的重要观念之一。

(2) 要重视养老制度建设。美国学者常将美国养老保障体系形象地称为"三条腿的板凳"。所谓"三条腿"，"社会养老保险"是第一条腿，它是美国人养老的"精神支柱"或"最后防线"；"企业年金"是第二条腿，它是美国人养老的"物质基础"或"载重主体"；传统的以家庭为责任主体的"个人退休储蓄与保险投资"则是第三条腿，它是美国人养老不可或缺的"重要补充"。与美国相比，我国现行的城镇养老保障体系基本由政府责任下的社会保险与社会救助来支撑，而来自用人单位和家庭个人的承载能力则仍势单力薄。

(3) 启用居家养老+社区养老+机构养老的模式。针对"独子养老"面临的困境，有关专家指出，建立以居家养老为基础，社区养老为依托，机构养老为补充的养老服务体系，是解决这一问题的一个方向。老年人晚年的需求是多方面的：包括经济供养、生活照料、精神慰藉、医疗保障等方面。其中需求比例最高的是生活照料，这就需要建立和完善适合我国国情的社会化养老保障体系。一方面要完善对老年人的社会服务，发展各种形式的养老院、福利院、老年公寓、托老所等，发挥社会养老服务机构的功能。另一方面，要大力发展居家养老和社区服务养老，使老年人既能生活在熟悉的生活环境里，又能发挥社区老年人互相帮助的优势，这对老年人、家庭、社会都是最好的选择。

1.11.2   "不怕苦就怕没机会"

作者姓名：邱君

案情介绍：

在我们身边有这样一群人，他们生活在社会的最底层，经济收入、社会地位低下，话语权不足。这群人，我们通常称之为弱势群体。

他们有的失去劳动能力，靠政府救济过活；有的虽有劳动能力，但因缺乏技能和机会，长期无法就业；有的生活在贫困线以下，苦苦跟温饱做斗争，有的则是经济社会改革转型成本的主要承担者，像农民工、下岗职工等群体。

他们的生存状况究竟怎样？有哪些诉求与期望？该如何改善他们的处境？记者近期进行了深入调查。

11月4日傍晚，记者来到云南省禄丰县金山镇的廉租房小区，敲开低保户肖启仙的家门。她正准备做晚饭，烧水下面条，再放点白菜叶，就是一顿晚饭。"下面条省事，不用再炒菜了。"这样的晚饭，对于肖启仙来说早已习以为常。

对于贵州省铜仁市印江土家族苗族自治县杉树乡大寨村的贫困农民张中周来说，眼下想得最多的是自家的茶叶上市后能否卖上好价钱，两个孩子接下来上大学的学费能不能多减免些，自己和老伴的身体能不能好一点。对于一个正在脱贫过程中的农村家庭，实在经不起一点意外和风浪。万一家里人谁要住一次医院、动一次手术，张中周肯定就得回到那种愁吃愁穿甚至到处借债的日子。他说："真的想稳定脱贫，辛苦了大半辈子，也该过几天稳当日子了。"

"贫困只是弱势群体在社会经济生活中的一种表现，发展能力差、发展机会少是他们弱势的普遍性原因。"中国人民大学教授马龙龙告诉记者，"只有针对这两方面着手，才能有效改善弱势群体的生存状况。这就要提高他们的劳动技能，让他们获得更多工作和发展的机会，更充分地参与经济社会发展进程。"

（资料来源：人民日报，2010-11-18；新华网，2010-12-10）

思考问题：

(1) 如何解决弱势群体所要求的"分配公平"问题？

(2) 弱势群体的范围如何划分？心理的弱势是否属于弱势群体？

适用范围：

人文管理中的弱势群体问题分析。

相关链接：

"君子不患寡而患不均。"随着改革开放的推进，一部分人先富起来了，社会贫富差距进一步拉大，社会心理也日趋失衡。考察中国古代社会动荡史可知，贫富的悬殊、社会心理的失衡是社会动荡之源。弱势群体的生存状态及相应的政策应对已经成为影响社会改革、发展与稳定的重要因素之一。

弱势群体是权利缺失的一个群体，也是最应该被社会关注的一个群体。如何认识弱势群体，怎样去关怀和帮扶他们，是一个很值得探讨的话题。

分析路径：

关心弱势群体意味着要平等地对待弱势群体，要注意倾听弱势群体的声音，而不能怀着救世主的心态，居高临下地怜悯弱势群体，更不能片面宣传、强化强势群体的价值观，并把这种价值观强加给弱势群体。如果这样，是难以真正改变弱势群体的弱势地位的。解决弱势群体的问题，关键要处理好以下两个问题。

(1) 防止弱势群体停留在"发展边缘"。经济的持续增长令不公平问题日益凸显，防止弱势群体扩大化、积弱化、复杂化，成为当下和今后一个时期社会建设的重要任务。让弱势群体享受平等的权利、机会和社会福利，是公共服务型政府最重要的责任之一。

(2) 收入差距加大导致国民的"弱势心理"蔓延。收入差距加大导致的被剥夺感、社会竞争中的不公平感，以及面对权力时的无助感等交织成全社会的"弱势心理"。与其说弱势群体在扩大，不如说"弱势感"正在蔓延。如何减少"弱势感"已成为当前面临的严峻问题。

关键要点：

"弱势群体"扩大化是社会之痛，它不但加剧了社会不公，破坏了社会正义，也打击了人们的上进心，成为社会发展的重大阻碍。

(1) 要加快收入分配改革，缩小收入差距。首先要做到消灭经济意义上的"弱势群体"。再就是把一切纳入法律轨道，通过法律限制公权力，保障私权利，让公民权利得到充分的尊重。经济上强势了，权利上也强势了，自然也就没有"弱势"之说了。

(2) 需要从收入分配机制上加以保障，政府应当将收入再分配问题置于突出位置，对低收入阶层和弱势人群给予特别的关注。

(3) 要赋予不同群体公平的就业机会和发展机会，在公共教育资源、医疗卫生资源的分配上要形成合理机制。

(4) 要科学设计社会阶层流动机制，从户籍制度、社会保障、税收和财政收支体制、利益表达机制等方面确保弱势群体的权利，通过制度变革使国家最大限度地代表民意、凝聚民心、集中民智。

(5) "弱势群体"作为一个社会学概念，不能凭"感觉"来划分。也就是说，强弱的判断需要有一个相对客观、统一的标准。"弱势感"蔓延之下，需要把"弱势"还原成社会属性，而不是强化其心理属性，否则，必将带来严重的社会危害。以干部群体为例，如果自认"弱势"，势必会想方设法摆脱"弱势"。这样一来，难免有人会滥用手中的权力，对社会公义造成伤害。人与人之间的差异是再正常不过的事情，这种差异之所以很多人自感弱势，因为造成这种差异和扩大这种差异的，已经不再是"出身"这一不可选择的原因，而是公平公正要么缺乏、要么被破坏的现状。保证刚性的制度和公平公正的程序真正有效，人们才不会对个体差异耿耿于怀，才不会有如此强烈的弱势心态。

我们相信，通过政府及全社会的努力，共同分享的阳光将会普照中国的每位公民。在和谐互助的社会氛围中，弱势群体也将获得更多积累社会资本的机会，将获得更充分的利益表达渠道和利益维护途径。

1.11.3 感恩的心

作者姓名： 邱君

案情介绍：

现年 45 岁的陈万生，自幼聪明好学，然而，这个本该拥有美好前程的花季少年，却遭到了无情病魔的残酷折磨。1981 年，陈万生突然患上骨髓炎。在访遍各地名医、试遍各种药后，陈万生的病情仍然很快恶化了，下肢、臀部肌肉渐渐萎缩，最后失去站、坐能力，连轮椅代步的愿望都实现不了。

母亲在世时，都是由母亲照顾陈万生的生活起居。母亲离世后，照顾陈万生的重担就落在老父亲的肩上。看着瘦弱的老人操持外面，张罗家里，经常累得直不起腰，陈万生心里很不是滋味，他提出了在床上做饭的想法。父亲经受不住儿子的恳求，在偏房里摆个竹床，床边支个炉子，绕床周围摆上柴火、水桶、案板、锅碗瓢盆等。陈万生趴在竹床上，以腹部作支撑，探出半个身子操作。

刚开始时，因为姿势不便操作，加上不懂切菜技巧，弄好一两个菜都要花上半个上午，小腹长时间着力导致内脏绞痛难忍，常常逼出豆大的汗珠。双臂、脖子更是经常累得酸痛不已，几天恢复不过来，而切破指头、烫伤手更是常有的事，有时甚至会为探身拿不远处的某样东西而翻下床来。如今，他趴在床上操持家务早已挥洒自如了。

2006年开始，年近90岁的老父亲因病卧床了。为分担兄弟们的负担，陈万生主动要求把父亲接到自己床边悉心照料，为父亲洗澡、洗衣服、喂饭等，一直到去年父亲去世。

陈万生现在住的房子是县民政部门去年出资为他建的新房。在崭新的房子比衬下，屋内的摆设更显破陋。陪伴了他29年的竹床咯吱作响，床的四周还算整齐地摆放着年代久远的米缸、炉子等，屋内唯一的大件是床对面矮桌上的21英寸彩电，这也是政府部门赠送的。

"我一点不觉得苦，每天能看到日出日落就是最大的幸福!"陈万生对生活从不奢求。他说，最大的遗憾是没有能力报答帮助他的政府以及所有好心人，他一直有个愿望，希望死后能捐献自己身上有价值的器官。

(资料来源：江南都市报，2010-12-08；中国日报网，2011-09-22)

思考问题：

(1) 在自私、冷漠的社会中，如何使人们的心态回归感恩？

(2) 精神文明建设的关键要点在于什么？

适用范围：

人文管理中的关爱老弱问题分析。

相关链接：

《中共中央关于加强社会主义精神文明建设若干重要问题的决议》(1996年10月10日中国共产党第十四届中央委员会第六次全体会议通过)

在现代物质社会，许多地方部门强调经济建设，忽视精神文明建设，道德建设滞后。社会充满浮躁，社会价值观迷失，拜金主义泛滥，享乐主义盛行，有的人追求个人利益，事不关己则高高挂起，充满自私、冷漠，他们失去了原本纯洁的灵魂，穷得只剩下了钱。

在现代社会，我们不仅仅需要富裕的物质生活，同时也需要深层次的精神家园，即是人性的真善美、守望相助等传统美德，找到心灵的温馨港湾。

分析路径：

(1) 从对真善美文化的重新构建方面来分析。加强道德建设需要每个人从自身做起。国家者，积人而成。遵守社会主义道德既是觉悟也是义务，道德大厦的建设需要每个社会成员添砖加瓦。

(2) 呼吁民众心态回归感恩。在这个充满自私、冷漠的社会中，如何使民众的心态回归感恩，如何让孩子以感恩的心态面对生活显得至关重要。

感恩——对别人所施的恩惠表示感激。

精神明文——人类在社会实践过程中创造的精神财富，含思想、道德、文化、教育、科学等(跟"物质"文明相对)：在抓好物质文明建设的同时，也要抓好精神文明建设。

关键要点：

(1) 从社会心态来看，我国有句古话叫"滴水之恩，当涌泉相报"。当一个人能感恩时，就会用全部的力量去完成自己的诺言。但现代社会似乎普遍缺乏感恩之心，孩子抱怨父母不能给予优质的物质条件，恋人互相抱怨对方要求太多，普通人抱怨社会制度不公等。陈万生几乎一无所有，仅有的身体也是残缺不全的，但仍愿将残缺的身体上仅有的有价值的器官死后捐献，这是一种怎样的感恩之心。假如我们每个人在抱怨之前都不去想自己失去了什么，而只想到自己得到了什么，那么这个社会将会实现真正的和谐。

人不可能脱离群体独立生活。只有抱有感恩的心态，才会热爱生命，关爱他人，也只有这样才能弘扬中华民族"知恩图报"的传统美德，我们这个社会才会更加和谐，更加美好！

(2) 从社会道德来看，现今的社会道德底线一再被突破，已经到了没有什么事不敢做和不能做的地步了。为了钱，人们可以出卖良知和灵魂。如不良奸商为了赚钱，用臭猪肉加上某种化学成分，使其变成牛肉。塑化剂兑成橙汁，化学添加剂兑出来葡萄酒。甜蜜药水喷瓜果使其增加甜度，等等。真善美已经离人们越来越远，如何重新构建真善美的文化成了当务之急。陈万生的行为告诉我们，伟大的时代，需要一个个具体而真实的"小人物"来推动，需要他们真实朴素的情感来感召。面对道德模范，我们更需坚守。如果你在坚守，我在坚守，我们就都是自己心中的模范。真善美的光芒在我们的社会中依然灿烂，真善美的形象在我们的社会中依然有力。真善美，也并非遥不可及、高不可攀，她是每个普通人都触手可及的事，是每一天都可为的善。

崇德向善是中华民族的优良传统，也是支撑中华儿女奋发向上的精神力量。在建设中国特色社会主义的今天，我们尤其需要这种精神力量。国无德不兴，人无德不立。加强公民道德建设不仅是为了实现中华民族伟大复兴，也是为了让每个中国人内心强大起来、生活幸福起来，让每个人多感受一些真善美。

《中共中央关于加强社会主义精神文明建设若干重要问题的决议》指出，加强社会主义精神文明建设，一要充分认识加强社会主义精神文明建设的战略地位；二要明确社会主义精神文明建设的指导思想和奋斗目标；三要努力提高全民族思想道德素质；四要积极发展社会主义文化事业；五要深入持久开展群众性精神文明创建活动；六要切实增加精神文明建设的投入；七要听从并坚持党对精神文明建设的领导。

1.11.4 农民工讨薪难

作者姓名：刘凤

案情介绍：

网名"讨薪寒"的重庆籍农民工刘仲凡在微博上连续发表多篇讨薪文章，引发众多网民关注。网友将"讨薪寒"发表的讨薪诗称为"讨薪体",他本人也被称为"网络讨薪"第一人。

2011年,一张农民工"裸体讨薪"的照片在网上广为流传,引发网民大量转载和评论。照片里,在深圳繁华的福田区闹市街头,一个人上身赤裸,下着三角裤,脚踏解放鞋,胸前及背后贴着黑色心形剪纸,头戴一副面具,上书"黑心老板"。左右两旁,各有一人手拿"工钱要不到,是老板黑心,还是工程被层层转包的原因?我们该怎么办?"的牌子,押着"黑心老板"游街,引来大量市民围观。

2011年12月28日,郑州荥阳市黄河滩边,几名男子一字排开,面对滚滚黄河一跃而起……他们是农民工,并非真的要"跳河",也不是在拍戏,而是为了讨薪。

2011年8月10日,在郑州市南裹头黄河滩区,多名来自信阳的施工者挖坑"活埋"自己进行"自虐式"讨薪。

2012年1月12日,四川省巴中市平昌县务工人员谭勇,为了自己和100多工友的工钱,被逼得爬上40米高的塔吊,在上面足足待了68天。

在郑州北郊花园口景区门口有尊河神将军塑像,2010年10月12日,有30多名农民工代表在这个塑像前焚香杀鸡祭拜。他们想让河神显灵,帮他们讨薪成功。

(资料来源:新华网,2012-08-18)

思考问题:

(1) 如何让农民工讨薪不再难?

(2) 谁来维护农民工的权利?

适用范围:

人文管理中的弱势群体问题分析。

相关链接:

农民工是我国改革开放和工业化、城镇化进程中所涌现出的一支新型劳动大军,他们对我国现代化建设做出了重大贡献。然而,农民工的工资经常被无故拖欠。当前,农民工讨薪难已成为备受关注的热点问题,也成为一个较为突出的社会问题。面对讨薪难,近年来一些农民工采用"行为艺术"维权,即通过极端形式追求"眼球"效应,以引起"关注",讨薪行为艺术更多的是一种无奈的行为。那些为了生存、为了孩子、为了家庭而进城务工的农民工们,有时为了讨要本应属于自己的血汗薪水,都不得不苦思冥想讨薪的手段与对策。对于那些毫无社会资源的农民工而言,扩大影响以引起上级重视或舆论关注,无疑是一条无奈的途径。

分析路径:

(1) 分析农民工讨薪难的原因。

① 从农民工自身的角度出发，农民工法律知识欠缺，缺乏正确的救济途径。

② 从用人单位来看，用人单位不依法签订劳动合同，农民工举证困难。

③ 从讨薪成本来看，农民工经济困难，付不起相对高昂的讨薪成本。

(2) 分析农民工讨薪的对策。

关键要点：

1. 农民工讨薪难的原因

(1) 农民工法律知识欠缺，缺乏正确的救济途径。多数农民工的文化水平较低，法律知识欠缺，对于劳动法了解不够，甚至一无所知，这从某种程度上直接导致了农民工在维权方面比较盲目。如不少农民工不知道劳动争议案件属于仲裁前置案件，发生争议后直接向法院起诉而不经劳动争议仲裁委员会仲裁。

(2) 用人单位不依法签订劳动合同，农民工举证困难。当前，我国农村富余劳动力数量巨大，在劳动力市场上农民工供过于求，这一状况使得农民工在劳动力市场中处于弱势，无法与雇主讨价还价。在提供劳务时，大多农民工不敢主动向用人单位提出订立书面合同，像工作量、劳动报酬等合同的重要条款也都是通过口头约定来完成的。发生争议后，农民工举证困难；而民事诉讼法则实行"谁主张，谁举证"。法院作为居中裁判者，不可能因为同情而免除农民工的举证责任。

(3) 农民工经济困难，付不起相对高昂的讨薪成本。农民工之所以背井离乡，外出打工，大多因为家里贫穷。而讨薪则意味着自己以前应得(一年甚至几年)的工资不能得到，这将导致以打工工资维持生计的农民工更加贫困。而农民工作为外地人的身份也意味着农民工要讨薪则必须来回奔波于老家与外地的打工城市之间，其中的时间成本、住宿费用和交通费用是一笔很大的开支，这对于本身就生计难支的农民工来说无疑是雪上加霜。

2. 破解农民工讨薪难的对策

(1) 加大普法宣传力度。法律知识欠缺是农民工讨薪难的一个重要因素，而普法活动不仅可以提高民工的维权意识，还可以增强其维权能力，因为农民工只有学法、懂法，才能用法，发生纠纷以后才能比较理性地行事，也才能降低诉讼活动的各种交易成本。

(2) 完善立法。完善立法，加大对拒不签订劳动合同的用人单位的处罚力度。农民工提供不出证明自己应得工资的相应证据，有的甚至不能证明劳资关系的存在，主要原因在于用人单位拒绝与农民工签订劳动合同。

(3) 缩短诉讼周期。缩短诉讼周期，在法院内部设立专门的劳动争议速裁庭。当前在司法救济途径中真正困扰农民工的问题是诉讼周期相对较长，农民工讨薪案件与其他民事案件一样：简易程序的 3 个月，普通程序的 6 个月。对于很多农民工来说，时间就是生计，花这么长的时间和精力去打官司对农民工讨薪来说无疑是奢侈的。

(4) 加大对农民工的司法救助力度。加大对农民工的司法救助力度，在缓、减、免诉讼费上对农民工给予倾斜，真正让农民工打得起官司。

1.11.5 老人跌倒该不该扶

作者姓名：刘凤

案情介绍：

2009年10月21日上午，许云鹤驾车沿天津市红桥区红旗路由南向北行驶，在行驶到红星美凯龙家具装饰广场附近时，恰巧看见王老太由西向东跨越路中心的护栏，后王老太倒地受伤。小伙许云鹤帮其包扎并打了120，不料反被老太告上法庭。2011年6月16日，天津市红桥区人民法院就此事做出判决，许云鹤被判决承担40%的民事责任，赔偿王老太108 606.34元。法院判决的理由是，"不能确定小客车与王老太身体有接触，也不能排除小客车与王老太没有接触。被告发现原告时只有四五米，在此短距离内作为行人的原告突然发现车辆向其驶来，必然会发生惊慌错乱，其倒地定然会受到驶来车辆的影响"。

在许云鹤眼里，他做好事却换来如此结果，无论如何也是不能接受的。从王老太家属在微博上公布的肇事现场图片来看，许云鹤的车既没有刹车痕迹，在停车时也未碰到护栏——符合他自己称缓慢停下的说法。多数网友相信许云鹤说的是真话，而对王老太一方声称的撞车不予相信。

联系到几年前彭宇帮助徐老太的下场，网友纷纷表示"雷锋难做"。

(资料来源：新浪网，2011-08-19)

思考问题：

(1) 老人跌倒该不该扶？

(2) 许云鹤案反映了社会上什么样的问题？

适用范围：

人文管理中的关爱老弱问题分析。

相关链接：

2006年11月20日早晨，一位老太在南京市水西门广场一公交站台等83路车。人来人往中，老太被撞倒摔成了骨折，鉴定后构成8级伤残，医药费花了不少。老太指认撞人者是刚下车的小伙彭宇。老太告到法院索赔13万多元。

彭宇表示无辜。他说，当天早晨3辆公交车同时靠站，老太要去赶第3辆车，而自己从第2辆车的后门下来。"一下车，我就看到一位老太跌倒在地，赶忙去扶她了，不一会儿，另一位中年男子也看到了，也主动过来扶老太。老太不停地说谢谢，后来大家一起将她送到医院。"彭宇继续说，接下来，事情就来了个180度大转弯，老太及其家属一口就咬定自己就是"肇事者"。

分析路径：

(1) 从法律的角度来说，原告败诉是应该的，合乎法律逻辑的，因为民事案件谁控告，谁举证，既然原告无法举证所控告的事实，败诉也在法理之中。所以二审支持一审的概率很低。案件本身很简单，可以通过还原案件、重演案件来还原当时的经过。对于法院来讲，这不难。

(2) 从社会道德的角度来说，助人为乐是社会美德，不应该舍弃，但是做好事是应该得到尊重的，更是应该受到法律保护的。如果做了好事反而得到恶报，那就是社会的悲哀、法律的悲哀。这里我们还不能确定许云鹤是不是说谎了，这是值得商榷的。所以案件本身与道德评判不能混为一谈。

(3) 从媒体的职业道德角度来说，媒体人有报道事件真相的权利，报道要符合事实真相，要客观、公正。对于没有认定的事实，报道时要注意用词。尽量不要带有太多主观性的判断。

关键要点：

1. 案件中老人摔倒是否与许云鹤有关是整个案件的核心

法院民事判决书，发现法院并无证据证明许云鹤撞人。天津市天通司法鉴定中心出具的具体情况说明为："不能确定小客车与人身体接触部位。"人民医院对王老太伤情的诊断是："无法确定原告伤情的具体成因，但能够确定原告伤情系外伤所致。"

在我国民事案件中有"谁主张，谁举证"的原则，也就是原告王秀芝老人需要证明许云鹤侵权，才能要求他承担民事赔偿的责任。既然不能证明许云鹤撞人，那么许云鹤可以不承担民事赔偿责任。因此，整个案件的核心就是判定许云鹤到底有没有撞人。

法院一审判决书中提到，"被告发现原告时只有四五米远，在此短距离内，作为行人的原告，突然发现被告车辆向其驶来，必然会发生惊慌错乱，其倒地定然会受到影响"。并没有确凿的证据证明事实，就像"莫须有"的罪名一样，显然不能令人信服。

2. 交警未做出责任认定，责任分担存在争议

在一审过程中，双方当事人都没有拿出足以支持自己说法的有力证据。事发路段没有监控录像，事故后对车身状况的鉴定无法确认车身与人身究竟有无接触，直到目前为止都没有事发时的目击证人站出来。二审过程中的一个细节证实第一报警人不是许云鹤，而是一个匿名女子。如果这个女子能够出庭作证，或许对还原案发现场有所帮助。除事实争议外，双方也对违法责任提出了质疑。

王老太一方也提出，许云鹤于事故发生时所驾车辆未上交通强制险，按交通法规定，此时车辆并无上路条件，属违法上路，许云鹤应当为此承担相应责任。而许云鹤则认为，王老太横穿马路并跨越护栏是违规在先，应自行承担全部责任。

王老太违章横穿马路并跨越护栏，许云鹤车辆未上交通强制险，而现场的真相我们现在也无从得知。事发当日交警也并未对事件做出认定，双方谁应该承担责任，责任应该如何划分，是案件中一个很值得思考的问题。

3. 事件过后的反思：道德归属，谁是谁非

就许云鹤案件来看，我们不能简单地听老太太一方的说法，也不能简单地听司机一方的说法。这个社会如果要想从法律的判决到舆论的倾向能够跟事实保持一致，最重要的是需要有一个办法来辨别事情的真相。因此，一个强有力的第三方的鉴证是评判当事双方是非的最佳办法。

为了防止这种事实无法判定的情况发生，我们应该让更多的公共路面具有交通状况的监控措施。而法院在对待这样的案件时，则要慎之又慎。做出这样的判决之后引起如此大的社会争议，真相并没有得到揭示，公众却在该不该弘扬社会的基本公共道德方面留下很大的心灵创伤。

1.12 医 药

1.12.1 印度是如何让 10 亿人免费看病的

作者姓名：陈美娜

案情介绍：

本报驻印度特派记者任彦报道：记者日前体验了一次印度的免费医疗。我早早赶到医院时，挂号处前已排起了多条"长龙"，递上 100 卢比却被对方一只手挡了回来。"为什么？"对方慢条斯理地回答："这是公立医院，不收费"，言语之间流露出一种不耐烦，似乎在说"连这点常识都不懂？"记者追问："难道这里对外国人也免费吗？"对方递过一张挂号单，一本正经地说："只要是地球人，这里都免费。"拿着医生开的处方，记者很快在医院药房拿到了药，真的没花一分钱。

印度第一部宪法规定，所有国民都享有免费医疗。为切实推行全民免费医疗，印度政府下了不少功夫。首先，印度构建了一个遍布全国的政府医疗体系，基本满足了大多数人的医疗需求。目前，印度共有 1.2 万所医院、2.2 万个初级医疗中心和 2.7 万个诊疗所，分为国家级、邦(省)级、地区级、县级和乡级。其次，由于提供免费医疗服务，公立医院负担较重，印度政府也鼓励发展私立医院，作为公立医院的一个有机补充。市场化运作的私立医院大多条件较好，这样就使一些富人很自然地"分流"到私立医院。再次，健全农村医疗网络。印度有 2 亿多贫困人口，约占其人口总数的 21%，其中绝大部分生活在农村。印度政府规定每 10 万名农村居民配备 1 个社区卫生中心，中心一般有 30 张左右病床和 4 名医生，并配有较完善的检查设备等。此外，每个地区通常还有 2～3 个地区医院，社区卫生中心无法治疗的患者都被送到这里。印度的农村医疗架构设计照顾到了各个层面，切实减轻了农村家庭的经济负担。

根据印度宪法规定，所有国民都享有免费医疗。据不完全统计，印度在全国建立了2.2万个初级医疗中心、1.1万家医院、2.7万个诊疗所和2000多个社区医疗中心，形成了一个覆盖面比较广的医疗网络。这些政府医院对所有病人敞开大门，从挂号、手术到药品各项服务一律免费。

（资料来源：世界新闻报，2011-12-16）

思考问题：

与印度医疗体制相比，你觉得我国的医疗体制上存在着什么问题？

适用范围：

人文管理中的医疗管理问题分析。

相关链接：

1. 免费医疗是非多

病人看病不花钱，自然会经常光顾医院，这就导致了一系列弊端。首先是政府财政不堪重负，资金无法及时到位。医院财政紧张，医疗条件自然就难以跟上，稍微好点的药品经常缺货，使得病人被迫拿着医生处方到药店里自费买药。

其次，医生每天面对的病人太多，工作压力很大。记者采访的新德里一家中等政府医院，平均每天要接待5000多名患者。同时，由于医生的待遇不高，给病人看病时自然免不了应付差事，渎职和误诊现象时有发生，造成医患之间关系紧张。据了解，公立医院里病人辱骂和殴打医生的现象屡见不鲜，甚至还有病人或家属杀害医生的恶性事件发生。

2. 私立医院为富人服务

虽说政府医院看病免费，但是有钱人肯定无法忍受这里"脏乱差"的条件，因此，设备先进、干净整洁但收费昂贵的私立医院就成为他们看病的首选地。在印度，私立医院约有1300多家，主要面向中产阶级以上的人群。

分析路径：

没有一个国家的医疗保障制度是完美的，公平和效率是当今各国医疗保障制度改革不可回避的两大问题。

滑璇璇，郜碧澄. 谁为退休职工医保买单. 南方周末，2016-01-14

新华社. 居民看病报销将不再分"城里人""农村人". 江西晨报，2016-01-13

关键要点：

新医改是中共中央、国务院向社会公布的《关于深化医药卫生体制改革的意见》（以下简称《意见》)。《意见》提出了"有效减轻居民就医费用负担，切实缓解'看病难、看病贵'"的近期目标，以及"建立健全覆盖城乡居民的基本医疗卫生制度，为群众提供安全、有效、方便、价廉的医疗卫生服务"的长远目标。

医药卫生体制改革必须立足国情，一切从实际出发，坚持正确的改革原则。

(1) 坚持以人为本，把维护人民健康权益放在第一位。坚持医药卫生事业为人民健康服务的宗旨，以保障人民健康为中心，以人人享有基本医疗卫生服务为根本出发点和落脚点，从改革方案设计、卫生制度建立到服务体系建设都要遵循公益性的原则，把基本医疗卫生制度作为公共产品向全民提供，着力解决群众反映强烈的突出问题，努力实现全体人民病有所医。

(2) 坚持立足国情，建立中国特色医药卫生体制。坚持从基本国情出发，实事求是地总结医药卫生事业改革发展的实践经验，准确把握医药卫生发展规律和主要矛盾；坚持基本医疗卫生服务水平与经济社会发展相协调、与人民群众的承受能力相适应；充分发挥中医药(民族医药)作用；坚持因地制宜、分类指导，发挥地方积极性，探索建立符合国情的基本医疗卫生制度。

(3) 坚持公平与效率统一，政府主导与发挥市场机制作用相结合。强化政府在基本医疗卫生制度中的责任，加强政府在制度、规划、筹资、服务、监管等方面的职责，维护公共医疗卫生的公益性，促进公平公正。同时，注重发挥市场机制作用，动员社会力量参与，促进有序竞争机制的形成，提高医疗卫生运行效率、服务水平和质量，满足人民群众多层次、多样化的医疗卫生需求。

(4) 坚持统筹兼顾，把解决当前突出问题与完善制度体系结合起来。从全局出发，统筹城乡、区域发展，兼顾供给方和需求方等各方利益，注重预防、治疗、康复三者的结合，正确处理政府、卫生机构、医药企业、医务人员和人民群众之间的关系。既着眼长远，创新体制机制，又立足当前，着力解决医药卫生事业中存在的突出问题。既注重整体设计，明确总体改革方向目标和基本框架，又突出重点，分步实施，积极稳妥地推进改革。

1.12.2 频发的医疗事故

作者姓名：邱君

案情介绍：

2013年4月20日，江西景德镇乐平市6岁女童小颖，在乐平市第二人民医院做左腿矫形手术。手术后，小颖的爸爸戴胜亮掀开裹在女儿腿上的被单后，发现小颖原本无须手术的右腿被打上了厚厚的石膏，左腿却没做任何处理。事故发生后，更为恶劣的是，女童父母签过字的麻醉知情同意书和手术知情同意书上，关于手术名称的描述有被改动的痕迹，女童父亲称，"两份知情同意书上的'左'字被改成了'右'字。"

除了医生"左右不分"外，近年来还有各种各样的离奇医疗事故频繁发生：2011年10月，重庆一已婚妇女原本要做安环绝育手术，却被值班医生弄错手术顺序，于是绝育手术变成了人流手术；2013年2月，西安一名男子因为腹痛到某大医院就诊，不料回家后却发现病历上写着"月经大致正常"字样……不久前，78岁的老人黄瑞光出院，搭乘院方有偿提供的救护车，车上却没有医护人员，只有一名司机贸然地将老人伸出鼻孔外的胃管插到了吸氧机上，造成老人腹部肿胀，口鼻眼流血身亡。虽然医院表示"不会推卸责任"，但他们却认为"这一事件肯定不是医疗事故"。

由医护人员甚至医院司机酿成的这些"不靠谱"医疗事件，尽管只是个案，但从中折射出的却是医疗服务行业的监管缺失，以及医院方面管理的混乱无序。而频发的医疗事故也降低了公众对于医疗安全的信任度，"能够放心地看病，打针、吃药吗？"面对这个问题，只有47.7%的公众回答"放心"，人数尚未过半。

（资料来源：大公网，2013-05-31；中国网，2013-05-31）

思考问题：

(1) 医疗事故引发医疗纠纷的原因？

(2) 如何解决医疗事故发生后医患关系紧张的问题？

适用范围：

人文管理中的医药卫生管理问题分析。

相关链接：

《求是小康》杂志最新发布的《2013中国平安小康指数报告》显示，在"最让人担忧的十大安全问题"排行榜中，"医疗安全"超越了交通、环境、社会治安、隐私等其他14个领域内的安全问题，排名第二。

肖鹏，刘思维，等．"网络医托"围城：假扮医生为民营医院揽患者．新京报，2016-01-04

分析路径：

(1) 从医疗事故频繁发生的现状来分析，是否存在医疗制度的不完善等种种弊端。

(2) 当医疗事故发生时，医患关系紧张，是否要设置第三方机构以缓解紧张关系。

关键要点：

(1) 医疗事故发生后，由于体制的原因，往往会发生医疗纠纷。南昌已提出专门的医疗纠纷解决方案。医疗纠纷发生后，医患双方当事人可选择以下途径解决：医患双方当事人协商解决；申请医调会调解；向卫生主管部门提出医疗事故争议行政处理申请；向仲裁委员会申请仲裁；向人民法院提起诉讼。医疗纠纷索赔金额1万元以上的，公立医疗机构不得自行协商处理；医疗纠纷索赔金额10万元以上的，公立医疗机构不得同意申请医调会调解。

(2) 据日本 NHK 网站 30 日报道，日本厚生劳动省决定，在调查因医疗事故而死亡的患者的死因时，如果死者家属无法接受医疗机构方面的调查结果，就由新设立的民间第三方机构进行调查。这是在 29 日日本厚生劳动省召开的专家、死者家属的听证会中决定的。据此，将新设立脱离国家和医疗机构的民间第三方机构，在患者因医疗事故死亡的情况下，医疗机构需要向第三方机构提供所有的治疗检查记录。

在此基础上，如果死者家属无法接受医疗机构对医疗事故的调查结果，那么第三方机构将会在受理死者家属申请的基础上，对医疗事故进行调查。如果据此设立第三方机构，则必将涉及医疗法的修改。

1.12.3 医改之路

作者姓名：邱君

案情介绍：

云南：让医改成果更好惠及群众

云南省 4 年来着力推进医疗卫生重点领域改革——让医改成果更好惠及群众

"脱贫三五年，一病到从前。"看病难、看病贵、因病返贫、因病致困的窘况，一度成为广大群众的一块心病。如今，在云南，随着医改的深入推进，基本医疗保障制度建设、基本药物制度实施、基层医疗卫生服务体系健全、基本公共卫生服务逐步均等化、公立医院改革试点 5 个重点方面不断取得突破，使横在群众就医需求前的那道"坎"变得小一些。

(1) 织就全民基本医疗保障安全网。

2009 年以来，云南省结合实际，从基本入手、从基层起步，在政策、投入、管理等方面采取了一系列重大措施，全面推进全民基本医疗保障制度建设，城乡基本医疗保障制度覆盖面大幅扩大，大病医疗保险、医疗救助制度不断完善，医疗保障水平全面提升。同时，为方便群众看病就医，率先在全国建立了职工和城镇居民医保异地持卡就医购药服务体系，865 万城镇参保人员实现异地持卡就医购药，持卡率已达 98%。

截至 2012 年，基本医疗保障参保人数达到 4350.39 万人，城镇医疗保险基本实现全覆盖，新农合参合人数达到 3468 万人，参合率达 96.52%。

(2) 基本药物制度实现基层全覆盖。

近年来，云南省把基层医疗卫生机构综合改革作为建立基本药物制度的有效途径和保障措施同步推进。截至 2012 年年底，全省基本药物采购总金额达 21.65 亿元，其中基层医疗卫生机构采购金额达 7.48 亿元，实现了基层医疗卫生机构实施基本药物制度全覆盖、在村卫生室实施基本药物制度全覆盖。

(资料来源：云南日报，2013-05-30)

思考问题：

(1) 医改后，医院的绩效考核制度发生了哪些改变？

(2) 以药养医的制度存在哪些弊端？

适用范围：

人文管理中的医药卫生管理问题分析。

相关链接：

袁端端. 培训、转诊、合作，就是不办独资医院，高高在上的"洋医院"落地很难. 南方周末，2015-11-26

十八大报告提出：要坚持为人民健康服务的方向，坚持预防为主、以农村为重点、中西医并重，按照保基本、强基层、建机制要求，重点推进医疗保障、医疗服务、公共卫生、药品供应、监管体制综合改革，完善国民健康政策，为群众提供安全有效、方便价廉的公共卫生和基本医疗服务。

分析路径：

(1) 从医院机制上来分析，从根本上改变了以药养医的体制，使真正的实惠归于普通百姓。

(2) 从公立医院的财务制度和人事考核制度来分析，医改促使医院更好地加强管理，提升服务能力和水平。

关键要点：

(1) 公立医院改革，带来的不仅仅是药价下降，更是从根本上消除了医院的以药养医机制，这是公立医院改革的一个重大突破。"看病贵"主要"贵"在药价、检查治疗费用两大方面。现在推行医疗卫生改革取得了一定进展，比如实行了药品零差率等。很多民众认为医药卫生体制改革一直是百姓长期关心的热点话题，期盼"医疗保障方面"能够进一步推进均等化，进一步"规范医疗收费"，提高医疗卫生服务水平，让一线专家多到乡卫生院或卫生室坐诊，让更多乡镇居民在家门口也能看专家门诊。

(2) 目前，卫生部门正拟出台公立医院能力提升 3 年计划，为提高医疗质量和服务能力奠定基础。完善医药服务价格、支付方式改革、财政投入保障、人事分配制度等配套政策措施，严格控制医药费用不合理增长，创新公立医院监管体制机制，推进以公益性为核心的公立医院目标管理责任制。对所有公立医院实施年度绩效考核，建立以公益性、运行效率、社会满意度指标为主要内容的考核体系，完善公立医院绩效考核办法，绩效考核结果将同院长奖金挂钩，以促使医院更好地加强管理，提升服务能力和水平。

1.13 宗 教

1.13.1 弘扬少林精神，共创和谐社会

作者姓名：雷姝燕

案情介绍：

凌晨 6 时许，禅宗祖庭少林寺灯火通明，僧人们已上完早课。寺院周围有一群孩子起得也很早。踢腿，压腿，扎马步，排成整齐队列晨跑，孩子们打破了小山村的宁静。这些孩子是少林寺收养的孤儿。8 年多来，他们一直坚持着这种作息。

佛教自古以来都把举办慈善事业作为一项重要的事务，河南嵩山少林寺也正是秉承了佛教这一优良传统，常年救助 1000 多名孤儿，8 年间更是收养了 300 多名孤儿，少林慈幼院悉心照料着这些孩子，使他们"文武双全"，让他们学会放下苦恼与伤心，为这些孤儿创下一片美好天地。但寺院作为民间收养重要的组成部分力量依旧有限，在物资财力人力等各方面仍显得心有余而力不足。

(资料来源：广州日报，2013-01-28)

思考问题：

(1) 在建设社会主义和谐社会过程中，宗教组织可以发挥哪些积极作用？

(2) 在对待宗教组织时，人们应采取怎样的态度？

适用范围：

人文管理中的宗教管理问题分析。

相关链接：

(1) 从 2004 年开始，少林寺建立了少林慈幼院，几年来分批收养了 300 多名孤儿。"不是每个孩子都能进入少林慈幼院，要经过挑选"，慈幼院负责人延宽法师说。第一年挑选 50 名孤儿进入慈幼院。"之所以挑选，是想让这些进入慈幼院的孩子个个都成为文武兼备的少林传统文化继承人。但挑选标准不是很高，首先是父母双亡，4～13 岁之间，身体健康、智力正常就可以。"

延宽法师特别强调，少林慈幼院跟福利院还有区别，孤残儿童这里不收。"我们没有康复设备和医生，一些身体有缺陷，或智障儿童，送过来我们收治不了。"在体检时，有 3 名孤儿因是乙肝携带者未能通过，不过仍获得少林寺每年 560 元的资助。

少林寺救助孤儿的行动始于 10 年前。2003 年，少林寺与河南慈善总会发起"千名孤儿

救助活动"，救助河南 1039 名孤儿。这些孩子中最小的 4 岁，最大的 15 岁。他们父母双亡，少林寺向这些孤儿每年提供 560 元救助金以及日常用品，以解决孩子们的生存与读书所需，直到他们 18 周岁。

(2) 2013 年 1 月 21 日至 23 日，俞正声分别走访了中国佛教协会、中国道教协会、中国伊斯兰教协会和中国天主教爱国会、主教团等在京的全国性宗教团体以及中国藏语系高级佛学院，同各宗教团体、学院负责人进行座谈，看望工作人员，了解他们的工作情况和存在的困难，并考察了各宗教团体、学院的办公场所。

俞正声说，近年来，各宗教团体在团结、引领广大信教群众开展宗教活动，反对分裂活动、促进国家统一，维护社会稳定和民族团结，发挥自身优势服务社会，开展对外交往、树立我国宗教界良好国际形象等方面，做了大量工作，取得丰硕成果。事实充分证明，宗教界和广大信教群众是我们建设中国特色社会主义事业的积极力量。

俞正声指出，要进一步加强宗教团体自身的思想建设、组织建设和人才建设，努力造就一支政治上靠得住、宗教上有造诣、品德上能服众、关键时起作用的宗教教职人员队伍。各宗教团体要在加强人才培养和宗教院校建设方面多下功夫，加强规划，注重实效。各级党委、政府要关心和支持宗教团体建设，帮助宗教团体和宗教界人士解决各种实际问题。

分析路径：

(1) 中共十六届六中全会通过的《中共中央关于构建社会主义和谐社会若干重大问题的决定》提出，要"发挥宗教在促进社会和谐方面的积极作用"。

(2) 建设社会主义和谐社会"是巩固党执政的基础、实现党执政任务的必然要求"，是我们党在理论上的又一重大创新。在建设社会主义和谐社会的过程中，客观认识我国宗教教义中的积极因素，运用其为建设社会主义和谐社会服务，对于维护社会的稳定和团结，在更深的层面和更广的领域引导宗教与社会主义社会相适应，有积极的意义。在建设社会主义和谐社会中，我们可以因势利导地发挥宗教教义中的这些积极因素，组织和引导宗教界为建设社会主义和谐社会做出努力。反过来，社会和谐了，也为宗教的发展创造了更加良好的环境。

关键要点：

(1) 全面正确地贯彻党的宗教信仰自由政策；坚持依法管理宗教事务；坚持独立自主自办的原则；积极引导宗教与社会主义社会相适应。

(2) 积极探索在新形势下对宗教活动依法管理的有效途径，依法保障教民和宗教组织在宗教活动场所内进行的正当宗教活动。

(3) 充分发挥信教群众和各爱国宗教团体在构建和谐社会中的积极作用，鼓励和支持各爱国宗教团体或信教群体开展的慈善活动，为弘扬团结互助的社会风尚发挥助力作用。

1.13.2 宗教"泛娱乐化"，请止步

作者姓名：雷姝燕

案情介绍：

一曲《法海你不懂爱》，撕破了娱乐圈的道义底线，同时唤醒了大众捍卫民族文化的勇气和决心。明贤法师第二篇护法檄文《还"法海"清白不是小题大做》在凤凰网佛教频道发布后，得到了社会各界的同声共鸣，130多万网友参与了文章的评论，这是一个值得珍惜的民意。至少说明在当今中国社会，尽管物欲横流，俗气弥漫，但社会的良知和民众的智慧，仍然未受其娱乐界风气所左右而被湮没。对此，上海佛学院导师、华东师范大学客座教授金易明再次撰文阐发观点。他提出：文艺创作要有"道义"考量，要划定底线。只要有道义在心，其所作所为应当可以考虑思量，不至于因无知，甚或无意，而颠覆宗教、亵渎信仰，自毁民族文化。

近来，娱乐界开始流行一首龚琳娜演唱的《法海你不懂爱》，歌曲所指的"法海"，是佛教禅宗祖师级的宗教领袖法海禅师，这种直接针对宗教领袖的娱乐风潮，引起了宗教界的高度关切。明贤法师在他的个人博客中发表了"一位僧人眼中的《法海你不懂爱》"的署名文章，对娱乐界直接调侃宗教领袖发表了他的看法。北大禅学社、人大禅学社、天大禅学社、北大国学社等学生社团深度认同法师的看法，共同推荐给广大读者，以期待我们的社会更加和谐、更加进步！

(资料来源：凤凰网，2013-02-01；凤凰网，2013-01-29)

思考问题：

(1) 什么是"泛娱乐化"？

(2) "娱乐化"对宗教会产生怎样的影响？

(3) 宗教在"泛娱乐化"过程中应采取怎样的态度？

适用范围：

人文管理中的宗教管理问题分析。

相关链接：

(1) 韩国一首《江南 Style》的歌曲出名了，它让人放下心理隔阂由复杂而向简单中寻找快乐；龚琳娜的《法海你不懂爱》似乎也出名了，但她却是以调侃汉传佛教禅宗祖师级的宗教领袖——法海禅师作为噱头。

(2) 2013 年 1 月 18 日，凤凰网佛教频道发表了明贤法师撰写的护法檄文《一位僧人眼

中的〈法海你不懂爱〉》，明贤法师指出："我们且当《法海你不懂爱》的作者是出于无知，因而伤害了佛教信众的情感。但佛教徒有责任点醒这种行为，及早地消除其恶劣的影响。真诚地希望作者(龚琳娜)能够勇敢地站出来向佛教界道歉，并撤销所有调侃佛教领袖法海禅师的相关资料。"一石激起千层浪，文章发布后引起了强烈反响，有超过15万网友参与了该文章的评论。上海佛学院导师、华东师范大学客座教授金易明撰文力挺明贤法师，呼吁"对佛教神圣性事件和人物调侃戏谑的娱乐之风该终止了"。

(3) 佛弟子都知道，歌曲中的法海禅师，是一位佛教的真实历史人物。他离家出走时，身为宰相的裴休居士步行送他进山。出家时，沩山灵佑禅师赐予他"法海"的法名。他刻苦修行，不辜负师长父母的期许，很快彻证禅法心髓，受师命往江苏方向弘法，后因缘和合到达镇江金山，因获地方信众的大力维护，始建金山江天禅寺，并迅速圆满功德。法海禅师，实为今天江苏镇江金山江天禅寺的开山祖师。从他开始，江南禅风一时闻名朝野，不光影响当时，其鼎盛的禅风一直延续到民国时期。

分析路径：

(1) 泛娱乐化倾向是社会发展到一定阶段的产物，是大众传媒产业化和市场化的必然趋势。娱乐的本质在于它是人在生存中放松精神、愉悦身心的基本需要。而在泛娱乐化时代，大众传媒却把制造娱乐当成获取商业利益的一种手段。它们利用人们对娱乐的需求制造过多的娱乐，制造低级品位的娱乐，挤压了人们利用媒体实现自我满足娱乐需求的空间。在消费主义原则的支配下，娱乐渗透到生活的各个角落。

(2) 在这个年代，娱乐已经成为电视上所有话语的象征，已经控制了包括政治、宗教、商业、教育在内的几乎所有重要社会事务。最早提出"泛娱乐化"概念的美国批评家尼尔·波兹曼在《娱乐至死》一书中写道："我们的政治、宗教、新闻、体育和商业都心甘情愿地成为娱乐的附庸，毫无怨言，甚至无声无息，其结果是我们成了一个娱乐至死的物种。"

(3) 将现实中存在过的佛教法门龙象作为调侃、戏谑，甚至是恶搞的对象，引发了明贤法师在博客中发表时论文章，对"娱乐无底线"之说提出了质疑。网上也出现了北大禅学社、人大禅学社、天大禅学社、北大国学社等学生社团对法师观点的深度认同。对包括佛教在内的宗教信仰的神圣性、宗教圣贤，以及对于其他涉及民族英雄、文化伟人的作品，无论是小说、散文、还是诗歌、流行歌曲、影视作品，必须杜绝出于纯粹商业目的，为市场盈利而作的恶俗操作。因为，一切宗教的信仰具有神圣性，所有的圣贤英灵具有典范性，对其随意的褒贬，轻浮的戏谑，肆意的调侃，不仅会销蚀民众精神诉求的品位，更会抽去民族精神境界的基石，与个体、民族乃至社会而言，绝非福音。明贤法师引用了曾国藩的话语："乐不可极，以礼节之，以制吾性，以防吾淫。"对于当代中国娱乐界，可谓是警世良言。

关键要点：

(1) 阻止宗教"娱乐化"的脚步。

(2) 尊重和维护宗教信仰的本真，构建多元和谐的文化价值秩序，加强对社会文化的正确引导和有效管理。

(3) 坚决抵制宗教低俗、庸俗、媚俗的风气。

第 2 章　社　会　管　理

社会管理主要是政府和社会组织为促进社会系统协调运转，对社会系统的组成部分，社会生活的不同领域以及社会发展的各个环节进行组织协调(沟通)、监督和控制的过程。

(李学举，《求是》2005.6)社会管理包括环境、资源、经济、政治、法律、外交、军事等方面的管理。

2.1　环　　境

2.1.1　环保局"引进"的血铅

作者姓名：李根红

案情介绍：

据新华社 1 月 5 日报道，自 2010 年 12 月底，已有 200 多名怀宁县高河镇儿童被送至安徽省立儿童医院接受血铅检查，据不完全统计，其中血铅超标儿童数量已达 100 多名。

怀宁县政府 1 月 6 日发布的通报称，"初步认定，博瑞电源有限公司未通过环保'三同时'验收，超时违规试生产，是造成此次血铅超标的主要原因。"

然而诡异的是，这家生产蓄电池的博瑞电源有限公司竟然是由当地环保局招商引资而来的。本报记者采访获悉，在过去的几年内，博瑞电源公司由于环保不达标，多次被上级政府部门下令停产整改，但直到 2010 年 12 月，该公司仍然在偷偷开工。

安徽省政府副秘书长余焰炉在接受本报采访时透露，环保部应急督查中心已由处长带队，一行 4 人正调查此事。而安徽省也于 1 月 4 日，下派了四个工作组，对全省所有涉铅企业进行了一轮排查。

血铅是否超标？

元旦前后，当地政府立即组织博瑞电源公司附近儿童赴安徽省立儿童医院进行血铅筛查，截至 2011 年元月 4 日，初步血铅筛查结果，23 名需住院儿童入院接受进一步的检查治疗。

1 月 5 日，经安徽省疾控中心采集静脉血检测，该 23 名儿童血铅指标均在正常范围之内。

安徽省立儿童医院与省疾控中心的不同检验，形成了两种截然相反的结果！

招商双刃剑

肩负监督监测环境污染的县环保局，同时又肩负着招商引资的压力。

怀宁县招商局人士向本报透露，该县为了完成招商引资任务，每年年初都会在政府 1 号文件中对县里的招商引资任务进行分解，"根据每个乡镇、县直属单位的硬、软件情况差别，进行合理化分解"。

招商压力层层下压，年终县政府先考核每个县直属团队总的完成情况后，还要考察下属十几个组员完成情况。在这种背景下，虽然肩负监督监测环境污染的县环保局，同时又肩负着县直部门所不可避免的招商引资的压力。于是，一个曾经帮助怀宁县环保局完成招商引资指标的企业，最终也为当地带来了无尽的麻烦。

思考问题：

(1) 安徽省怀宁县儿童血铅超标的原因是什么？

(2) 肩负监督监测环境污染的怀宁县环保局，同时又肩负着县直部门所不可避免的招商引资的压力，这样合理吗？

(3) 如何从源头上杜绝血铅超标影响儿童成长的问题？

适用范围：

社会管理中的环境保护问题分析。

相关链接：

1. 县级环保局的职能

(1) 贯彻执行国家环境保护的法律、法规和方针、政策，监督实施省环境保护政策、法规、规章和规范性文件；对全县环境保护工作实施统一监督管理。

(2) 负责全县重大环境问题的统筹协调和监督管理。

(3) 承担落实国家、省和市政府减排目标的责任。

(4) 提出环境保护领域固定资产投资规模和方向、市财政性资金安排的意见，按市、县政府规定权限，做好全县规划内及年度计划规划内固定资产投资项目的相关工作，并配合有关部门做好组织实施和监督工作。

(5) 承担从源头上预防、控制环境污染和环境破坏的责任。

(6) 负责全县环境污染防治的监督管理。

(7) 指导、协调、监督全县生态保护工作。

(8) 负责全县核安全和辐射安全的监督管理。

2. 血铅超标

血铅超标是指血液中铅元素的含量，超过了血液铅含量的正常值，如果过高，就提示发生了铅中毒。它会引起机体的神经系统、血液系统、消化系统的一系列异常表现，影响人体的正常机能。

铅在体内的量超过一定水平就会对健康引起损害。儿童由于代谢和发育方面的特点，对铅毒性特别敏感。研究证实，血铅水平在 100μg/L (0.483μmol/L)左右时，虽尚不足以产生特异性的临床表现，但已能对儿童的智能发育、体格生长、学习能力和听力产生不利影响。

分析路径：

环境保护——遵循生产规律，防止水、空气、土壤等自然环境受到污染和破坏，使之更好地适合人类劳动、生活和自然界生物生存、发展，简称环保。

县级环保局承担从源头上预防、控制环境污染和环境破坏的责任。受市、县政府委托对全县重大经济和技术政策、发展规划以及重大经济开发计划进行环境影响评价，按国家、省和市规定审批重大开发建设区域、项目环境影响评价文件；审核城市总体规划中的环境保护内容；组织编制和监督实施全县环境功能区划。所以，安徽省怀宁县环保局应该转变政府职能，对环保局的考核指标应该和环保局职能相关，而招商引资这个指标分配给环保局明显不合理。

关键要点：

1. 发现血铅超标

安徽省卫生厅 1 月 6 日发布公告称，"2010 年 12 月 28 日以来，怀宁县高河镇 200 余名儿童陆续来到安徽省立儿童医院，要求进行血铅检测。经省立儿童医院采集末梢血初筛，发现有 23 名儿童血铅超标。"

2. 整改不到位

怀宁县政府召开专题会议研究处置办法，于 11 月 5 日形成了文件上报省环保厅，做出了三点承诺：一是责令安庆博瑞电源有限公司停产整改；二是要求企业整体迁出，择址另建；三是在企业整体迁出前，可能受到影响的小区居民全部搬离，确保企业的卫生防护距离达标，确保不发生环境事故。然而，12 月有当地记者探访该企业时，发现该企业仍然偷偷开工。2010 年 12 月 23 日上午，怀宁县高河镇新山社区有 3 名儿童在安徽省立儿童医院被检出血铅超标，与此同时，12 月 23 日夜和 24 日中午怀宁市环境监察大队两次突击检查，发现其化成车间均在生产，锅炉正在使用。

3. 原因探究

招商压力层层下压，年终县政府先考核每个县直属团队总的完成情况后，还要考察下属十几个组员完成情况。在这种背景下，虽然肩负监督监测环境污染的县环保局，同时又肩负着县直部门所不可避免的招商引资的压力。于是，一个曾经帮助怀宁县环保局完成招商引资指标的企业，最终也为当地带来了无尽的麻烦。

2.1.2　我爸是李刚

作者姓名：刘凤

案情介绍:

一位目击者这样描述她所看到的:"2010 年 10 月 16 日 21 时 35 分左右,一辆黑色的车摇摆不定、东倒西歪地驶来,当时它的状态是猛地冲向便道台阶……就这样摇摇晃晃几下,冲到我面前……当车直接向我冲来的时候我大脑一片空白。"在快撞上这位目击者之前,黑色轿车突然急促地向左转,冲向左边车道。这时,在黑色轿车前方的路中间有两位女生。黑色轿车再次向左打方向,但不幸的是并没有避开,车辆右边直接撞上了前方两女生。其中穿着轮滑鞋的女生被撞飞,落下时砸在黑色轿车副驾驶位置的挡风玻璃上;另外一名女生被车前右边反光镜撞倒。黑色轿车撞倒两女生后,并没有停下,反而右拐继续沿着一鸣路后半段加速驶向女生宿舍楼。

黑色轿车再次经过事发地点时,被围观的同学们发现前方挡风玻璃破碎。一名男生高喊"追车去",很多围观学生立即追赶黑色肇事车。在后面有学生追赶的情况下,肇事车加速逃逸,但最终因大门被同学及保安关闭,拦截在生活区南门。

肇事司机当时很"嚣张",下车时"一身酒气",甚至和门卫"有说有笑"。一位在场的同学质问他:"把人撞了还这么淡定?"肇事司机回答说:"看把我车刮的……我爸是李刚。"

两位被撞女生分别是陈晓凤和张晶晶,两人是河北大学工商学院 2010 级信息科学与技术班学生且是同宿舍好友。第二天下午 17 时 20 分,伤情严重的陈晓凤因颅脑损伤,抢救无效死亡。

李启铭,男,22 岁,目前在保定某单位工作。经警方确认,李启铭父亲的确是李刚,系保定市公安局北市区分局副局长。

(2011 年 1 月 30 日)法院以交通肇事罪判处李启铭有期徒刑六年。法院认定李启铭违反交通运输管理法规,发生重大交通事故,致 1 人死亡 1 人受伤,负事故全部责任。

(资料来源:中国新闻网,2010-10-18)

思考问题:

(1) 当今中国"家族观念"是否依然是制约人际关系的主要方面?

(2) 通过网络进行舆论监督固然有助于营造民主、平等的氛围。然而,网络舆论的客观度究竟有多大?

适用范围:

社会管理中的社会治安问题分析。

相关链接:

现实生活中,这种高喊我爸是××的传统可能由来已久,这位河北小伙也绝不是孤例。哈尔滨警察打死男青年案中,据目击者称被打男青年当时也喊出了我舅舅是××的话。越来越多的事例表明，官二代们在遇到事情之后，缺乏常人的理性、宽容。相反是以一种非理性的蛮横、骄纵的面目出现，表现出与年龄极不相称的狂妄。

分析路径：

1. 社会层面的问题

(1) 社会阶层之间存在巨大差异。

(2) 社会公平难以真正落实。

(3) 人文关怀的缺失。

2. 政治层面的问题

(1) 权贵主义泛滥(一人得道鸡犬升天)。

(2) "官二代"问题日益凸显公众对政府的信任危机。

3. 法治层面的问题

(1) 法治与人治的又一次较量。

(2) 法律的权威性受到政治权力的挑战。

(3) 公众对权力运用的监督。

关键要点：

1. 社会层面的问题

1) 社会阶层之间存在巨大差异

陆学艺教授认为当前中国社会已经分化为"十大社会阶层"，其中国家与社会管理者处于第一等阶层，显而易见，公务员就属于这类人群，他们掌握着社会最优势的资源，享受着最完备的社会福利待遇。

2) 社会公平难以真正落实

就目前我国的状态来看，社会的巨大财富、资源是由广大劳动者创造，但财富与资源的实际支配权却掌握在少部分人手中，权利分配的严重不均衡，促使这些官员、富人甚至是"官二代""富二代"们缺乏对社会的责任感，大肆滥用权力。

3) 人文关怀的缺失

肇事者撞人后的"淡定"，对于他人生命安全的不屑，让我们感慨当今社会道德感的缺失与人情的冷漠。中国具有悠悠五千年的文明历史，我们一直信奉着"仁""礼"的儒家思想。但是，社会发展到今天，物质，私欲，利益无休止地在人们心中滋生蔓延。

2. 政治层面的问题

1) 权贵主义泛滥

从罗彩霞事件到杭州飙车案再到如今的"李刚"事件，官二代问题日益泛滥，为何他们如此傲慢，如此嚣张？

2) "官二代"问题日益凸显公众对政府的信任危机

从近几年来看，越来越多的案件牵扯到"官""权""富"。一时间，这三个字变得异常敏感。但是，我们的政府，我们的管理机制在遇到这样的问题时往往表现得不够坚定果断，甚至还会带有某些倾向。但是当政府未能有效履行其保护普通群众合法权益的职能时，愤怒就会泛滥，而愤怒会进一步削弱民众对政府的信任。长此以往，这种恶性循环会使民众的"恨"越来越凸显，从而危及社会的稳定与安全，乃至对和谐社会的构建造成极大的阻碍。

3. 法治层面的问题

1) 法治与人治的又一次较量

中国历来是一个典型的关系型社会，当我们处理问题时，首先想到的不是寻求法律的援助，而是想尽办法去找关系，有了关系，就有了靠山，就有了规避法律的绝佳路径。社会普遍存在着权贵主义，而法律却成了权贵主义的衬托。人治的光环无法退却，那么法治的理念就只能止步不前。

2) 法律的权威性受到政治权力的挑战

案件中的肇事者公然藐视法律，可以说，法律在他的心中是毫无尊严可言的。可悲的是，在整个社会中，这样的人并不在少数，而且越是权力高、财富多的人越是有这样的顽疾，而这无疑是我们建立法制社会的巨大障碍。

3) 公众对权力运用的监督

公众的关注与参与一方面使得事件的处理公开化，避免暗箱操作，一定层面上有利于案件结果的公平、公正，我们都说阳光是最好的防腐剂。但是从另一方面来说，伸张正义也要避免"误伤"，法律它不仅仅是要保护受害者的权益，肇事者的合法权益也应受到尊重与保护。

2.1.3　冒充黑社会也能敲诈

作者姓名：李根红

案情介绍：

"你是×××单位的×××吗？我是东北黑社会的×××，你得罪了人，对方出高价钱来买你的腿。"10 月 27 日，南昌某省属企业高管裘某、赵某先后接到神秘来电，来电人带有浓厚的北方口音。

接到电话后，裘某、赵某立刻向江西省公安厅报了案，省厅立即将案件转给南昌市公安局刑侦支队，由该支队负责反黑的四大队和负责信息研判工作的五大队展开侦查。

落网后，犯罪嫌疑人郭某、詹某向警方交代，他们和一名在逃犯罪嫌疑人，通过非法渠道购买和网上下载的方式，获得全国各地政府部门领导和企业高管的个人资料及通信信息。

据郭某、詹某供述，作案时，利用不需要实名登记的手机卡打电话给被害人，冒充东北黑社会成员。电话中，犯罪嫌疑人以被害人得罪了某人为由，称自己是受人雇佣，以伤害被害人及其家属人身安全为要挟，要被害人出高价解决此事，对全国各地的政府部门领导和企业高管进行敲诈勒索。

办案民警告诉记者，河北丰宁形成了冒充黑社会敲诈该类型犯罪的产业链，有人专门用他人身份证开银行卡，有人专门销售全国各地政府部门领导和企业高管的个人资料及通信信息，还有人专门开车出去敲诈勒索。

警方查明，犯罪嫌疑人郭某等三人，自今年8月起，先后在全国各地作案50余起，目前已核对案件17起，涉案金额高达70余万元。

警方提醒，遇到此类电话敲诈行为千万不要轻易相信，因为犯罪嫌疑人所说的纯属子虚乌有，可以通过延长交谈时间套对方口音，问对方兄弟在什么地方等方式与其周旋，并及时报案。

(资料来源：江南都市报，2010-12-18)

思考问题：

(1) 不法分子通过冒充黑社会，以被害人得罪人为由敲诈能够得逞的原因是什么？

(2) 不法分子如何获得政府领导和企业高管的信息？

适用范围：

社会管理中的社会治安问题分析。

相关链接：

根据《中华人民共和国刑法》第二百七十四条的规定，敲诈勒索罪是指以非法占有为目的，对被害人使用威胁或要挟的方法，强行索要公私财物的行为。本罪在客观方面表现为行为人采用威胁、要挟等方法，向公私财物的所有者、保管者强索公私财物的行为。所谓威胁、要挟等方法，是指对公私财物的所有者、保管者进行精神上的强制，造成心理上的恐惧，不敢抗拒，从而迫使其交出财物的方法。

根据《中华人民共和国刑法》第二百三十九条的规定，绑架罪是指以勒索财物为目的，或者以他人作为人质，使用暴力、胁迫、麻醉或者其他方法劫持他人的行为。本罪在客观方面表现为以暴力、胁迫、麻醉或其他方法劫持他人的行为。

行为人以被害人预谋犯罪为由，对被害人加以控制，并以报警将被害人送交公安机关处理为要挟，向被害人及其亲属强索财物。在实施上述犯罪过程中，行为人虽然在一定程度上限制了被害人的人身自由，并且为控制被害人而采取了轻微暴力，但并未使用暴力、胁迫、麻醉或者其他方法劫持被害人，亦未将被害人藏匿，其行为不构成绑架罪，应当以敲诈勒索罪定罪处罚。

分析路径：

冒充黑社会实施敲诈勒索能得逞，原因很多，主要是利益的驱动，同时，要加强个人信息的管理，防止信息泄露后被不法分子利用。

关键要点：

1. "黑社会"来电称你得罪人，300 兄弟随时出动要人命

"你是×××单位的×××吗？我是东北黑社会的×××，你得罪了人，对方出高价钱来买你的腿。"10 月 27 日，南昌某省属企业高管裘某、赵某先后接到神秘来电，来电人带有浓厚的北方口音。

"哦，还有这事呀？"当裘某和赵某询问是什么情况时，来电者称："我手下的兄弟今天给我打电话，说今天动手，我今天没在南昌，我给你打电话，算做到仁至义尽了。你可以打电话，可以报警，可以找人，我手下的兄弟奉陪。"

"我没和谁有仇、有怨，也没有欠别人的钱，怎么会有这种事？"面对裘某和赵某的追问，对方说："我不可能告诉你得罪了谁，你得罪了谁，我手下的兄弟都跟我说了。现在，我手下 300 多个兄弟在南昌，跟了你好几天，发现你为人还可以。这样吧，你出点钱，这事我来帮你摆平。否则，我手下的兄弟随时可以要你的命。"

2. 嫌犯通过网络获取政府领导企业高管信息

落网后，犯罪嫌疑人郭某、詹某向警方交代，他们和一名在逃犯罪嫌疑人，通过非法渠道购买和网上下载的方式，获得全国各地政府部门领导和企业高管的个人资料及通信信息。

办案民警说，犯罪嫌疑人往往通过"牛皮癣"广告或网络，与掌握全国各地政府部门领导和企业高管的个人资料及通信信息的嫌疑人取得联系，汇款后，对方通过传真或邮箱等方式，将信息传给犯罪嫌疑人。

3. 面对敲诈勒索，保持理智，积极报警

警方提醒，遇到此类电话敲诈行为千万不要轻易相信，因为犯罪嫌疑人所说的纯属子虚乌有，可以通过延长交谈时间套对方口音，问对方兄弟在什么地方等方式与其周旋，并及时报案。

2.1.4 怎么拯救智障雇工

作者姓名：李根红

案情介绍：

一个叫曾令全的人组建了"乞丐收养所"，并向全国输送工人，目的是"让那些无法自理或是没有生活保障的人能够自力更生，打工赚钱。"证据表明，这是一个收集并控制众多残疾人做工的黑网络。

新疆吐鲁番地区托克逊县有关部门召开新闻发布会，向媒体通报了该县对媒体报道当地库米什镇一黑工厂"包身工"事件的最新调查处理情况。

托克逊县常务副县长杨锦说，2010年12月13日上午得知这一事件后，托克逊县召开专题会议，并责成库米什镇、公安、国土、经贸委、劳动监察、工商、安监、卫生、环保、工会等部门主要负责人立刻前往现场查明情况，解救工人。

目前，托克逊县库米什佳尔思绿色建材化工厂已被查封，老板李兴林12月12日7时许已带领十几名雇工乘上开往成都的列车。托克逊县公安局已经与铁路公安部门取得联系进行沿线查堵，并派出公安干警飞赴四川。

托克逊县正在全县范围内开展企业用工情况大检查。

杨锦说，托克逊县组织部、纪检委已组成工作组，追查相关部门的监管责任，根据调查结果进行责任追究。

事件回放：媒体曝托克逊智障人沦为"包身工"，吃饭与狗同锅

托克逊县库米什镇老国道247公里处有一家名为佳尔思的绿色建材化工厂(以下简称佳尔思厂)，三四年来十余名工人(其中8人为智障人)在这里遭遇了非人待遇。周边邻居在经过多年沉默后，再也无法忍受良心折磨，向本报讲述了他们看到的残忍场景：工人们逃跑就遭毒打、干活如牛如马、吃饭与狗同锅、工钱一分都领不到……

媒体评论：不把智障人士当人，良心何在

我想对黑心老板和失职官员说，智障人士不是冰冷的会劳动的机器，他们和你们一样，都是人啊！不把人当人，别说法律不允许，你们的良心过得去吗？

(资料来源：江南都市报，2010-12-15)

思考问题：

(1) 为何"乞丐收养所"得以组织并发展？

(2) 如何从源头上保护智障人士的人身安全，维护他们的合法权益？

适用范围：

社会管理中的环境及企业用工问题分析。

相关链接：

"麦子烘焙坊"是广州慧灵智障人士服务中心为给智障人士提供就业机会而成立的一家"社会企业"。店里的每一个面包都由这群特殊的员工完成，所得盈利也将回馈于智障人士服务事业。

麦子烘焙坊里共有6名智障人士学徒和2名拥有面点师证的社工，所有的学徒都经过了至少半年的专门培训。

尽管制作面包在他人看来可能是个非常简单的工作，但对这6名学徒来说却并非易事。

据介绍，所有的工序步骤都是按照每个学徒的能力与兴趣进行分配的，在操作过程中，他们的忘性很大，需要社工在旁边不断提醒才能顺利进行。有时候工作安排不合心意，这些学徒还有可能闹脾气，甚至干脆放弃工作。为保证麦子烘焙坊每天正常营业，两位社工需要付出极大的精力来督导 6 名学徒。

对于由智障人士制作的面包质量，有些顾客还是持怀疑态度，但广州慧灵智障人士服务中心的负责人则解释说大可不必，因为这 6 名学徒已经在慧灵接受过长期的康复训练，也接受了专门的面包制作培训，对这类简单的体力工作已经能够完全胜任。此前，广州慧灵就已经向一些爱心企业输出过一些学员去从事厨房、保洁等工作，这些学员都得到了雇主的一致好评。

分析路径：

智力障碍，是指脑部功能发展缓慢或不能如常完全发展，使学习及社会适应能力受到限制或遇上困难，不及常人。发展迟缓的情况早在婴儿或儿童期间可察觉到，不似一般疾病或精神病难以发现。

智障人士是一个特殊的群体，他们需要社会的关爱，特别需要政府部门重视并积极落实国家相关的保护智障人士的政策。

关键要点：

(1) 公权部门不作为，智障人士权益没有办法得到有效保护

新疆当地权力部门之所以对智障人员"熟视无睹"，一方面，不排除地方保护的可能。既然工人是从四川弄来的，非本地人，也就睁一眼闭一眼放过去了。更何况，在企业利益与劳动者权益之间，孰轻孰重，官员心中自有一杆秤。

(2) 为从源头上保护智障人士的人身安全，维护他们的合法权益，必须遵守《中华人民共和国残疾人权益保障法》的要求，当事人、社会、公权部门共同维护法律的尊严，违者均以法律来调适。

2.2　资　　源

2.2.1　地王扎堆为哪般

作者姓名：李根红

案情介绍：

距离"9·29"新政一个月的 10 月 29 日，雅居乐夺得了南京地王。在接下来的 11 月份，全国各地更是地王频出。25 日，广州、武汉、杭州三地的总价地王或单价地王问世。

29 日，温州拍出楼面价达 3.7 万元的新地王，创下全国楼板价单价地王。12 月 3 日，一个自然人击败五个开发商，夺得南昌地王，溢价率近 200%。南京 10 月 29 日对外出让四块土地，产生两块"地王"，溢价均在 500% 以上。

2010 年 12 月 7 日，位于北京 CBD "金十字"的中服地块进入第二阶段评标，6 宗地最高报价总和为 238.29 亿元，这意味着北京的新地王呼之欲出，这将成为北京史上最高的总价"地王"。除了这块几乎没有悬念的"地王"外，青岛、佛山、厦门、温州、武汉、南京等二线城市，也将在 12 月份的土地出让市场中争夺"地王"。

土地市场再度升温，地价再度走高，直接带来的后果就是房价也将随之升高。

目前，北京等几个主要城市 2010 年度卖地收入已经突破 1000 亿元，还有更多的城市在冲刺年底卖地成绩单。业界有关人士担忧，年底出现的卖地潮、地王潮，可能导致地价推动房价的上涨。

截至 2010 年 11 月 22 日，上海、北京、大连、天津等十大城市今年前 11 个月累计卖地收入达 6694.54 亿元，除杭州和重庆同比小幅下降外，其余八大城市同比均大幅增加。

11 月份全国 10 个主要城市整体平均的溢价水平呈高位态势，广州、杭州、深圳、武汉溢价率均高于 50%，其中广州最高，为 80%；北京成交 15 宗地中有 8 宗地配建有公共租赁房、限价商品房和安置房等，13 宗地采取"非价高者得"招标方式出让，溢价率仅为 7%，成为溢价率最低的城市。

而一旦地价反弹成为趋势，各地在"土地财政"的诱惑下，年底可能再度放开土地闸门。而如果住宅用地的成交方式不能及时进行变革以抑制地价，则新的"地王"可能会不断继续出现，并可能由此带来房价的再度飙升。

(资料来源：中国新闻网，2010-12-14)

思考问题：

(1) 全国各地扎堆诞生地王，原因是什么？

(2) 如何解决这些问题？

适用范围：

社会管理中的土地资源管理问题分析。

相关链接：

张玥，刘冲. 库存压顶 救市再现 狂热地产梦如何收尾. 南方周末，2015-11-26

万楚芸，万凯芸. 我省今年 12 条举措去房产库存. 江西晨报，2016-01-16

中国新闻周刊. 房地产"去库存"压力创新高. 江西晨报，2016-01-07

分析路径：

供给侧改革——是从供给、生产端入手，通过解放生产力，提升竞争力，促进经济发展。

商品供求规律——是指在价值规律发挥作用的过程中，商品的市场供给同有支付能力的需求之间具有的内在联系和趋于平衡的客观必然性。它是表明市场商品供求决定市场价格，市场价格又决定市场商品供求，从而调节社会劳动在各生产部门之间分配比例，使市场商品供求不断从不平衡趋于平衡这种必然性的规律。

关键要点：

1. 全国地王频出

2010 年 11 月以来，全国地王频出，遍及武汉、杭州、温州、南京等多个二线城市。12月，全国多个城市将再次出现"地王"争夺。

其原因总体来说是：土地供应紧张，价格上涨，造成居民盲目抢购，虚假供不应求。这是多种重要经济关系在市场上的综合反映。明确地说，资源与资本的集中是主因。资金集中到一、二线城市，形成僧多粥少；资本的介入，资本配置以获取收益；地方政策推动，诱发"地王"现象。具体地说，资本方面，一是央行宽松的货币政策；二是股市推动；三是违规放贷和民间贷款流入房地产市场；市场供求方面，土地市场仍然是供不应求。其他原因有开发商急于拿地的不理性行为；IPO 重启，为房地产注入了新的融资渠道，致使股市资金流向楼市。

2. 采取有效措施抑制房地产价格上涨

在当前错综复杂的情况下，面对多重利益纠葛，抑制房价上涨要以科学发展为主题，以加快经济发展方式转变为主线，加大房地产宏观调控力度，兼顾地区差异性和社会公平性，进一步加大土地供应力度、改善土地供应结构、采取有效措施加快保障房建设，尽快形成房地产业市场与保障性住房"双轨制"发展模式，促进我国房地产业健康稳定发展。具体而明确地说，抑制房地产价格上涨的对策措施有以下几项。

(1) 改严格控制土地为有限制放开，改善土地供应结构。土地紧张一直是房地产商借口涨价的理由。造成居民盲目抢购的一个理由也是消费者感觉土地供应趋紧，地价在不断上涨。因此，要继续加大土地供应，加强用地结构管理，消除土地供求矛盾。

(2) 改土地供给量控制为利用率控制，切实推进集约用地。应根据经济发展水平、城市发展水平和发达程度，规定最低容积率和建楼高度，让新建住宅向空中发展，最大限度节约土地。

(3) 进一步加强差别化住房信贷政策落实，有效抑制投资性、投机性购房行为。一是充分发挥信贷政策抑制不合理住房需求，特别是投资、投机性需求的作用。二是严厉打击商品住宅销售环节中的各种违规行为，加强信息公开透明，减少房地产商利用虚假信息制造房价上涨假象的盈利空间，引导居民理性购房。

(4) 加强持有交易环节管理，提高住宅使用率。当前，交易和持有成本低是造成投资性、投机性购房的重要原因，这一方面推高房价，另一方面造成大量的住宅浪费。

(5) 改革土地出让收入的管理体制，提高保障性住房政策的执行力。一是加快推进土地收入管理体制。二是加快推进住房保障体系建设，坚持房地产领域的市场与保障"双轨制"、"二元制"发展方向，尽快形成符合国情的保障性住房体系和商品房体系。

2.2.2　赣江急剧缩水，市民饮水无忧

作者姓名：李根红

案情介绍：

赣江中下游多个站点急剧"缩水"

据监测，赣江中下游樟树站以下部分站点的水位已创历史新低。昨日最新监测数据表明，当日赣江南昌站水位为 12.95 米，仅比历史最低水位(12.82 米)高 0.13 米；南昌外洲站水位为 13.08 米，比历史最低水位(12.93 米)高 0.15 米。

据气象部门预计，今年 12 月我省气温仍偏高，降雨量全省略偏少。按目前天气形势和水情分析，赣江中下游的低枯水位仍会持续，水位有可能继续下降。

省防办认为，今年 11 月下旬至明年 1 月中旬，赣江南昌站可能出现水位低于 12 米的极枯水位。"11 月下旬已过，当前至明年 1 月中旬，是赣江南昌站水位'跌至低谷'的危险期。"

双管齐下，力保南昌供水无忧

1）强内功

(1) 赣江水位在 12.80 米以上南昌 6 座水厂取水无忧。

该负责人称，当前南昌市主城区供水分为昌南地区和昌北地区两个独立的供水管网系统，有 6 座水厂，均以赣江为取水水源。

当前赣江低枯水位已大大低于南昌市大部分水厂取水口设计标高，近年来，南昌相继对各水厂取水头部进行了改造延伸，目前，在赣江水位 12.80 米以上的状况下，南昌市各水厂均能保证安全取水。

(2) 若水位跌破 12.80 米或现极枯水位将采取应急措施。

应急措施包括青云水厂去年开工建设的临时泵房投入运行，该泵房装有 3 台临时水泵，日供水能力 50 万立方米，取水保证高程为 12 米。当南昌站水位低于 12.80 米时，青云水厂立即启动临时泵房，可保障日供水 50 万立方米。

同时，适时启动朝阳水厂进一步的临时取水设施改造工程。朝阳水厂已着手前期准备，根据水位下降情况，可在 1 天内将取水管道继续向江心延伸增强取水能力。当赣江水位降至 12 米时，朝阳水厂仍可保障 24 万立方米日供水能力。如需要，可在 1 天内紧急恢复 1 根临时水泵，保障 6 万立方米日供水能力。

而位于南昌以北的牛行水厂、长埻水厂属潜水泵取水方式，两水厂共用一座取水泵房，共有 6 台立式潜水泵，吸水管底部标高均为 11.50 米。当南昌站水位在 12 米以上时，两水厂均能正常取水；低于 12 米时，只需将潜水泵吸水管向河床延伸即可满足取水需求。

2) 借外援

赣江南昌站一旦面临极枯水位，万安水库将放水补给，补给后如无法满足用水需求仍有应急举措，枯水期赣江沿线排污企业要减少排污量。

（资料来源：江南都市报，2010-12-07）

思考问题：

(1) 水资源对我们日常生活有何影响？

(2) 为何水位降至 11 米南昌也有水喝？

适用范围：

社会管理中的资源管理问题分析。

相关链接：

1. 水资源

水是生命之源，是人体的重要构成要素，占人体重量的 70%。从维持生命和身体健康来说，除了"氧"，"水"比"食"更为重要，人每天至少需要饮用 2500 毫升健康的水，没有水人类便无法存活下去。

2. 水资源危机影响

水资源等自然资源是社会财富的重要组成部分，是社会经济发展的支柱之一，它对经济有着直接或巨大的潜在影响。随着经济的发展，资源稀缺性和需求无限增长矛盾日益尖锐，争夺稀缺资源已成为必然，由此而产生的冲突是不可避免的。

在经济活动的运行过程中，水的客观存在与经济状况呈相辅相成关系，相互促进又相互制约。当水资源短缺或受污染时，将对人类经济生活产生巨大的影响；同样，当这一生命必要资源充裕的时候，则可以解决许多人类重大的生存问题，为提高经济活动的效率做坚实的保障。

中国经济呈上升趋势，因此，对水的需求量将会继续增加。现在，主要是北方缺水已经造成了生产力下降，农业歉收，影响了国民经济增长幅度，严重制约了中国经济的发展。现在，因水资源短缺造成的经济损失，已经超过了夏季洪涝带来的损失。

因此合理地管理水资源等自然资源，实现资源的合理流动和有效配置，已成为持续发展的重要内容之一。

分析路径：

要保证居民用水，政府要采取有效的措施，公众更要树立节约用水的意识，并在日常生活中，厉行节约用水。

关键要点：

1. 南昌市恰逢枯水期，饮用水出现不足

"赣江中下游出现低枯水位，严重影响到沿江城镇居民的饮水安全。"省防办有关负责人称，在当前低枯水位甚至是未来的极枯水位面前，如何保证供水部门取水无忧，是《2010年赣江中下游枯水调度实施方案》涉及内容的重中之重。

2. 政府部门采取有效措施缓解了饮用水不足问题

"当赣江南昌站水位跌破 12.80 米甚至跌破 12 米，各个水厂将立即采取应急措施。"该负责人表示，应急措施包括青云水厂去年开工建设的临时泵房投入运行，当南昌站水位低于 12.80 米时，青云水厂立即启动临时泵房，可保障日供水 50 万立方米。

同时，适时启动朝阳水厂进一步的临时取水设施改造工程。当赣江水位降至 12 米时，朝阳水厂仍可保障 24 万立方米日供水量。如需要，可在 1 天内紧急恢复 1 根临时水泵，保障 6 万立方米日供水量。

3. 节约用水，从我做起

水资源问题成为 21 世纪人类面临的最重要的自然资源问题，水资源危机将会给各个国家的经济发展造成很大的威胁。水资源面临的形势非常严峻，全国范围内水资源可持续利用问题已经成为国家可持续发展战略的主要制约因素。所以，我们必须节约用水，从身边每一件小事做起，这才是解决水资源危机的根本方法。

2.2.3　政府官网上的广告

作者姓名：李根红

案情介绍：

开平市民马先生称，11 月 30 日，他登录开平市政府公众网查阅文件，看到网站首页冒出个很大的汉堡包图片，点开发现，原来是一个电信广告。"拿纳税人的钱做起来的政府官方网站，继续赚广告费，这些钱到了谁手里呢？"马先生颇为好奇。

记者登录开平市政府网站，发现和其他政府网站一样，网站域名是"gov.cn"，下面显示网站由中共开平市委、市人民政府主办，开平市经济和信息化局设计维护。网站首页上，除了电信、移动、联通广告外，还有休闲中心、电力公司、空调销售公司、电脑销售公司、茶叶销售公司、驾驶员培训学校、某小学等八个广告。

马先生认为，政府网站是严肃、神圣的信息平台，不能做商业广告，就和政府机关大楼不能设商业广告牌是一样的。

在政府官网做广告究竟要多少钱？某日，记者联系了该网站的相关负责人，他表示，开平政府公众网上可以挂公司的广告，收费的话要看广告"怎么挂，挂的位置不同，费用标准也不一样"。

记者又联系了开平市经济和信息化局分管网站的一位负责人，他透露，若是投放在导航栏上方的头版位置，一年需要 4～5 万元，投放在右边滚动栏位置，一年收费 1 万元。他同时表示，如果投放时间比较长，还可以打折。

　　记者随后一并查阅了广州、深圳、东莞、肇庆、惠州、茂名等地的政府官网，并未发现商业广告。相关地区官网承办方称，因为政府官网每年都有固定的财政拨款，从未想过要在官网上试水商业广告。

　　广东恒运律师事务所律师蔡险峰表示，政府网站不是《广告法》所称的合法的广告经营者和发布者。发布广告与其功能不符，更与政府在社会事务和经济活动中应当秉持的公平、公正和中立的立场相悖，而且不可避免地面临法律纠纷的风险。

　　不过，也有网友表示，现在是商业社会，政府网站虽然有财政拨款，但网站作为一种新媒体，也可按媒体的规律搞商业运作，所以出现广告也无可厚非。当然，政府官网刊登商业广告一定要有选择性，不能唯利是图，不能有损政府形象。同时，赢利要公开并上缴国库，严防流进私人腰包。

（资料来源：羊城晚报，2010-12-03）

思考问题：

(1) 政府官网可以刊登商业广告吗？为什么？

(2) 案例里面反映了什么问题？

适用范围：

社会管理中的公共资源管理问题分析。

相关链接：

冰心肖像被冒用作药物广告. 江西晨报，2012-02-17

分析路径：

1. 公共资源

　　公共资源是指自然生成或自然存在的资源，它能为人类提供生存、发展、享受的自然物质与自然条件，这些资源的所有权由全体社会成员共同享有，是人类社会经济发展的基础条件。

　　在经济学上，所谓"公共资源"是指满足以下两个条件的自然资源：一是这些资源不为哪一个个人或企业组织所拥有；二是社会成员可以自由地利用这些资源。这两个条件决定公共资源具备了"竞争性"的特点，但同时却不具备"排他性"的特征。

2.《广告法》中合法的广告发布和经营者规定

　　《广告法》规定，本法所称广告主，是指为推销商品或者提供服务，自行或者委托他人设计、制作、发布广告的法人、其他经济组织或者个人。《广告管理条例》中称广告主为广告客户。

《广告法》所称的广告经营者，是指受委托提供广告设计、制作、代理服务的法人、其他经济组织或者个人。

《广告法》所称的广告发布者，是指为广告主或者广告主委托的广告经营者发布广告的法人或者其他经济组织。

广告——通过报纸、广播、电视、招贴等介绍商品、娱乐或体育活动的一种宣传形式。

(1) 政府的官网是公共资源，利用政府官网做广告是一种侵占公共资源的行为，并且对发布的内容不加审查就直接挂出，有损政府形象，是"自己打自己的脸"。

(2) 政府官网刊登商业广告一定要有选择性，不能唯利是图，不能有损政府形象。同时，赢利要公开并上缴国库，严防流进私人腰包。

关键要点：

1. 律师：政府网站此举不妥

财政拨款的政府官网，究竟能不能做商业广告？广东恒运律师事务所律师蔡险峰表示，政府网站不是《广告法》所称的合法的广告经营者和发布者。发布广告与其功能不符，更与政府在社会事务和经济活动中应当秉持的公平、公正和中立的立场相悖，而且不可避免地面临法律纠纷的风险。

广东华商律师事务所律师钟凯文也表示，政府的官网是公共资源，利用政府官网做广告是一种侵占公共资源的行为，并且对发布的内容不加审查就直接挂出，有损政府形象，是"自己打自己的脸"。

2. 政府官网广告多多，且在官网上投放广告可以打折

开平市民马先生称，11月30日，他登录开平市政府公众网查阅文件，看到网站首页冒出个很大的汉堡包图片，点开发现，原来是一个电信广告。"拿纳税人的钱做起来的政府官方网站，继续赚广告费，这些钱到了谁手里呢？"马先生颇为好奇。

在政府官网做广告究竟要多少钱？某日，记者联了该网站的相关负责人，他表示，开平政府公众网上可以挂公司的广告，收费的话要看广告"怎么挂，挂的位置不同，费用标准也不一样"

2.2.4 安身财政局的骗子公司

作者姓名：李根红

案情介绍：

在一家骗子公司的操纵下，江西省宜春市袁州区财政局不仅违规挪用国库资金3780万元帮其顺利拿下20.1公顷土地，而且在区财政局办公大楼内为这家骗子公司提供办公场所。时至今日，当地政府仍没有纠正错误。

袁州区政府引进的这家企业的名称是江西梵福民生物科技公司，2010 年 1 月，在公司董事长周祉伟失踪后，警方将其列为网上逃犯进行通缉。

按照袁州区医药工业园区的工业用地出让价格，每亩的价格是 13.6 万元。周祉伟被袁州区政府当作重点外商引进时，区政府官员承诺土地出让金每亩只要 1 万元。区财政局主要领导和两家银行的负责人召开碰头会后，财政局为江西梵福民生物科技公司违规挪用了 3780 万元国库资金。

周祉伟顺利拿到一张 4080 万元土地收据并办理土地证后，在接下来的招摇撞骗中，涉案对象有亲朋好友，几乎没有人怀疑过周祉伟的实力。袁州区药业工业园区的相关领导也承认，区政府对招商引资企业有优惠方式，工业用地的实际出让金都比较低，但账面上必须体现出按照 13.6 万元/亩成交。

因为本报的披露，越来越多的受骗人士、企业和记者取得联系，这些人士说，当年的周祉伟完全是袁州区政府的座上宾，不仅企业手续合法，公司的招牌也挂在了区财政局办公大楼上，很多人士进了区财政局办公大楼内和周祉伟谈完业务后，都对他深信不疑。

(资料来源：江南都市报，2010-12-12)

思考问题：

(1) 骗子公司为何能够安身财政局？

(2) 如何彻底解决骗子公司问题？

适用范围：

社会管理中的公共资源管理问题分析。

相关链接：

李劲峰，谭元斌. 揭秘公款"理财"乱象. 中国青年报，2016-01-14

张玥，刘冲. 学界叩问 7 年：政府账本公开有多难. 南方周末，2015-11-05

地方政府招商引资的动力如下：

其一，经济发展以及 GDP 几乎成了考核政绩最重要的标准；其二，一个项目从谈成到落户再到最终生产，全程提供大量寻租空间。单凭这两点，就足以调动全部政府人员参与到大规模的招商活动中。

如果说富裕地区或者工业发达地区有较好的区位优势，那么贫困地区同样有自身优势，如资源、土地或者税收。在拥有这几个优势的前提下，贫困地区的地方政府固然需要做招商努力，但也不至于到了目前这么夸张的程度。现在的情况只能说明一点，国内市场仍然没有到市场要素流动相对自由的程度，由于地方保护主义等因素，国内市场人为分割严重，市场要素流动到贫困地区往往要增加大量的附加成本。

分析路径：

财务行政是政府、管理者等行政主体对政府公共管理或单位微观管理中的资金收支的管理活动，是行政主体行使与法定的事权相配套的财权，规范和监督资金的收入、保存和支出，支持和保障行政管理各项职能的运行，从而实现行政管理目标的过程。其含义可以分为广义与狭义两种。

我国的国家审计是为了加强国家的审计监督，维护国家财政经济秩序，提高财政资金使用效益，促进廉政建设，保障国民经济和社会健康发展，由国家审计机关根据有关法律、法规和政策，以科学的方法对政府各级机关、各企事业单位和社会团体的经济业务、财务行为实施检查、监督的一种专门性活动，是国家进行财政、经济监督的重要手段。

目前地方政府为了吸引外资入驻，纷纷采取了各种优惠政策，目的是增加地方财政收入，完成上级下达的任务。在招商引资过程中，有些地方政府急功近利，对引入对象没有严格审核，引发更多的社会问题。所以，地方政府在招商引资过程中务必要严格监管。

关键要点：

1. 骗子公司为何能够成功入驻政府办公区

1）地方政府职能的错位和越位

政府职能即政府对国家和社会进行管理所承担的职责和功能，市场经济条件下，政府职能大体可以分为政治职能、经济职能、文化职能和社会职能四项。我国经济体制改革的目标是建立社会主义市场经济体制，政府的职能定位也应该符合上述要求。

2）地方政府的考核方式不合理

地方政府的行为模式很大程度上取决于其绩效动机，招商引资活动也不例外。绩效即政府社会经济管理活动的业绩和效果，包括政治绩效、经济绩效、文化绩效、社会绩效四个方面。四个方面中，经济绩效是核心，发挥着基础性的作用。同时，经济绩效是最具显性的，更为直观形象、更具短期效果。另外，现行政府实行五年任期制，官员需要在任期内展现其施政绩效，其短期行为动机强烈。

3）地方政府行为的"囚徒困境"

"囚徒困境"反映的是个人理性最佳选择并非团体理性最佳选择的问题。博弈各方都是理性的个体，且只追求自己的个体利益最大化，那么在重复的囚徒困境中，博弈被反复地进行，最终只能得到纳什均衡。当前地方政府招商引资的竞争也处于这种非零和博弈状态。

2. 从地方政府的角度分析

1）转变政府职能、找准角色定位

地方政府应转变职能，逐步退出招商引资活动组织者和项目投资合作主导者的角色，专心做好区域投资环境营造者和市场秩序监管维护者的角色。

2) 转变发展观念、把握政策方向

转变经济发展方式是贯彻落实科学发展观的重要经验，是根据我国现阶段发展特点提出的重大战略部署。转变经济发展方式关键在于实现"三个转变"，即实现经济增长由主要依靠投资、出口拉动经济向依靠消费、投资、出口协调拉动经济转变，实现经济增长由主要依靠第二产业带动经济增长向依靠第一、第二、第三产业协同带动经济增长转变，实现经济增长由主要依靠增加物质资源消耗向主要依靠科技进步、劳动者素质提高、管理创新转变。

3) 培育优势产业，做好宣传推介

在全国的大环境下，每个地区都有自己的小环境，都有独特的区域、文化、资源、环境特色，分别制定了自己的区域发展规划。发展优势产业，一要营造好产业氛围，二要制定好产业政策，三要建造好配套设施，四要提供优质服务，优势、氛围、政策、设施、服务，这就是招商的资本。有了招商的资本，配以适当的宣传推介，投资商自然会来的，用不着那些不合理的政策和措施。

2.2.5 杭州公车改革

作者姓名：刘凤

案情介绍：

从 2009 年起，杭州市开始了大规模的公车改革，所涉 100 多个单位分三批进行车改。所有局级领导干部及以下全部取消专车，自行解决出行问题，市财政给予一定补贴，经过两年多时间，市政府的公车数量从 1200 辆减至 400 多辆左右，总量减少了三分之二。截至目前，除了市级四套班子领导，公、检、法及 3 个驻外办事处以外，其他党政机关、参公单位、民主党派、群众团体初步完成了车改。

杭州公车改革的基本理念是"单轨制、货币化、市场化"。单轨制，即公车上缴统一处理；货币化，即向公务员发放"车贴"；市场化，即成立公车服务中心，将留用车辆进行市场化管理。杭州有关部门对车改前后财务开支进行比较发现，两年节约公务交通费用总计 3442 万元。"杭州车改"在受到舆论肯定的同时，也遭到了一些质疑，最多的意见集中于"车贴"。

对于公车取消后的补贴问题，杭州公车改革办法规定，"一般市级机关的车贴标准分为 9 个档次，上限为每人每月 2600 元，下限为每人每月 300 元"。

为了保证公务活动的正常运转，杭州市专门成立了市级机关公务用车服务中心，主要保障车改单位大型公务活动接待、重大应急突发事件处置、重要执法公务活动、特殊机要文件专递等专项集体公务活动用车，以及为个人公务活动提供一定的用车服务。

据统计，前两批市级机关车改后，杭州市用车补贴比车改前公车开支下降了 32%，有效解决了公车私用及超编、超标购置配备公车等弊端。

(资料来源：中国新闻网，2010-12-31)

思考问题：

(1) 对于杭州公车改革，有人认为有效遏制了腐败，有人认为会带来新的腐败，对此你怎么看？

(2) 如何评判公车改革是否有实效？

(3) 杭州公车改革给其他省市的公车改革带来了怎样的启示？

适用范围

社会管理中的公共资源管理问题分析。

相关链接：

褚朝新，张笛扬. 湖北公车改革"落地"观察 千名厅官失去座驾之后. 南方周末，2015-11-05

分析路径：

所谓公务用车(简称"公车")，是我国各级党政机关、司法部门、事业单位和社会团体，利用政府财政拨款方式或动用单位"小金库"购买、用于执行公务活动的机关内部车辆，司机工资、用油、修理等全部费用由公款支付。这一制度确立的本意在于提高政府公共服务水平，确保公务人员活动的时效性。但该制度运行到今天，却出现了大量的公车私用、超编制、超标准配备使用轿车、公车使用效率低下、浪费惊人等一系列问题。

公车改革是否有实效，要从四个方面来看：

(1) 能否真正解决公车腐败的问题。杭州有关部门对车改前后财务开支进行比较发现，第一批车改单位公车开支比车改前下降 32%，第二批车改单位下降 30%，两年节约公务交通费用总计 3442 万元。

(2) 能否降低行政成本。市农业和农村工作办公室实行车改以后，7 辆公车全部上缴，公车开支费用从 111 万多元下降到 74 万多元，降低 33% 以上；市安全生产监督管理局实行车改以后，7 辆公车也全部上缴，公车开支费用从 83 万多元下降到 50 多万元，降低 39% 以上。

(3) 能否保障行政效率不受影响。车改的推行也将带动公车私用、公车乱停、公车违章等行为的减少。

(4) 从监督来看，对于车改的推行，将更好地接受人民群众的监督。让政府工作人员与民众更好地交流与接触，减少原先的一些"距离"感。使得政府人员能够更好地接受人民监督、更好地聆听人民的声音，真正做到权为民所用、利为民所谋、情为民所系。

关键要点：

(1) 为了减少行政费用支出，缓解国家财政负荷过重的状况，杭州适时出台公车改革政策，经过两年多的时间已经初显成效。

① 降低了行政成本。杭州公车改革的两年时间里，公车总量减少了三分之二，节约财政支出 30%以上，两年节约公务交通费用总计三千多万元，节约的财政资金相当可观。

② 遏制了涉及公车腐败的问题。车贴直接打入公务员市民卡，专用交通事务支出，不能取现；对于留用公车统一调配，实行市场化有偿使用等，从源头上遏制了化公为私、专家费用等腐败行为，有利于改变"官本位"思想，防止职务消费的不正之风。

③ 适当保留部分公车并补发车贴，行政效率未受影响。虽然公车改革之后部分公车上缴，但是从最初的不适应到慢慢的适应，公务活动并未受到影响，行政效率没有明显降低。

(2) 公车改革是缓解目前行政成本过高的一个折中之策，有利于节能减排和节约开支，但是车改政策还有不完美之处，对于实施过程中的问题争议也较多。

① 为公务员发放车贴，且数额较大，有变相增发福利之嫌。

② 按照行政级别发放补贴，可能造成隐形腐败。在实际工作中，并非职位和级别越高，公车开支越高。而不同性质的部门，对公务用车的需求差异也很大。单纯按照职务与级别发放补贴的方式并不合理。

③ 公车改革与群众利益息息相关，公车改革的方案没有及时对群众公开，不能公开、透明、公正地体现民意，没有得到群众的普遍理解与认同。

(3) 公车改革是社会政治文明和经济生活的新气象，然而改革之举还有待完善，呼吁更优化、成熟的改革方案的出台。

① 公车改革需要在公开透明、接受监督上做得更好，这样才能有效节约财政开支、减少公车腐败，同时能够赢得公众的理解和支持。

② 对于公务卡制度可再提出完善举措，如报销交通费用等方式，就能在一定程度上防止化公为私。当然，作为群众，对于政府有的改革更应抱以理解和支持，这样才能够使改革者大刀阔斧，使静观者受到鼓励。

2.3 经 济

2.3.1 跨年"高息"理财陷阱多

作者姓名：李根红

案情介绍：

每年年末的这一周都是银行理财产品发行"大战"最激烈的时期。银行挖空心思，希望使 12 月 31 日这一天的账面存款资金多些。虽然监管部门多次强调严禁通过短期理财产品高息揽储，但各家银行并未收敛，单周 100 多只理财产品的发行数量就是最好的证明。

部分银行理财产品将销售截止日与计息日"空档期"拉长，这将导致客户的存款无条件为银行揽存作贡献。市民陈先生对记者表示，他在一家股份制银行看到最新一款31天期理财产品年化收益率就达到5.5%，收益率高于同类产品。然而，陈先生忽略了计息时间。该理财产品发行期是2011年12月26日至30日，但计息时间却是从2012年1月5日开始，这意味着，陈先生存入银行后，中间白白浪费了好几天，等于零回报地为银行充存款做贡献。

理财专家提醒市民，在选择这种跨年理财产品时，一定要关注所购买的理财产品从什么时候开始计息，应该选择尽早开始计息的产品。而且也要关注产品的到期日，如果当时正好赶上春节，就很难找到对接的理财产品，这部分资金还是会闲置，整体计算下来并不划算。

星展银行中国有限公司董事总经理朱亚明接受专访时表示，目前部分银行对理财产品的运作产生偏差。"销售理财产品不应该是短期行为，这种销售模式会对银行与客户都造成风险。只有高质量的长期产品才能留住客户的金融资产，从而避免银行存款出现大幅波动的情况。"

(资料来源：广州日报，2011-12-28)

思考问题：

(1) 各大银行推出"高息"跨年理财产品，大举揽存业务的原因是什么？

(2) 投资者如何避免陷入理财产品陷阱中？

适用范围：

社会管理中的经济及金融问题分析。

相关链接：

南方周末. 女子农村信用社存五百万元被信用社职员挪用炒期货赔光. 中国剪报，2016-01-12

分析路径：

理财——管理财务；治理财政。这里侧重的是管理财务，包括短期理财和长期理财。短期理财是一年以内的理财，长期理财是一年以上的理财。

短期理财产品选择得当的话，确实可以给投资者带来比银行定期储蓄利息高的收益，但是也需要谨慎选择，以规避风险。

关键要点：

(1) 岁末银行员工面临考核压力。

岁末，面临贷存比考核压力的各大银行纷纷推出"高息"跨年理财产品大举揽存。

(2) 银行短期理财产品频出，比例剧增。

根据最新的统计数据，6 月中旬(2011 年 6 月 9 至 15 日)，银行共发行 255 只理财产品。从投资期限的分布来看，6 个月以内的理财产品占 88%，其中主要以 1 个月以下的超短期为主。而这个数据并不包括 6 月下旬的理财产品的数量。

(3) 理财产品弊端多，投资者需谨慎。

中金报告指出，理财产品的大量发售导致居民存款下降。居民存款投向了理财产品，而理财产品大多数是融资票据、金融债券和各种企业债券，因此最终居民存款转化成了企业存款和同业存款，其中同业存款并不计入 M2，导致 M2 广义流动性被低估。

中金一位分析人士还认为，银行理财产品影响了股市，理财产品高收益率、非保值的特征，它更多反映的是用于满足企业短期融资的需求，股市面临了一定的资金挤出效应。

德邦证券首席策略分析师雷鸣则告诉记者："在我看来，银行理财产品对判断当前流动性并无太大影响，因为结合近期理财产品的特点来看，普遍收益率变化大的都是 1 个月内，时间非常短，再加上这是在银行确实很差钱的情况下发生的，以后同等情况发生的概率不大。而对股市资金有影响，这倒是有道理。毕竟，理财产品的收益比股市上赚钱稳定得多。"

而另一方面，银行理财产品带来的负面影响不仅仅是在宏观经济和资金评估上，其在发放时的管理和对投资者的信用等方面也出现了一些问题。

事实上，目前部分商业银行理财业务在宣传销售文本管理、产品风险评级、客户风险承受能力评估等方面确实存在一些薄弱环节。或许正是因为意识到了这一点，银监会才在 29 日发布《商业银行理财产品销售管理办法》(下面简称《办法》)，向社会公开征求意见。《办法》指出银行理财产品的不规范销售，强调商业银行必须对理财产品进行风险评级，对客户进行风险承受能力评估，按照风险匹配原则，将适合的产品卖给适合的客户。

理财专家提醒市民，在选择这样的跨年理财产品时，一定要关注所购买的理财产品什么时候开始计息，应选择尽早开始计息的产品。而且也要关注产品的到期日，如果当时正好赶上春节，就很难找到对接的理财产品，这部分资金还是会闲置，整体计算下来并不划算。

2.3.2　个税改革路在何方

作者姓名：李根红

案情介绍：

羊城晚报讯 据《经济观察报》报道，个人所得税改革最早将在明年择机推出。此次改革并没将提高起征点作为突破口，而是选择了等同于降低税率的方案，减税力度更为明显。

按该报说法，目前，第一级 500 元，即工资收入扣除 2000 元起征额后的收入，对应 5% 的税率；第二级 2000 元，10% 的税率；以此类推到 5000 元、20 000 元，税率分别为 15%、20%。改革后，第一级有望调到 2000 元，对应 5% 的税率。"下一个级距可以到 2 万元，这个区间适用 10%的税率，这样税率相当于降了一半，大部分中低收入者都集中在最低的一级或两级税率。"一位地方税务官员建议。

与此同时，有关方面也在研究综合与分类结合的个人所得税。"未来财税部门会确定一个赡养系数，根据家庭赡养人口设计系数，确定最终纳税额"。"这个中长期目标实现难度很大，因为它需要纳税人自行申报纳税，还需要税务部门掌握个人包括家庭婚姻状况、银行账户等各种信息，'十二五'能否实现并不乐观"。

该报还称，在减轻企业税负方面，取消营业税、降低增值税率等将在未来五年成为现实，而消费税方面也正酝酿把一部分商品(如化妆品等)剔除出消费税……中国将因此迎来自1994 年税制改革以来最大规模的税改，减税幅度可能比金融危机期间大。

(资料来源：羊城晚报，2010-12-12)

思考问题：

(1) 个税为何需要改革？

(2) 个税改革应该考虑哪些因素？

适用范围：

社会经济与税收管理中的问题分析。

分析路径：

税法——国家有关税收的法规。

税率——计算课税对象(课征税收的目的物)每一单位应征税额的比率，即税额占课税对象的百分比。

税收——国家依法向纳税者征得的收入。

税制——国家税收的制度。

关键要点：

1. 个税改革焦点在于提高免征标准

2008 年我国将个人所得税免征额由 1600 元提高到 2000 元，即对于每月工资、薪金所得，超过 2000 元缴个人所得税。尽管如此，以工薪族为代表的一些中等收入者，希望继续提高个税免征额的呼声一直不绝于耳。

财政部网站在今年 11 月份发布文章指出，提高费用扣除标准，往往是高收入者受益较多，中等收入者减税较少。"占工薪收入者大部分的低收入者，则由于本不需要纳税而不会受益。高工薪收入者减税较多，是因为对工薪所得项目个人所得税实行超额累进征收，相应在减税时也有累退效应。"

但如果把目光投向一些大城市或发达省区，个人所得税免征额已低于当地多数工薪族的基本生活成本。比如在北京、上海、广州等地，市区内已很难租到月租 1000 元以下的住房，如果再加上食品、交通、水电等生活成本，每月开支很容易超过 2000 元。

我国自 1980 年开始征收的个人所得税最初免征额定为 800 元/月，相当于当时职工平均月工资水平的 12.6 倍。个税征收 30 年来，我国职工平均工资水平增长数十倍，但个税免征额却只提高到 2.5 倍。个人所得税免征额提高的步伐总是滞后于 CPI 增幅，这成为个税改革呼声不断的主要原因所在。

2. 居民收入的增长和以家庭为单位的个税制度的推行

对于个税增长，不能简单地认为是居民收入增长造成的。其实，居民收入增幅与个税增幅相比，个税增幅远远大于居民收入增幅。根据财政部门的数据，2010 年全国个税收入 4837.17 亿元，去年是 6054.09 亿元，同比增长 25.2%。但是居民收入增幅呢？国家统计局公布的数据显示，2011 年我国城镇居民人均可支配收入 21 810 元，比上年增长 14.1%，扣除价格因素，实际增长 8.4%；城镇居民人均可支配收入中位数为 19 118 元，增长 13.5%。如此看来，去年个税收入增速相当于居民名义收入增速的 1.8 倍、实际增速的 3 倍。

众所周知，从去年 9 月起，个人所得税实施新的税收规定，起征点提高到 3500 元。因此，从逻辑上讲，个税起征点提高，相应减少税收，至少个税增幅应该降低。但是事实上并不是如此。

居民收入增长是个税增长的一个原因，但绝不是主要原因。要想改变个税增幅过高、真正达到减税让利目的，必须从根本制度上着手。从目前透露的信息来看，各地个人住房信息正在全国联网，这些都为推行以家庭为单位的个税制度改革奠定了技术基础。

2.3.3　"八大民生实事"如何推进

作者姓名：李根红

案情介绍：

刚刚闭幕的中央经济工作会议明确提出，"十二五"开局之年，在改善民生上要"扎扎实实办几件实事"，这些实事包括医疗、上学、就业、住房等民生关键词。中央扎扎实实办实事的决心，点燃了百姓对明年生活的希望。

实事 1　物价：减轻百姓生活压力

国务院紧急出台了稳定物价 16 条，11 月底以来，"吃"的价格趋稳或有所下降。但水、电、煤、气、油等价格上涨的压力仍悬在百姓头上，稳健的货币政策尚待落实。

实事 2　住房：强化政府保障之责

住建部日前提出，明年计划建设保障房 1000 万套。据专家测算，届时将达到每 10 个家庭拥有一套保障房。

实事 3　环保：还百姓蓝天碧水

政府节能减排目标责任考核，意味对各级官员来说，在节能减排、保护环境方面没有退路。

实事4　上学：还孩子自由成长的天空

教育改革已进入"深水区"，许多问题需要在实践中探索。但中央的决策已指明了教育的发展方向是"人尽其才"，教育以此为开端，将逐步向提高学生的实践能力、创新能力转变，还孩子一片自由成长的天空。

实事5　收入：让百姓钱袋子"鼓"起来

中央此次把"研究制定收入分配改革方案"放在"加大改革攻坚力度"总领下，可见对此事下了决心。百姓期待着国家能出台政策，建立健全职工工资的正常增长机制，让百姓通过劳动能获得与经济发展增长水平和物价上涨水平相一致的收入，日子能更上一层楼。

实事6　就业：让百姓生活得更有尊严

中央提出把就业摆在政府职责的"优先"位置上。如何开发出更多的就业岗位，吸纳就业人员；加大就业帮扶力度；创造更多的适合高校毕业生的智力密集型就业岗位等，是在现实中亟待政府部门破解的难题。

实事7　看病：普及基本医疗服务

中央此次会议已明确要"坚持公共卫生医疗的公益性质"。在会议之前，国务院已出台具体政策，明确规定乡镇卫生院、城市社区卫生服务机构、村卫生室的运行成本，政府将给予补助。

实事8　文化：让百姓生活得更开心

文化是国家和民族的灵魂。让百姓享受快乐健康的"玩"文化，政府尚有很大的努力空间。中央明确提出要"加快构建覆盖城乡的公共文化服务体系"，国家已部署推进文化体制改革。

(资料来源：西安晚报，2010-12-14)

思考问题：

(1) 案例中提到哪八大民生问题？

(2) 这八大民生问题该如何推进？

适用范围：

社会经济管理中民生问题分析。

相关链接：

民生问题也是人民群众最关心、最直接、最现实的利益问题。关注民生、重视民生、保障民生、改善民生，同党的性质、宗旨和目标一脉相承。

改革开放以来，中国已经将国人共同贫穷的时代变成了历史，大多数城乡居民迈进了小康乃至富裕的生活，如人均 GDP 从 1990 年的 1634 元上升到 2003 年的 9073 元，首次超过 1000 美元，这是一个非常重要的台阶。可见，中国民生得到了很大的改善。

然而，经济指标的增长与发展，并不意味着中国民生问题已经得到全面解决。因为前一个时期解决的民生问题，主要是初级阶段的初级民生问题，主要解决了绝大多数人的衣食之忧，属物质生活甚至是食物保障方面。而现在民生问题与时代的发展同步，其内涵也在不断发展。跟计划经济时代相比，现时代更加突出地显露出教育作为民生之基、就业作为民生之本、收入分配作为民生之源、社会保障作为民生之安全网的重要性。对每一个国民而言，没有受教育的机会就不可能接受现代文明，也不可能成为高素质甚至合格的劳动者；接受教育的机会、接受教育的程度，正决定着每一个人的生存和发展机会及生活质量，教育已成为国民立足社会的基础。同时，就业是民生之本，解决就业问题就是要让每一个劳动者、每一个家庭有一个稳定的工作岗位、有一个稳定的生活来源，而失业、就业不足或就业不充分，既是社会问题，更是家庭与个人的严重问题，失业带来的往往是家庭生活的危机与困境。收入分配决定着城乡居民的收入渠道与生活来源，除了就业获取收入外，在市场经济条件下，实际上还有多种收入渠道，收入分配是针对整个社会财富的，合理的收入分配体制不仅能够推进效率与发展，而且有利于社会公平、进步与和谐。

分析路径：

　　民生——人民的生活；人民维护生活的办法和门路；国计民生。

　　民生问题是百姓最关心的问题，政府应该采取切实有效的措施，从根本上解决民生问题，让百姓生活总体质量上升。

关键要点：

1. 中央经济工作会议亮点

　　物价：减轻百姓生活压力。

　　住房：强化政府保障之责。

　　环保：还百姓蓝天碧水。

　　上学：还孩子自由成长的天空。

　　收入：让百姓钱袋子"鼓"起来。

　　就业：让百姓生活更有尊严。

　　看病：普及基本医疗服务。

　　文化：让百姓生活得更开心。

2. 解决民生问题

　　在解决民生问题过程中，要重点解决好教育、就业、收入分配与社会保障等重大民生问题。

　　解决民生问题的根本目的，是要让广大人民群众过上幸福生活，是让广大人民群众安居乐业。"关注民生、重视民生、保障民生、改善民生，是我们党全心全意为人民服务宗旨的要求，是人民政府的基本职责。""只要我们真心实意为群众办实事，尽最大的努力解决民生问题，就一定会得到人民群众的拥护，就能越来越充分地调动人民群众的积极性和创造活力。"

中央扎扎实实办实事的决心，点燃了百姓对未来生活的希望。

2.3.4 中国商标第一案

作者姓名：许剑

案情介绍：

1997 年，广药集团资产重组，成立广州药业股份有限公司赴港上市。在此次重组中，王老吉进入了广州药业。同年 2 月，广药与香港鸿道集团签订了"王老吉商标许可使用合同"(红罐)。而在拿到配方和商标使用权后，陈鸿道开始以加多宝集团为平台，在内地投资红罐王老吉凉茶业务。

此后 2002 年 11 月，广药集团亦从王健仪手中获得了 10 年的"海外商标使用权"，使得广药集团的"王老吉"产品得以打通海内外市场。由此，广药集团、王老吉家族和加多宝三方正式形成三角业务关系。

2004 年之后，两个"王老吉"开始了"统一经营"的努力。

2011 年 3 月，获得广药集团授权的广粮实业，推出了两款王老吉品牌的新产品"固元粥"和"莲子绿豆爽"养生粥，前者也采用红色作为主色调的易拉罐包装，商标"王老吉"字样为黄色，与加多宝生产的红罐王老吉凉茶外包装颇为相似。

4 月 11 日，加多宝新闻发言人田威称，"当天，加多宝立即向成都市工商局商标科和执法处以'王老吉知名商品特有的包装、装潢权被侵犯'等为由进行了投诉"，"加多宝保留追究其相关法律责任的权利"。

而加多宝集团副总经理阳爱星则明确表示，"广药集团授权广粮实业使用王老吉商标的行为违反了法律关于诚实信用原则，误导商标被许可人(广粮)，误导消费者；其行为有违诚实、信用的商业道德和法律原则。"

不过，广药集团则对外表示，其授权加多宝独家使用和经营"王老吉"品牌商标已于 2010 年 5 月到期，且其已向加多宝方面发出律师函，拟收回独家授权。而加多宝方面则称"没见到过广药的律师函"。

(资料来源：百度文库)

思考问题：

(1) 从法律角度，广药集团能收回王老吉商标吗？

(2) 加多宝应该如何去应对？

适用范围:

社会经济管理中的商标问题分析。

相关链接:

黄挺. 去年我省 824 件商标被认定为省著名商标. 江西晨报,2016-02-03

中国凉茶市场两大品牌王老吉与加多宝为商标权的事闹得沸沸扬扬,通过法院、媒体互相诉求自己的利益,打起了口水仗。也许是因为"文斗"不够过瘾,这两个专门去火的凉茶饮料也终于"上火"了,在南昌市胜利路步行街上演了一出"全武行"。

从 2012 年 8 月 15 日晚间开始,陆续有网友在论坛与微博里传递着消息:王老吉与加多宝在南昌胜利路步行街开战了!网上的照片与文字都描述为王老吉在胜利路步行街搞路演活动时,加多宝工作人员直接在现场派发加多宝,双方因此发生纠纷,进而互相给对方"去火",直到 110 民警赶到现场才制止这场火爆闹剧。在网友发布的视频中,也能看到穿红色 T 恤的王老吉员工与多个便装男子互殴。

分析路径:

商标——商品标志的特定图案、文字等。商标是无形财产权的重要组成部分。商标一经注册,商标注册人即对该商标拥有专用权。其他人若想使用别人注册的商标,必须经过注册人许可。

关键要点:

(1) 从法律角度来看,广药集团能收回王老吉商标。

按照《合同法》第五十二条规定,恶意串通,造成损害国家、集体或者第三人利益,或者有违反法律、行政法规的强制性规定,通过这些非法手段所签的合同无效。因此,按照法律条文,合同无效须具备上述两个条件,既有串通,又有损失。因此,从法律的角度来看,广药集团收回王老吉商标是意料之中的。

在加多宝与广药的合作中,王老吉的强势发展,王老吉商标市值已达 1080.15 亿元,由于利益驱动,广药集团推出的绿盒王老吉抢占加多宝市场,以至于爆发红、绿王老吉之战。仲裁中,双方争论的焦点是时任广药集团领导的李益民受贿后续签的王老吉商标租约十年合同是不平等、非协商的,应视为无效合同。

(2) 根据加多宝的上述情况,为了加多宝能重新崛起,应该考虑如下营销策略。

① 广告宣传:加多宝的营销团队之前在广告策略方面做得很好,在 2003 年短短几个月,加多宝一举投入 4000 多万元广告费,销量立竿见影,得到迅速提升。所以广告宣传依然是加多宝凉茶营销策略的首选。需要改变的是广告语:"怕上火,喝正宗凉茶加多宝!"

② 事件营销:在加多宝过去对王老吉凉茶的经营中,事件营销策略用得很好。5.12 汶川大地震后,加多宝捐赠一亿元帮助灾区人民重建家园,这一患难时刻的真心善举得到了

广大网民的一致好评。一夜之间，王老吉凉茶伴随着"要捐就捐一个亿，要喝就喝王老吉"这一网络口号席卷中华大地，王老吉崇高的民族品牌形象迅速在全国饮料消费者心中树立起来，销量立竿见影。

而此时，"中国第一品牌"纠纷案炒得沸沸扬扬。之前消费者不知道"加多宝"这三个字，而现在，正是让消费者了解并接受加多宝的最好时机，加多宝应该将这次纠纷继续下去，有利于让消费者了解加多宝，让消费者知道他们喝的王老吉凉茶一直是加多宝生产经营的，并且现在的加多宝凉茶只是换了一个名字而已。在广告宣传中，要达到这个效果是不可能的。将纠纷继续下去，加多宝就能有时间把市场上印有"王老吉"的红罐凉茶销售出去，避免了这些存货变成垃圾处理掉。

③ 渠道策略：营销渠道是加多宝的优势所在。传统的饮料产品销售渠道是商场、超市、士多店，加多宝在开辟销售渠道时，寻求了新的突破口，不仅进入传统的商场、超市等，还进入餐饮店、酒吧、网吧等场所。

④ 品牌策略：针对加多宝的弱势，加多宝需要打造一个新的品牌。

企业的品牌战略与企业形象对于产品参与市场竞争并获胜有着至关重要的意义。首先，一个好的品牌本身即具有识别商品的功能，为广告宣传等促销活动提供了基础，对消费者购买商品起着向导作用。其次，好的品牌形象会使商标赢得好的声誉，有利于产品进入新市场。最后，名牌商品对顾客具有更强的吸引力，有利于提高市场占有率。

2.3.5　短命的变革——股市熔断[①]

作者姓名： 刘兴倍

案情介绍：

证监会发布 2016 年 1 月 1 日起实施指数熔断机制。

"这是要测试'熔断机制'吗？" 2016 年 1 月 4 日 10 点 17 分，新年的第一个股市交易日，江苏的一家未上市证券公司的分析师张佳，发了这样一条朋友圈信息。

一分钟前，沪深 300 指数下跌已超过 4%。

按照上海证券交易所(下称上交所)、深圳证券交易所(下称深交所)及中国金融期货交易所(下称中金所)从这一天开始正式实施的"熔断机制"：当沪深 300 指数涨跌幅度达到或超过 5%时，股市将暂停交易 15 分钟；当涨跌幅度达到或超过 7%时，全天交易结束。

---

① 根据以下资料整理：《南方周末》(2015-12-05)新华社《证监会：A 股熔断机制明年起实施》；《南方周末》(2016-01-14)李微敖《熔断"四日游"：史上最短命的变革》；《南昌晚报》(2016-01-08)综合新华社、《法制晚报》《北京晚报》，《证监会连夜叫停熔断机制》；《江西晨报》(2016-01-10)新华社《证监会决定暂停熔断机制》。

上午收盘时，跌幅为 4.01%；下午 13 点开盘后，指数加速下跌，到 13 点 12 分，沪深 300 指数跌幅超过 5%，"熔断机制"启动，股市休盘 15 分钟。此时，沪深两市 2800 余家上市公司跌停股票 334 只。

13 点 27 分，恢复交易，股市陡然呈现"断崖"态势，一泄不可收拾。短短 6 分钟后 13 点 33 分，沪深 300 指数跌破 7%，再次融发"熔断"，全天收盘。

"上午那会儿，我是看跌势比较猛，感觉今天可能会'熔断'，不过发朋友圈时，多少有些开玩笑的成分。但是第一次熔断后，同事们基本都预感到，很快就会跌破 7%"。张佳向南方周末记者描述当时的情境。

"是的，复盘后，我们有两只股票挂跌停价，都没卖出去。复盘后的交易时间太短了。"一家位于北京的私募基金经理对南方周末记者称。

自 1990 年中国开设证券市场以来，这是第一次在 13 点 33 分提前收市。

一时之间，大家与其说是惊慌，或者伤悲，或者愤怒，不如说更多是错愕。在严肃的追问和总结呈现之前，各种段子，在网上铺天盖地流行开来。

1 月 4 日首次实施，即"成功熔断"之后，1 月 5 日、6 日，股市略微回暖，沪深 300 分别上涨 0.28%、1.75%。

但是，1 月 7 日，几乎无人预料到的事情发生了。9 点 30 分，上证综指，低开 2.05%，12 分钟后，即 9 点 42 分，沪深 300 指数跌破 5%，停盘 15 分钟。

9 点 57 分恢复交易，2 分钟后，9 点 59 分跌破 7%，全天收盘。

从开盘到收盘，共 29 分钟，实际交易时间 14 分钟。股市下跌速度之快，交易时间之短，公众已不吝用"千古奇观"来形容它了。一时之间，"熔断机制"成为"千夫所指"。

从 1 月 4 日到 7 日，四个交易日里，市值从 2015 年底的 52.9 万亿元猛降至 46.1 万亿元，"蒸发" 6.8 万亿元。根据中国证券登记结算有限责任公司公布的数据，截至 2015 年 12 月 31 日，A 股的持仓者数约为 5026 万。这相当于每位持仓者平均损失超过 13 万元。

证监会发布 2016 年 1 月 8 日起暂停实施指数熔断机制。

"熔断"暂停后，目前 A 股仍在下行，上证综指从 1 月 4 日的 3536 点(开盘时)跌至 1 月 13 日的 2949.6 点(收盘时)，1 月 27 日失守 2700 点，如此惨烈的境况，已成为 2015 年下半年以来的第三次股灾——"股灾 3.0"。

思考问题：

(1) 何为"熔断机制"？引入指数熔断机制的目的何在？

(2) 此次实施熔断机制为什么会是股市史上最短的变革？有什么影响？

(3) 为维持市场稳定运行，中国证券采取了何种果断措施？还有别的办法吗？

适用范围：

社会经济管理中的金融(证券)市场问题分析。

相关链接：

李微敖. 股市"过山车". 南方周末，2015-12-31

股市熔断月量遭殃. 江西晨报，2016-01-09

新华社，证券时报. 沪指跌 6.42%，失守 2800 点，创 13 个月末新低，两市再现千股跌停. 江西晨报，2016-01-27

新华网. 沪指大跌近 3%失守 2700 点. 江西晨报，2016-01-29

分析路径：

金融：货币资金的融通。一般指货币流通与银行信用有关的一切经济活动，如货币的发行、流通和回笼，贷款的发放和收回，存款的存入和提取，国内外汇总的往来以及证券市场的交易等。

证券市场：指证券发行和流通的活动场所。由发行(一级市场)和流通市场(二级市场)组成，包括债券市场和股票市场。

债券市场：国家为适应财政需要，或为称补财政赤字，或为归还归债本息而举借的内债，由银行代理发行债券。发行债券在规定的期限内分几次还清本息成到期一次付清本息。债券可以向银行抵押，也可以转让。

股票市场：股份有限公司发行的证明股东在公司中拥有权益的一种有价证券。

关键要点：

(1) 熔断机制，源于美国，指在交易过程中当价格波动幅度达到某一限定目标时，交易将暂停一段时间。这类似于保险丝在流过电量通过时会熔断以保护电器不受到损伤。2015 年 12 月 4 日，上交所、深交所、中金所正式发布指数"熔断"规定；当沪深 300 指数涨跌超过 5%时，将暂停交易 15 分钟；14 点 45 及之后涨跌超过 5%，以及全天任何时候涨跌超过 7%，将暂停交易到收市。这一规定从 2016 年 1 月 1 日开始实施。

引入指数熔断机制的主要目的：一是为市场提供"冷静期"，避免或减少大幅度波动情况下的匆忙决策，保护投资者特别是中小投资者的合法权益；二是抑制程序化交易的助涨助跌效应；三是为应对技术或操作风险提供应急处置时间。

(2) 此次实施熔断机制虽然不是股市大跌的主要究因，但从两次实际熔断情况看，没有达到预期效果，主要是：一是争议中引入的"熔断机制"，目前实施的条件还不够成熟。2006 年，在对沪深 300 股指期货的仿真交易中率先引入了"熔断机制"，但只是在"模拟交易"，而非真实的市场交易中运行。境外，在真实的市场交易中，股票现货市场对个股涨跌限制与大盘熔断机制，一般是二者选用其一，同时使用这两种机制的较少。反对意见没有被采纳。考虑到"熔断机制"的复杂性，实施效果的不确定性和市场参与者的接受程度，目前实施该制度的条件还不够成熟。二是熔断机制有一定"磁吸效应"，即在接近熔断阈值时部分投资者提前交易，导致股指加速触碰熔断阈值，起了助跌的作用，三是市场极端事件的密集出现，宏观经济形势的不堪乐观，A 股整体估值水平较高，IPO 注册制改革将施行，大股东减持解禁期限将至，以及近段时间以来人民币对美元的较为猛烈的贬值等不利因素的存在，使熔断机制成了"股灾 3.0"的"替罪羊"或出气筒；四是监管的"父爱主义"，2015 年"股灾"以来政府政策的频频出手，使得投资者不能对自己的投资决策负责。

（3）权衡利弊，目前负面影响大于正面效应，因此，为维持市场稳定，证监会决定自 2016 年 1 月 8 日起暂停实施指数熔断机制。

引入熔断机制是在 2015 年股市异常波动发生以后，应各有关方面的呼吁开始启动的，有关方案经过了审慎的论证并向社会公开征求了意见。熔断机制是一项全新的制度，在我国没有经验，市场适应也要有一个过程，需要逐步探索、积累经验、动态调整。下一步，证监会将认真总结经验教训，进一步组织有关方面研究改进方案，广泛征求各方面意见，不断完善相关机制。如股票现货市场对个股涨跌限制与大盘熔断机制二者选用其一；"阈值"点位距离拉大或只用一个"阈值"点。

2.3.6　现代农业新兵——家庭农场的建设[①]

作者姓名：刘兴倍

案情介绍：

2013 年 4 月 8 日上午，林海先生从工商部门领到了"平阳崇绿家庭农场"工商个体营业执照，这是我县第一个家庭农场。

据悉，平阳崇绿家庭农场的经营范围包括稻谷、水果、蔬菜、中药材种植、家禽和淡水鱼养殖，农产品初加工和农业旅游观光等。目前，该农场的第一批蔬菜、水稻已经播种。

记者了解到，2013 年中央一号文件鼓励发展家庭农场，这给林海带来了福音。他筹集资金 100 万元，在万全承包了 100 亩地，办起了农场，取名"崇绿"，要秉承"崇尚自然、绿色、有机"的原则，按照传统农业方法，加上现代科学技术，打造一个绿色、生态的农业产品生产大车间。

2013 年 3 月 26 日，淄博市首家家庭农场——淄博区金山镇金河农场登记设立，淄博诞生了首位农场主。

据了解，金山镇金河农场位于临淄区金山镇闫下村，是由该村的种植大户李丰生申请设立的，专门从事农产品种植、收购和销售，其拳头产品是"山恩"牌小米、石磨面粉，其经营额在百万元以上。

---

① 根据以下资料整理：张汝树、李国栋、王洪欣的《淄博有了第一个家庭农场》(齐鲁晚报，2013-03-08)；黄素拉、林木的《我县第一个家庭农场诞生》(平阳新闻网，2013-04-09)；成都晚报记者的《"成都遛鸡哥家庭农场"四川第一个》(成都晚报，2013-03-11)；金路遥的《怎样才算"家庭农场"这是个问题》(江南都市报，2013-02-17)。

李丰生是地道的淄博本地人，1971年出生，在2009年开创了绿野合作社。刚开始搞合作社时，自家的地加上承包的地才100亩，主要以种植杂粮为主。后来，除了杂粮，也开始做起了小麦深加工。凭着可靠的质量，李丰生的产品越来越受到欢迎，合作社的规模也越来越大。几年下来，他自己承包的地加上农民入社带来的地，能有三四百亩。2012年，李丰生还被农业部表彰为种粮大户。2013年中央一号文件提出"鼓励和支持承包土地向专业大户、家庭农场、农民合作社流转"后，李丰生立马就去临淄工商分局南王工商所询问。在新政策发布后，临淄工商分局开辟了家庭农场绿色通道，给予放宽名称和住所等登记条件，并主动为李丰生上门指导，帮助完善各项手续，李丰生也终于实现了自己的夙愿，成为淄博第一个农场主。目前农场里主要的工作人员均来自闫下村，共68户人家，200多口人，加入合作社后，村民年收入能增加2000元左右。

2013年中央一号文件首次提出"家庭农场"的概念，鼓励和支持承包土地向专业大户、家庭农场、农民合作社流转。3月8日，四川省首家家庭农场"成都遛鸡哥家庭农场"在龙泉驿区成立，成都"诞生"了全省首张家庭农场营业执照。获得这张执照的人叫黄伟萍。她的丈夫就是刘永好的徒弟成都"遛鸡哥"朱福顺。

几天前，全国人大代表、新希望集团董事长刘永好就曾表示，受四川代表团委托，准备向全国人大提交一份重点建议，其内容是把家庭农场纳入工商行政登记，确立企业法人地位，从而在信贷、金融等方面享受与城市企业一样的权利和利益。刘永好话音刚落，"成都遛鸡哥家庭农场"执照，成为了全省第一张家庭农场营业执照。

"早就想把养殖场发展成集种植、养殖、观光、餐饮、农产品出口为一体的综合性'开心农场'。"朱福顺的养殖场已经创办了近5年，目前有员工50人，年产值已达1200万元。2012年年底，还没有家庭农场的概念，朱福顺已经着手打造他的农庄，投入近百万，将原来不到30亩的养殖场扩大到40亩，并划分出了餐厅包间、种植区、养殖区。2013年年初，中央一号文件鼓励农民搞家庭农场，朱福顺喜出望外，经过一段时间的准备，3月5日，他向龙泉驿区工商局提出了营业执照申请。这张注册号为"510112000102193"的执照核定经营范围是"种植花卉、苗木、水果、蔬菜；养殖家禽；农业观光服务"，出资额为人民币100万元，投资人为黄伟萍。

朱福顺告诉记者，黄伟萍是自己的妻子，为了给妻子锻炼机会，故以他妻子的名义进行申请。

在南昌市南昌县蒋巷镇立新村村民眼中，年近五旬的刘长保就是一个生活滋润、收入殷实的"农场主"。2007年，刘长保注意到蒋巷镇不少村民外出务工，田地不愿种，便动了承包一批农田种粮的想法。他一口气承包了蒋巷镇境内的2700余亩农田，常年请来打理农田的长期工有10多个，播种插秧时一天要请200多个短工。

和刘长保相比，安义县的凌继河种田规模更大。2013年年1月初，凌继河向当地农民发放140万元年终奖的新闻轰动了全国。他承包了1.5万亩稻田，聘请100多个农民帮他管理，每个农民每月能领到2500元工资，到年底还有年终奖。

这两个在当地响当当的"农场主",农业部门给出的身份是:专业种粮大户。像两人这样的专业大户,南昌乃至全省有很多,其特点是承包大量土地,通过雇人种植和机械化运作,进行规模化种植生产,效益可观。

思考问题:

(1) 家庭农场的出现折射什么问题?它有哪些优势?

(2) 家庭农场的前景如何?其建设步骤是什么?

(3) 城里人想当"家庭农场主"的最大壁垒是什么?如何解决?

适用范围:

社会经济管理中家庭农场建设的分析。

相关链接:

"先行一步"的武汉目前申报并得到政策扶持的"家庭农场"有 167 家,按照规划,到 2015 年武汉将发展 1000 家"家庭农场"。目前武汉挂牌的"家庭农场"主要有种植、水产、种养型和循环农业型等四种模式,还有更多的种养殖大户探索出"公司+基地+农户"、"合作经营、种植+休闲采摘"等不同模式。

金路遥. 怎样才算"家庭农场"这是个问题. 江南都市报,2013-02-17

中国家庭农场啥样?以位于密云县城南的北京周末农场为例,其规模大多在 20～200 亩之间,生产的农产品有以经营者名字命名的自有品牌,并且建立完整的食品安全追溯体系。本世纪初以来,上海松江、湖北武汉、吉林延边、浙江宁波、安徽郎溪等地积极培育家庭农场,在促进现代农业发展方面发挥了积极作用。据统计,农业部确定的 33 个农村土地流转规范化管理和服务试点地区,已有家庭农场 6670 多个。成为农业现代化的推动力。

三农政策及其信息. 安徽先锋网,2013-03-01

美国家庭农场啥样?斯诺农场位于美国康涅狄格州中部的费尔菲德县。如果不是红白两色的畜棚和分散于各处的农业机械,人们很难想象在这个花木成荫、庭院成片,寸土寸金的地方有一座 94 年历史的家庭农场。农场主人菲尔·斯诺从祖辈手中继承下这座占地 60英亩的农场,并和家人一起经营。按照全美家庭农场联盟的定义,这是一家典型的家庭农场:家庭拥有农场的产权,家庭成员是农场的主要劳动力,并在运营管理方面负主要责任。家庭农场的规模不等,从占地数千英亩到几英亩。斯诺农场属中等规模。

大众日报,2013-05-02;雷景君. 南昌家庭农场将达 7800 家以上,重点培育 1020 名新型职业农民.

江西晨报,2015-05-15;熊球凤,樊旅. 今年我省将遴选 400 名青年农场主. 江西晨报,2015-06-11

分析路径：

企业：从事生产、运输、贸易以及服务性等活动的营利性经济组织，如工厂、农场、矿山、铁路、贸易公司等。

农场：国家、集体或个人经营的在大片农田上用农业机器进行耕地、播种、锄草、收割的大规模农业生产的企业单位。

家庭农场：一个起源于欧洲的舶来名词；农民家庭通过租赁、承包或者经营自有土地的农业经营形式。在中国，它类似于种养大户的升级版。通常是指以家庭成员为主要劳动力，从事农业规模化、集约化、商品化生产经营，并以农业收入为家庭主要收入来源的新型农业经营主体。在美国和西欧一些国家，农民通常在自有土地上经营，也有的以租入部分或全部土地经营。农场主本人及其家庭成员直接参加生产劳动。早期家庭农场是独立的个体生产，在农业中占有重要地位。中国农村实行家庭联产承包经营后，有的农户向集体承包较多土地，实行规模经营，也被称之为家庭农场。从分类上看，主要有四种类型：种养业农场、水产业家庭农场、种养综合性家庭农场和循环农业家庭农场。

关键要点：

(1) 家庭农场的出现，折射出深刻内涵：转变农业发展方式、农业生产经营体制机制创新。一个农户守着一亩三分地的时代已渐行渐远，大力发展职业农户和大农户，从小规模、零散性的农业生产向市场化、专业化、规模化方向转型，是必然。在中国，家庭农场的出现，促进了农业经济的发展，推动了农业商品化的进程。它的形成，有助于提高农业的整体效益，有助于生产与市场的对接，克服小生产与大市场的矛盾，提高农业生产、流通、消费全过程的组织化程度。中国农业的整体生产力水平还比较落后，土地等基本资源紧缺，整体上看，家庭农场的规模不可能很大，发展进程也不可能很快，但仍然具有明显的优势：

① 家庭农场制是农地规模经营的又一种形式，是农地向种田大户集中的最重要途径。

② 股份合作制不仅是一种农地制度创新，合作农业也可以突显农地规模经营，会在中国占有一席之地。

③ 家庭农场以营利为目的，追求利润最大化，生产经营具有以市场为导向的企业化特征。

④ 家庭农场拥有生产经营自主决策权，可以随时根据市场变化而改变其经营方针或经营内容。

总的来说，"家庭农场"既坚持了以农户为主的农业生产经营特征，又扩大了经营规模，解决了传统农业经营低、小、散问题，更为重要的是正在改变农民老龄化、兼业化等问题。

(2) 家庭农场前景乐观，创新有动力。美国《大西洋月刊》近日刊文《家庭农场的胜利》，认为以家庭农场为基础的农业耕作正"惊人地兴起"，那是美国的经济新前景。据农业部统计，我国的6670多个家庭农场已成为农业现代化的推动力。如在浙江省慈溪市掌起镇绿叶农场的农机库里，农场场长叶善根对各种农用机械如数家珍，其中不少机械在购买时都获得了政府补贴，最高的补贴达 40%。他说，由于过去家庭生产面积都比较小，大型机械很难发挥作用，规模化种植后，土地都连在一起，大型机械有了用武之地，如今家庭农场使用现代化农机生产。除了农业机械广泛应用，家庭农场也激发了农户对新技术、新工具、新品种的积极性。又如在浙江省江山市，种粮大户林项霞去年启用了一个面积为 200 多平方米的智能化温室育秧室，并在承包田里试种了 600 亩向日葵，吸引游客前来观赏、摄影；眼下，她家的农产品直营店即将在江山市区开业，并开始网上销售。再如浙江省余姚市三七市镇悠悠农场，场主的儿子大学毕业后，接手农场经营，直接当了"农场主二代"，并在 3 年前工商登记并注册商标，现在已有经营面积 600 余亩。这些在农场里探索前行的农民，为农业带来更多的活力和持续发展的能力，目标早已超出了种地的范围，已经走在农业经营体制创新的前端，一批懂技术、会管理、能经营的职业农民也正在成长。

发展"家庭农场"需要积极创造条件循序渐进。2013 年中央一号文件指出，用 5 年时间(即到 2018 年)基本完成农村土地承包经营权确权登记颁证工作，妥善解决农户承包土地面积不准、四至不清的问题。而农村土地的确权、登记、颁证是发展"家庭农场"的前提。另外"家庭农场"的标准是什么，如何进行认定、注册、登记？财政、税收、用地、金融、保险等优惠政策具体如何配套等问题都需要经过一番调研、论证、试点和实践的循环往复过程。农业部正在按照中央要求，着手研究培育发展"家庭农场"的基本原则和实现途径，开展"家庭农场"统计工作，指导地方稳步培育"家庭农场"。

(3) 城里人想当"家庭农场主"的最大壁垒是土地流转问题。土地流转即土地使用权流转，拥有土地承包经营权的农户，将土地经营权或使用权转让给其他农户或经济组织。换句话说，是以租金的形式，把他人土地的使用权租过来，由租用方来进行生产，生产出来的产品出售后，将所得报酬的一部分作为土地的租金返还给出租方。据记者了解，浙江省宁波市周边农村的土地租用费不低。目前，比较普遍的标准是每亩 500 元以上，城郊地段每亩在 800 元以上，而且价格每年都有上涨。这样，想当农场主的城里人，就可以采取出资或提供资源的方式加入农民合作社，在里面负责管理和销售等。但是，农村户口可拥有土地使用权，城镇户口没有，这就限制了城镇居民参与土地流转。不过，记者从浙江省宁波市农业局获悉，宁波已在探索建立土地流转双方的价格协调机制、利益联结机制和纠纷调解机制，促进流转关系稳定和连片集中。在不久的将来将推动农村土地流转，为供求双方提供法律咨询、供求登记、信息发布、中介协调、纠纷调处等服务，为土地流转搭建便捷的沟通和交易平台。另外，农村土地多为集体所有，市民想要成功租用农村土地，流转的第一步是要取得农村集体同意，这一点就比较困难；外出打工的农民在非农就业工作、户籍、社保、住房等都还没解决前，不会把土地贸然长久流转出去。目前土地流转出现的问题也为培育家庭农场提供了契机。一是工商资本进入农业，大规模集并土地，农民利益得不到有效保障；二是部分龙头企业流转农村土地，一味求大，未能科学评估自身经营资质和规划农业产业，未能产生高效益，部分还涉及圈地嫌疑，甚至改变土地用途；三是农业企业流转土地在一定程度上挤压了部分种养大户发展空间。发展家庭农场是解决这些问题的有效途径。当然，家庭农场只能在特定地区发展，比如在长三角、珠三角等工业比较发达地区，或者是北京、上海等大中城市的周边城郊。(GAx 中国饲料行业信息网——立足饲料，服务畜牧)

2.4 政 治

2.4.1 暴打父母的公务员

作者姓名：刘凤

案情介绍：

廖某出生于湖南郴州市桂阳县，先后就读天津财经大学和北京大学，是当地知名的大学生。近日，他因殴打父亲廖祥光，在网友中引发轩然大波。

半年前，廖某来到目前的就职单位，深圳市光明新区发展和财政局发改科。他的领导和同事对其并无负面评价，"年轻有为""谦逊低调"，几乎是他的名片。

"儿子刚工作时，他对别人或家里人都很好，常给自己和老伴打电话"，廖祥光承认，那时全家人都把他当作骄傲。在他眼里，儿子与家人关系恶化，是从"他找媳妇开始的"。廖祥光表示，"儿媳妇怀孕时，老伴好心去照顾他们，反而被打骂，直接气回来了"。

"老伴后来又去带小孩，还是被气了回来"，廖祥光无奈地说，自己只得放弃在老家经营的小店，去深圳为他带孩子。

去深圳后，廖祥光常借各种机会和儿子说情，希望他能和自己老伴的关系缓和，但儿子不为所动。24 日，廖祥光再次提起老伴的事情，儿子显得很生气，大骂父亲是"狗屁"，并将廖祥光打伤。

2011 年 10 月 25 日，记者致电光明新区东周派出所，该派出所工作人员表示已介入这件事情，"已对廖祥光做了笔录，将调查廖某是否对其父母实施家庭暴力。"

经过调查，这名受过高等教育的公务员，因各方面的压力，不仅扇母亲耳光，骂母亲是猪，还将父亲的胳膊咬伤。

经媒体曝光后，廖某的行为立即引来全社会的谴责，最终，他下跪向父母道歉。

(资料来源：正义网，2011-10-26)

思考问题：

(1) 公务员考试不断提出思想道德考察，廖某又是如何通过国家考试的呢？这样的人选为公务员会真的为人民服务么？

(2) 公务员暴打父母，出现这种现象到底是谁的过错呢？

(3) 何为真正的人才？

适用范围：

社会管理中的政治伦理问题分析。

相关链接：

中国是一个历史悠久的礼仪之邦，"仁、义、礼、智、信、孝、廉"等理念长期是我们整个民族共同信奉的道德规范。改革开放以来，深圳经济持续快速发展，城市化、工业化、市场化快速推进。这一过程当中，人们的生活节奏日益加快、生活环境发生巨变，特别是一些年轻人从农村来到城市、从内地来到特区、从学校来到就业岗位，承受的工作压力、生活压力难免很大。这极容易使一些原有价值标准、道德规范受到冲击，造成一些人的心态失衡乃至行为失范。

分析路径：

(1) 从价值观角度分析：我们的社会，所谓成功就是权钱，有权、有钱，就成功了，价值观单一，且毒害巨大。

(2) 从教育角度分析：我们的教育，是唯分数论而忽视育人，学校、家长甚至社会都拿分数说事。在用分数说话的重压下，幼儿园的孩子要学小学的课程，小学的孩子要学初中的课程，初中生要学高中的课程，进入大学后又要从头学起幼儿园的课程，那就是人生最基础的教育——学做人。而此时的大学生，人生观和价值观已经形成，想要改变无异于亡羊补牢。

(3) 从家庭角度分析：施暴者也正是教育的受害者，是家庭教育导向问题的极端体现。

关键要点：

家庭暴力上升为公共事件，有其深刻的社会原因。不论在哪个社会体系中，政府官员无疑是这个社会最中坚的力量，他们举足轻重的地位与权力，决定着这个国家与民族的现在与未来、繁荣与衰败。在某个意义上，廖某只是一个"符号"，它凸显的是，民众对公务员队伍，尤其是对政府官员寄予的厚望。民众关注，正是因为其关乎国计民生，关乎子孙后代，廖某本性的回归，就是"符号"标榜的正面意义所在。社会、学校、家庭三方各司其职，以避免此类大逆不道的事件再度发生，让孩子明白什么是孝道。孩子要从小懂得感恩，而感恩教育需要社会教育、家庭教育和学校教育三方面的紧密配合。

1. 社会应反思教育方式

社会教育是个大环境，正面的舆论导向很重要。以硕士暴打父母事件为例，事件曝光后，很多人都是围观者，愤怒和谴责之声不绝于耳，但有多少人以此为警示反思自己的教育方式是否也误入歧途。

2. 勿为考大学而学习

家庭教育目前是这三方教育中最薄弱的环节,很多家长重复扮演了学校老师的角色。家长最重要的角色就是教育孩子如何成为一个优秀的人。而目前很多家长都认为成绩好就意味着成功。目前学生中大约有90%以上的人是为了考大学而学习。

成功的人究竟应该如何定义?哈佛和耶鲁大学提出了优质人的概念,即

$$优质人=40\%成绩+40\%综合素质+20\%价值观$$

其中,综合素质包括行动力、领导力、创造力、理解力、团队协作及沟通能力,价值观则代表无私博爱的人文精神和对社会及他人的奉献精神。不要为了 40%的成绩而忽略掉整片森林。

3. 学校孝道勿流于形式

目前,学校的孝道和感恩教育已初见规模,但切勿流于形式。德育教育不是一句口号,而是用来行动的。孩子的成长是家庭、学校和社会三种环境的产物,只有三方都做到感恩,才能让孩子感同身受地明白什么才是真正的感恩。

何为真正的人才?真正的人才应该是情商、智商、体商全面发展的载体,具有一定的专业知识或专门技能,进行创造性劳动并对社会做出积极的贡献,是人力资源中能力和素质较高的劳动者。

2.4.2 小偷"反腐"

作者姓名:刘凤

案情介绍:

2011 年 11 月 24 日,山西前媒体人高勤荣在微博上爆料称,山西焦煤集团董事长白培中家中被劫。"其妻报案谎称被抢 300 万元。犯罪嫌疑人被抓获后,证实被盗钱财物品总价值却近 5000 万元。"

最近几年被小偷拉下马的官员也比比皆是。2005 年湖北荆州市民政局原副局长易先华,小偷在他家中偷窃 26 万余元,之后易先华被查出受贿 2.5 万元,95.4 万余元财产来历不明。2009 年,云南省盈江县人大常委副主任排正忠,小偷潜入他家中盗走 80 余万元及百条项链等物品。小偷竟然成为了反腐的急先锋,虽然说起来有些搞笑,但是这却是近段时间以来反腐败工作的真实写照,"小偷反腐""后院起火""情妇举报"屡屡成为贪官落马的导火索,这不仅戳到了反腐部门的痛处,更是刺痛了群众的心。

2012 年 8 月,中办、国办印发《关于深化政务公开加强政务服务的意见》,明确要求各地政府应"抓好重大突发事件和群众关注热点问题的公开,客观公布事件进展、政府举措、公众防范措施和调查处理结果,及时回应社会关切,正确引导社会舆论。"

(资料来源：腾讯网，2012-01-03)

思考问题：

(1) 小偷成反腐奇兵原因何在？

(2) 小偷"反腐"为何成为关注的话题？

适用范围：

社会政治管理中的廉洁问题分析。

相关链接：

"小偷偷出贪官"的故事，符合不少公众对于个案的联想。有迹象表明，窃贼们在光顾贪腐官员豪宅时，已越来越"不客气"。兰杰曾与同伙潜入山西忻州市园林局宿舍，进入公务员郭某家内盗走现金 29.5 万元和许多贵重物品。事后由于郭某不敢报案，兰杰等人又伪造证件以反腐为名勒索郭某及其家人。就在 2011 年 12 月，兰杰及同伙落网，郭某也被立案调查。"小偷偷出贪官"的个案，还可列举出许多。有的已被官方证实，有的则在民间流传。大凡没有官方信息及时披露，小道消息在传播过程中就容易被添油加醋。在当下这个自媒体时代，官方奉行不公开、不回应、不解释这"三不政策"，必定使当地政府公信力陷入持续流失。

分析路径：

(1) 从网络舆论来看，白培中家中被劫一案，在门户网站均位居关注前列。此案正是民众关注的"热点问题"，客观公布调查进展，满足公众知情权，是政府部门"及时回应社会关切"的要求。

(2) 检察机关的介入。白培中系国企领导人，若网络传闻为真，则白可能涉嫌"巨额财产来源不明罪"。这应归属检察机关自侦案件的范畴。在信息真伪不明时，检察机关有必要介入调查。

(3) 就检察机关来说，拓宽立案信息来源，不妨借助媒体力量和社会力量。一套专业的舆情监测和分析系统，是从海量网络信息中寻找可能立案的源材料的第一步。最高检曾多次发文强调，各地检察机关应善于从媒体报道中深挖职务犯罪线索。白培中家中的劫案，正是考量山西检察机关能否实现"深挖"的良好样本。

关键要点：

1. 小偷成反腐骑兵的根本原因就在于一些地方纪检监察部门反腐效率低下

谁是贪官，谁是清官，其实老百姓看得明白，小偷经过长期调查自然更明白，那么纪检监察部门真的不明白吗？答案是否定的，纪检监察部门绝对不会不知情，而之所以不去管理有多方面原因。其一是贪官权力太大。其二是纪检干部受制于人。

2. 小偷"反腐"成为必定引起关注的话题的原因

(1) 反腐已经是中国人民群众内心的渴望。小偷是人民群众的特殊群体，他们在反腐过程中，不用顾虑被打击报复，而且经过"侦查"、实践经验等，他们已经发现腐败者的巨大油水，如果他们"工作"顺利，可以安享几年荣华；如果失败，则成为"反腐英雄"。

(2) 从反腐的技能看，小偷与一般人民群众相比，让人刮目相看。

(3) 小偷"反腐"是我们反腐部门的悲哀。如果我们的反腐工作做得很漂亮、很到位，社会中的腐败已经很稀少了，又何来"小偷'反腐'"呢？

(4) 小偷"反腐"说到底，只是不务正业！不能让"小偷'反腐'"遮蔽了民众的反腐理性。

真正反腐的含义是制度性的，用全民反腐防止纪检人员的虚与委蛇，让腐败行径无处藏身；重奖和保护反腐举报者，调动民众反腐积极性。这才是"小偷'反腐'"应该带给我们的理性思考。

那么如何解决腐败问题呢？

① 要限制一把手权力。

② 要让纪检部门独立出来，形成诸如香港廉政公署那样的专职反腐部门，以摆脱地方的制约。

③ 要强化纪检干部素质提升，让更多服务意识强、党性修养好的干部充实到纪检监察干部队伍中来。

④ 要畅通监督渠道，更加突出社会、网络监督的作用。

从根本上讲，反腐的关键在于，前移反腐关口，坚持"标本兼治、重在预防"，强化权力监督，推进官员财产报告制度。官员腐败已成事实，不仅大大增加监管成本，而且给国家与人民造成重大损失。

有道是，阳光是最好的防腐剂。推进官员财产报告制度，把官员及其家庭成员的财产收入暴露在阳光下，是从源头约束官员贪腐行为的举措。不仅便于有关部门掌握官员廉洁自律情况，也有助于公众参与权力监督。"清廉国家"的反腐经验也证明了官员财产报告制度的必要性。如果官员财产报告制度成为反腐利器，如果官员个人事项由报告走向公示，官员及其家庭成员的财产裸露在公众视野下，舆论监督力量被充分调动起来，对官员的权力监督逐步从内部监督转向外部监督，官员也会收敛几分。这将比查处几个意外落马的贪官更重要。

2.4.3 "秋菊山庄"的秘密

作者姓名：刘凤

案情介绍：

陕西陇县上访民众称，当地官员将他们截访后关进深山内的"秋菊山庄"，手机被没收，并被脱衣搜身。官员回应称关押访民是要迫使他们保证不再出省上访，甚至从此放弃上访念头。

作为《秋菊打官司》的实景拍摄地，"秋菊山庄"竟承担着和较死理打官司的秋菊完全相反的职责，这不禁令人尴尬。更尴尬的是，作为保障上访户合法权益的《信访条例》颁布已久，某些地方仍然无视法律的尊严和政府的公信，还在搞这类非法拘禁的老把戏。

"秋菊山庄"暴露的问题，说明在中央三令五申要求保障合法上访权利的大背景下，某些地方政府还是转不过弯来，还是习惯用高压手段解决问题，还是抱着"拖"字不放。岂不知，这只会将小问题拖大，将大问题拖炸，最后整个社会都要为此承受巨大的损失。

"民可使由之，不可使知之"的时代早已过去，在国家法治化建设日益完善，公民法律意识不断增强，政务信息逐渐公开透明的今天，必须抱着"解决问题"的态度正视上访户，才是对公民知情权、参与权、表达权、监督权的真正尊重，才有益于整个社会的和谐发展。

防民之口，甚于防川，"秋菊山庄"即使能挡住秋菊们一时的上访，也挡不住秋菊们一世的维权诉求。以负责任的态度，拿出勇气解决问题，才是最好。

(资料来源：千龙网，2010-11-04)

思考问题：

(1) 当前农民为何集体上访？

(2) 政府面对群体性维权事件时，如何及时有效地进行处置？

适用范围：

社会政治管理中的信访及维稳问题分析。

相关链接：

从贵州瓮安事件到上海杨佳案，从广东凤铝状告中国篮协到于芬叫板体育总局游泳中心，"民"与"官"的矛盾从来没有离开过公众的视线。2010 年 10 月 28 日《半月谈》报道称："民告官"案剧增，一年达 10 万件以上，不过"民"的胜诉率却不足三成。

由于市场经济带来的农村利益关系的复杂化和利益主体的多元化，乡村公权力配置和行使的失范，以及农村民主和法治建设中暴露出的其他深层次的矛盾和问题，村民上访的浪潮此起彼伏，业已成为影响社会稳定的一个重要因素。于是，在"乡村法治化"的运动中，我们看到这样的一幅图景：当"依法治村"成为一个流行话语时，许多村民却撇开本乡本土的司法机关——这些推进乡村法治的主导力量，而踏上漫漫上访路去寻求消弭不公和解决纠纷的外部救济方式。作为定分止争、司守正义最后一道防线的法律适用者，司法机关在乡土社会却扮演着日益边缘化的角色。基层司法公信力的下降无疑将虚化法律地位，直至动摇法治的根基。

分析路径：

首先，分析农民之所以集体上访的原因；

然后，针对农民集体上访提出建议和对策。

关键要点：

1. 当前农民集体上访的原因

(1) 农民法制观念和法律意识相对淡薄。近年来，随着社会的发展和普法宣传教育的进行，农民的法律意识有了增强，但农民的法制观念与社会进步程度相比，仍然显得相对落后。因此，一旦合法权益受到侵害或者认识理解问题出现偏差，他们中一些人就会采取集体上访甚至围堵党和政府机关等极端方式，而不是通过正当的渠道反映或解决问题。有相当一部分人还存在有"法不责众"的错误思想。

(2) 干部的工作作风不扎实。在处理乡村级事务工作中，少数干部包括一些领导干部工作不深入，不细致，办事拖拉，态度蛮横等，在一定程度上也是造成农民集体上访的一个诱因。

(3) 农村"两委"班子不协调。由于农村宗族观念较强，有些群访事件并不是因为经济利益问题，而是为了争取或维护自己的政治权利，村委主任和村支部书记之间的不协调，不团结，使个别有非分之想的投机钻营之人员借此利用矛盾，引发群访。

(4) 乡村政务决策程序不透明。在乡村级事务的决策中，少数村未按规定进行村级政务公开和征求群众意见，造成了部分群众对决策的不理解，进而产生怀疑，尤其表现在各种扶贫救灾、救济款物发放，征用土地赔偿款的使用等方面。上访群众认为上述款项被乡村干部截留、贪污、挪用，而引起大规模上访。同时，少数村干部对公款安排使用不合理，甚至贪污腐败，致使村民产生不满情绪，引发的群访上访，这在当前占有相当大的比重。

2. 妥善处理农民集体上访的建议

(1) 提高决策的透明度，尤其是对与农民群众切身利益息息相关的问题和事务，如救灾、拆迁等，要提前做好宣传发动和深入细致的思想工作，让广大农民群众予以理解支持。通过提高政务公开的透明度，进一步强化群众对政府的信任感，从而有效地避免集体上访事件的发生。

(2) 深入开展对农民的法制宣传和教育。充分发挥基层司法部门的积极作用。坚持不懈地对农民群众进行法制、政策和形势教育，真正做到法治观念深入人心。

(3) 坚持预防为主，教育疏导的原则，尽可能避免大规模的集体上访事件发生。纪检、检察机关等部门要多渠道、全方位地做好此类事件的预警、预测，对已发生的集体上访事件，要严格依照有关法律、法规和政策，区分性质，讲究策略，防止矛盾激化。对突发、异常的群访以及冲击党政机关、堵塞交通的违法行为，要制定预案，果断处置，对那些打着合法的幌子破坏社会稳定的"上访专业户"要坚决予以打击，切实维护正常的社会秩序。

2.4.4 文强腐败案

作者姓名：刘凤

案情介绍:

2000 年,文强任重庆市公安局正厅局级侦查员,不久后又如愿以偿担任了常务副局长。在担任常务副局长期间,文强确曾深入一线,亲临案发现场,指挥侦破了一批大案要案。令当时主管刑侦工作的重庆市公安局副局长文强风头出尽,迎来人生的顶峰。令文强最终走上不归路的,是因为他与黑恶势力的"结盟",成为后者的"保护伞"。1999 年下半年,重庆著名的"黑老大"王渝男等 8 名股东合资,在璧山县白云湖度假村开设"百家乐"地下赌场。为寻庇护,他们先后"搞定"了赌场所在地的青杠镇派出所所长冉勇、治安总队副总队长龙蜀渝、一科科长陈渝、总队特业科科长汪德泉,直至治安总队总队长李虹。而事实上,这几名涉黑警察的幕后,有着文强的身影。

2006 年春节,文强到"大世界"夜总会唱歌,当即打电话给辖区派出所所长,要求其 10 分钟内赶到。当他赶到后,文强竟然要求该所长向在场的包房小姐挨个敬酒。"七尺男儿"的所长,委屈落泪。

2009 年 9 月 26 日,文强因涉嫌包庇、纵容黑社会性质组织罪和涉嫌受贿等职务犯罪被逮捕。随后,在文强位于南岸区海棠晓月的豪宅,警察搜出了大量的奢侈品。

2010 年 4 月 14 日,重庆市第五中级人民法院下达了一份 159 页的判决书,文强被一审判处死刑。一审宣判后,文强提出上诉。重庆高院依法公开开庭审理,于 2010 年 5 月 21 日做出刑事裁定,驳回文强上诉,维持原判,并依法报请最高人民法院核准。2010 年 7 月 7 日文强被执行死刑。

(资料来源:中国青年报,2010-07-12)

思考问题:

(1) 为什么叱咤风云的英雄一旦身居高位,手握重权以后,就开始腐化堕落,上演权力的疯狂呢?

(2) 文强案对官员们的警示意义在哪里?

适用范围:

社会政治管理中的反腐倡廉问题分析。

相关链接:

法制晚报. 去年共 37 名中管干部被查. 江西晨报,2016-01-04

北京晚报. 64 人落马过半是"一把手". 江西晨报,2016-01-05

法制晚报. 去年处理 9 万"群众身边腐败分子". 江西晨报,2016-01-10

新华社. 深圳滑坡事故追责:12 人被立案. 江西晨报,2016-01-19

新华社. 2015 年全国查处违反中央八项规定精神问题 36911 起,10 名省部级干部受到处理. 江西晨报,2016-01-13

分析路径:

1. 权力腐败的主要表现形式是以权谋私

文强作为公安局副局长,其职责本身理应是除暴安良,然而他并没有正确地行使权力,而是借助权力成为黑社会的保护伞,从而谋取个人私利。这不仅仅是渎职,更是滥用职权,达到私人利益的目的,而损害了整个社会的利益与安定。

2. 权力腐败的主要内容为寻租和造租

文强作为一个掌握权力的公安局副局长,其权力腐败主要内容便是寻租和造租。在其整个腐败的过程中,他作为一方主管治安的领导,必然有一些黑社会势力通过行贿的方式从而寻求特殊庇护,这也就为文强的权力寻租带来了空间。

3. 权力腐败的主客体趋向集团化

文强的权力腐败并不仅只涉及个人,也牵涉到公安系统相当一部分人员,形成了一个腐败利益集团,而文强则是其中的首脑。

4. 权力腐败的范围扩大、程度加深

文强不可能从一开始便成为黑社会的保护伞,而是由黑社会通过逐渐侵蚀的方式,使得文强放松自我约束,最终丧失党性与原则,反而维护起原先所反对、所打击的一切,渐渐甘做"保护伞"的。文强的受贿金额也是从小数额开始,从而逐渐膨胀的,而同时腐败的程度也在不断加深。

关键要点:

(1) 近年来,官员腐败案层出不穷。大到副国级、省部级官员、副省部级官员,小到乡镇科员、村干部,无不"各使神通"分一杯"权力的羹"。在诱人的权力和侥幸的心理驱使下,一个个受贿官员"前腐后继",一个个贿赂"接力"的丑剧不断上演。

俗话说,苍蝇不叮无缝的蛋。回看各类官员受贿落马,其个人廉洁自律意识淡薄、面对诱惑拒腐防变能力差无疑是导致其沦落腐败的首要因素。当然,监管机制的缺失、权力运作的不透明也是导致官员发生"黑色蜕变"的原因。因为,没有一套完整的机制做保障和监督,就无法让"权力在阳光下运行",也就无法斩断利益链条和随时都有可能发生的腐败行为。

(2) 文强案给官员们的警示如下:

① 中央对反腐倡廉有坚定的决心、一贯的政策、有力的措施,必然会拿出足以震慑贪腐分子的惩戒手段,不会喊得多、声势大,做得少、惩处轻。也不是像坊间说的那样,工作实际中是靠腐败分子反腐败,谁都怕拔出萝卜带出泥,最终形成官官相护,不愿也不敢真正地反腐败。

② 一旦抓住腐败分子的狐狸尾巴,就要抽丝剥茧般追究到底,将盘根错节的腐败集团一网打尽,做到整顿一片(一个部门、一个系统)干净一片。不要好不容易逮住一个,还要大

事化小，重罪轻罚，更增加其他官员的侥幸心理。

③ 要严刑峻法，依法办事，顺应民心。不能让百姓失望，更不要让其他官员觉得贪贿杀头的数额已变得越多越高，风险正在逐步减小。

④ 反腐要从司法系统抓起。司法是一个国家道德正义的最后防线，司法腐败比任何领域的腐败都可怕，它不但可以摧毁民众对法制的认同感、敬畏感，而且足以让国民对政党和政府丧失信心，产生离心离德的后果。从重庆打黑情况看，多年来其黑恶势力之所以猖獗泛滥，主要原因就是公安、法院的庇护。所查处的公检法系统腐败案例和充当黑社会保护伞的官员，哪个不是执法犯法、视神圣法律为废纸。在如此的社会环境下，弱势群体靠谁来保护？社会公平正义靠谁来维系？

⑤ 就是要从根本上抓紧进行政治体制改革，削弱官员个人权力，加强社会及舆论监督，凡社会公共事务都还广大民众以知情权。可以说，目前的官僚体制不改变，官场风气不革新，只要官场积弊在，官员贪腐的环境在，官员就会前腐后继，生生不息。而且随着经济的发展，贪贿的数额还会越来越大，对党的事业的危害越来越大。党中央尽快从体制上给腐败现象予以釜底抽薪，营造一个政风清廉、勤政为民的政治环境，真正实现经济社会的健康发展、和谐发展。

2.4.5　公务员考试，还能热多久

作者姓名：刘凤

案情介绍：

刘震云的小说《一地鸡毛》，生动刻画了普通公务员小林在经济、精神方面的苦恼，在工作、生活上的卑微、琐碎。三十年河东换河西，公务员已成人们择业的首选，个中缘由令人深思。目前，一年一度国家机关公务员考试再度拉开阵势，又有千军万马义无反顾地加入"考碗"的队伍，其壮观程度年甚一年。

付艳丽于 2010 年通过考试，顺利成为晋中市一名市级机关公务员，但她并没有在众人羡慕的眼神中陶醉与停留，又连续参加国家行政机关公务员考试。"为什么不考呢？一考惊天下、从此人上人，这样的感觉的确很刺激！"小付说。和小付一样，许多高校毕业生把公务员作为就业首选，不惜耗费巨大精力，动用各种资源，甚至"拼爹"，挤破脑袋往公务员队伍里钻。在就业取向排行榜上，近年来公务员始终居首，其次是事业单位、国企、外企，私企居末，选择自主创业者不足 5%。

2013 年，国家机关将招录公务员 2 万多名，招录工作已经启动，预计报名人数接近 200 万。但另一个数字是，2012 年全国普通高校毕业生超过 680 万，再创历史新高。在山西，2012 年普通高校毕业生规模仍保持在 16 万人左右。历年未就业人群积累相加，形成一个十分庞大的群体，许多人瞄准公务员岗位，志在必得，一考再考，形成了为数众多的"考霸"。

上千人争考一个岗位必然成为常态，竞争之惨烈，可见一斑。

许多人把公务员考试比作千军万马过独木桥，过桥时艰难重重、充满挑战，过了桥别有洞天、前程无限。这已经成为一种社会共同心理。

(资料来源：《山西日报》，2012-10-23)

思考问题：

(1) 公务员考试为何如此火爆？

(2) 公务员考试热的利弊是什么？

(3) 该如何理性地看待公务员考试？

适用范围：

社会管理中的公务员招录问题分析。

相关链接：

中国新闻周刊. 国考降温："金饭碗"还抢手吗. 江西晨报，2015-12-07

分析路径：

公务员是指依法履行公职、纳入国家行政编制、由国家财政负担工资福利的工作人员。

如今被称为"国字号第一考"的公务员考试真可谓火爆，统计发现，"国考"报名最后通过审核人数已连续三年超过 100 万人。几年来公务员考试报名人员数量众多，对于报考公务员俨然已经成为一种流行趋势，成为一种追求安逸的出路。

(1) 公务员考试热门的原因分析。

(2) 分析公务员考试热门的利与弊。

(3) 分析该如何理性地看待公务员考试。

关键要点：

(1) 报考公务员的人数连年激增的原因是什么呢？

① 在很多考生看来，当下社会发展迅速、形势急剧变化的今天，做公务员就是端了铁饭碗，收入稳定，福利待遇好，而且前途还很光明。

② 公务员的隐形身份地位很高。能考上公务员就可能通过不同的途径与方式在各机关、各部门搞到丰富的人际关系，于己之私时，办事情就可能更加地轻松与快捷。

③ 大学招生越来越多，本科及以上学历的毕业生也越来越多。竞争就越来越激烈，所以转考公务员也许是一种不错的选择。

④ 我国经济由于内部结构不合理的快速发展以及受到国际众多因素的影响，近几年来，国内的通货膨胀逐年加剧，导致物价水平不断升高，再加之医疗、教育、住房、养老等方面问题的日益严峻、使得普通民众的社会压力增大，幸福感减弱，从而寻求更为稳定

的心理依靠，而公务员考试则为他们这种心理依靠的具体化与现实化提供了一个很好的平台。

(2) 公务员考试热的利弊体现以下方面。

先来看积极的一面：首先，从国家长远发展来看，建设一支思想道德素质和职业能力兼优的公务员队伍势在必行，从而为建设精英型政府奠定人才基础。其次，中央的地方各级机关拿出大量职位面向社会公开录考，缓解了就业压力，同时一定程度上还消除了部分就业人员的心理恐慌，保证了社会稳定。再者，许多社会在职人员参与到公务员考试中来，有利于各方面人才在全国范围内、在各行各业间流动，有利于增强人才队伍的活力。最后，更多的社会成员报考公务员，也体现了民众对社会公平的认可，体现了民众对政府的信任和支持，有利于政府以此为契机进一步在人民群众中树立良好的形象。

再来看弊端：组织公务员考试的成本高，而且还容易导致人力资源配置失调，大量的社会精英进入公务员队伍，都靠财政吃饭，而不创造生产力，那么企业和科研机构等生产一线的人才就少了，发展不均衡，这意味着社会的倒退。

(3) 该如何理性地看待公务员考试呢？

从报考者的角度来说，首先要充分考虑自身的条件是否符合，尤其是要考虑除拥有过硬专业素养外，还是否有全心全意为人民服务的信仰。树立良好的择业观，根据自身长处或兴趣选择适合自己的事业，找准立足点和出发点，不要盲目跟风。

从社会的角度来说，倡导树立社会主义荣辱观，形成良好社会风尚，打破"学而优则仕"的传统官本位文化，树立"三百六十行，行行出状元"的行业观念。

从国家来说，首先，要千方百计创造就业机会，为就业者提高宽松的就业环境和广阔的发展空间；其次，进一步深化公务员制度和考试录用机制，《公务员法》的出台，为公务员制度改革提供了强有力的法律依据，缩小企业和政府机关社保差距，完善社会保障体制。

2.5　法　　律

2.5.1　洽洽完胜德国欧凯　民族品牌海外成功维权

作者姓名：肖刚

案情介绍：

2012 年 1 月 16 日，洽洽食品收到德国巴伐利亚州高等法院做出的二审判决，判决支持了洽洽的上诉请求，判定德国 OKAI 公司败诉，要求其将涉案争议商标无条件转让给洽洽公司，并且给予经济赔偿，同时判定立即执行。

洽洽在国内市场畅销的同时，也吸引了海外市场的青睐，洽洽开始思索品牌的国际化市场经营。2001 年，"洽洽"商标在美国、新加坡等国家和中国香港、中国台湾等地区申请注册了 29 类商标，并通过马德里在英国、法国、日本等国注册。2003 年，洽洽在海外 30 个国家申请注册"洽洽"中英文商标。

然而曾经是洽洽在德国的代理商 OKAI 公司抢先注册了与洽洽相似的商标，并且在德国海关进行了知识产权保护备案。2010 年 1 月，洽洽委托专业律师正式向德国慕尼黑地方法院提起诉讼，要求德国 OKAI 公司注销恶意抢注的 "洽洽"商标，以维护中国驰名商标洽洽在德国的合法权益。2012 年 1 月 16 日，洽洽收到了德国巴伐利亚州高等法院做出的二审判决，判决支持了我们的上诉请求，判定德国 OKAI 公司败诉，并要求其将涉案争议商标无条件转让给洽洽公司，并且给予我们经济赔偿，同时判定立即执行。

(资料来源：青年导报，2012-05-11；财富中文网，2011-09-21)

思考问题：

(1) 如何理解品牌对企业发展的作用？

(2) 探讨品牌对中国企业开拓国际市场的作用及应采取的对策。

适用范围：

社会法律管理中经济法问题分析。

相关链接：

1. 2011 年全球品牌价值排名

根据品牌评估机构公司 Brand Finance 于 2011 年 9 月份公布的调查显示，苹果品牌的价值已达 393 亿美元，仅次于谷歌的 483 亿美元。微软(Microsoft, MSFT)品牌价值为 390 亿美元，谷歌(Google, OOG)为 483 亿美元。但是苹果(Apple, AAPL)却飙升了 33%，史无前例地超过了微软、IBM(IBM)、沃尔玛(Wal-Mart, WMT)和通用电气(General Electric, GE)。以上这些数据便是上周由品牌管理和品牌评估公司 Brand Finance 所发布的临时品牌价值报告的亮点。

2. 2011 年中国 500 最具价值品牌的排名

2011 年 6 月 28 日，北京，世界品牌实验室(World Brand Lab)发布了 2011 年(第八届)《中国 500 最具价值品牌排行榜》。工商银行以 2162.85 亿元的品牌价值荣登本年度最具价值品牌榜首。占据榜单前五名的还有国家电网(1876.96 亿元)、中国移动(1829.67 亿元)、CCTV(1261.29 亿元)、中国人寿(1035.51 亿元)。这些品牌已经迈进世界级品牌阵营。2011 年《中国 500 最具价值品牌》的总价值为 54 972.54 亿元，平均每个品牌价值为 109.95 亿元。

分析路径：

品牌——(个、种)代表产品标准化和品质统一的名称：围巾、衬衫、枕头、帽子、鞋子、皮包等以著名设计师的名字为品牌的系列，非常受消费者的欢迎。

1. 从商标价值的角度来分析

(1) 商标价值的概念：是指商标在投资或经营过程中作为资产的价值，即商标资产所含资本量的大小。是指其资本价值，而不是荣誉上的或主观上的价值。

(2) 商标价值的决定因素。不管商标所有人取得、保护、维持商标专用权的费用和提高商标知名度的费用是多少，如前所述，商标的价值都可能是零。那么，商标价值是由什么决定的呢？①商标作为知识产权是有价值的；②商品的声誉决定商标的价值；③企业的综合实力决定商品声誉。

(3) 商标价值形成的阶段。要对商标价值评估，必须先了解商标作为一种无形资产，其资产形成的过程，通常商标资产的形成过程可以分为三个阶段：①普通商标阶段；②功能商标阶段；③个性商标阶段。

2. 从品牌管理角度来分析

据经济之声报道，中国最具价值品牌 50 强榜单 16 日发布。中国品牌 50 强(价值总计 3250 亿美元)证明，强有力的品牌塑造需要提供出色的产品体验以及建立与顾客之间的信任关系。在面对跨国品牌的更大竞争时，中国品牌必须继续增强有意义差异化的感知，从而提升它们在本地市场中的实力。在国外市场，中国品牌需要提升知名度，同时传播有意义差异化的信息；在这些行动中，中国品牌还必须考虑其他国家消费者对于品牌的不同思维模式和态度。品牌营销的一刀切营销计划将不会有效，尽管面临挑战，许多中国品牌正在获得并完善海外拓展能力，最终实现品牌全球化。

关键要点：

1. 品牌建设对于企业的重要性

品牌是指一个名称、名词、符号或设计，或者是它们的组合，其目的是识别某个销售者或销售者的产品或劳务，并使之同竞争对手的产品和劳务区别开来；品牌最持久的含义和实质是其价值、文化和个性；品牌是一种商业用语，品牌注册后形成商标，企业即获得法律保护拥有其专用权；品牌是企业长期努力经营的结果，是企业的无形载体。关于品牌的意义，国际连锁企业管理协会的品牌研究人员认为：品牌的意义在于企业的骄傲与优势，当公司成立后，品牌力就因为服务或品质，形成无形的商业定位。随着市场发展，消费者品牌意识的增强，连锁品牌自然而然地成为不可阻挡的趋势，它的作用对连锁、特许经营企业的影响是不可估量的。连锁品牌意识是企业对品牌地位和作用的充分认识及运用，是以产品为龙头的企业形象，是企业占有市场，获取最佳效益和良好信誉的有力保证与象征。现在的产品市场，没有品牌就没有竞争力，没有竞争力就无法在市场中立足。品牌已成为企业利润的主要来源和生存基础。

2. 民族品牌对中国企业开拓国际化市场的对策

洽洽德国商标案件对我们来说可能只是中国品牌走出去开拓国际市场的必经历程。企业要走出去，首先必须拥有自主的品牌和商标，实行注册先行；其次，在国际贸易中，知识产权条款应是国际贸易合同必备条款且必须详细约定相关责任；再次，企业在国际化过程中必须有专业的内外部知识产权团队进行市场运作和管理，防范各类法律风险。商标注册国际战略布局是企业进入国际市场进行全球化经营的必经之路，是打造世界知名品牌的基础。通过这一场跨国的商标诉讼，使我们更加坚定信心，并通过不断地自我完善和自强发展，全力进军国际市场，塑造中国民族品牌。

2.5.2 新婚姻法实施后 女方争房败诉案

作者姓名：肖刚

案情介绍：

2006 年 2 月，李女士与方先生登记结婚。爱子心切的吕女士买了位于甘井子区的一套 80 多平米的商品房，房款共计 80 多万元，买下这套房后，产权证上落的吕女士和儿子的名字。在吕女士支付了 65 万元的首付款后，又和丈夫共同向银行贷款 30 多万元用于购房。至今年 3 月，吕女士提前还清了贷款。

2010 年，李女士与方先生因感情不和离婚，但没有对夫妻共同财产进行分割。2011 年 10 月，李女士将前夫方先生起诉至法院，要求分割离婚时未分割的共同财产。男方方先生聘请了辽宁宏都律师事务所张延涛律师作为代理人应诉。张延涛律师认为：根据 2011 年 8 月刚实施的《最高人民法院关于适用〈中华人民共和国婚姻法〉若干问题的解释三》相关规定，婚后由一方父母出资为子女购买的不动产，产权登记在出资人子女名下的，视为对自己子女一方的赠予，该不动产应认定为夫妻一方的个人财产。

因此，法院采纳了张延涛律师的代理意见，判决驳回了女方的诉讼请求。自从《最高人民法院关于适用〈中华人民共和国婚姻法〉若干问题的解释三》实施后，该案件在中国离婚案例实践中是很典型的案例。

(资料来源：http://www.hunyin580.com/chenggonganli/1420.html)

思考问题：

(1) 对 2011 年颁布的新婚姻法如何评价？

(2) 新婚姻法面对现实的离婚财产之争问题的应对之策有哪些？

适用范围：

社会法律管理中民法问题分析。

相关链接：

按《婚姻法》本来的法律精神，婚前个人财产不属于夫妻双方共有，父母明确赠予夫妻一方的财产也不属于夫妻共有。婚前一人首付，婚后共同还贷，是现在相当普遍的情况。

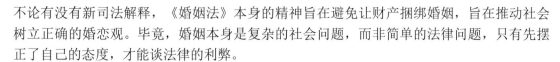

不论有没有新司法解释，《婚姻法》本身的精神旨在避免让财产捆绑婚姻，旨在推动社会树立正确的婚恋观。毕竟，婚姻本身是复杂的社会问题，而非简单的法律问题，只有先摆正了自己的态度，才能谈法律的利弊。

分析路径：

1. 从新婚姻法(新司法解释)并未逾越《婚姻法》角度来分析

新司法解释明确，婚后一方父母出资购买的房产，只登记一方的名字，不是共有财产，但法律没有禁止女方要求把自己的名字加到房产证上。2011年8月13日，最高法关于《婚姻法》的最新司法解释正式施行，其中规定：婚前个人按揭买的房，离婚时还是归个人；婚后由一方父母出资购买的不动产，产权登记在出资人子女名下的，不是夫妻共有财产。

这一司法解释一石激起千层浪。有人以为，新规定损害了女方的利益，使她们失去了共享房产的保障。其实，最高法的新司法解释只是对《婚姻法》相关规定的明确，也是对法院既有司法实践的归纳，无论从法规还是从实践看，都谈不上"新"规，并未逾越10年前《婚姻法》的规定。《婚姻法》规定：婚前财产不是夫妻共有财产。所以新司法解释称：婚前个人按揭买的房，离婚时还是归个人，于法有据。

2. 从新婚姻法解释规定婚后父母出资购房属个人财产角度来分析

最高人民法院2011年8月12日召开新闻发布会，通报适用《最高人民法院关于适用〈中华人民共和国婚姻法〉若干问题的解释(三)》有关情况。解释指出，以个人财产支付首付款并在银行贷款，婚后用夫妻共同财产还贷，不动产登记于首付款支付方名下的，人民法院可以判决该不动产。

3. 新婚姻法司法解释：婚前个人按揭买房，离婚时归个人角度来分析

据最高人民法院网站消息，最高人民法院新闻发言人孙军工介绍，新婚姻法首次明确离婚案件中一方婚前贷款购买的不动产应归产权登记方所有，但应对参与还贷的配偶给予公平合理的补偿。对按揭房屋在婚后的增值，应考虑配偶一方参与还贷的实际情况，对其做出公平合理的补偿。婚前一方与银行签订抵押贷款合同，银行是在审查其资信及还款能力的基础上才同意贷款的，其属于法律意义上的合同相对人，故离婚后应由其继续承担还款义务。对于婚后参与还贷的一方来说，婚后共同还贷支付的款项及其相对应财产增值部分，离婚时根据婚姻法第三十九条第一款规定的照顾子女和女方权益的原则，由产权登记一方对另一方进行补偿。

关键要点：

1. 如何评价？——婚姻法新解释无碍婚姻伦理

《最高人民法院关于适用〈中华人民共和国婚姻法〉若干问题的解释(三)》(以下简称"解释(三)")近日公布，其中关于夫妻双方房产归属的规定，引发公众热议。一项调查显示，83.3%的人关注其中关于夫妻双方房产归属的规定，支持"解释(三)"房产分配规定的超过了半数，但并未达到压倒性的多数。因此，婚姻法及其解释并不伤害婚姻伦理。婚姻关系存续期间财产共有仍是最主要的原则，父母赠予子女房产有其特殊性，应尊重赠予人意愿。这一规定对于婚姻关系中通常处于弱势的女方也没那么可怕。夫妻关系存续期间，通常不会发生财产分割问题，即便闹离婚，也是协议离婚居多；就算闹上法庭，在财产分配上也得遵循"有约定的从约定，无约定的从法定"。

2. 离婚财产之争解决之策

"整个《解释 (三)》里说到的都是夫妻双方的问题，财产分割也是关乎双方的问题。"中国政法大学教授巫昌祯表示，婚前个人财产，男女双方都各归个人所有，是根据婚姻的基本理论来定的，合法财产应受到保护。中南财经政法大学法学院教授刘引玲则表示，"未登记方也有一半的财产权利，但争议往往在于房产怎么分割，房屋所有权归谁。现在就有这样一个界限，如果是婚前首付，拿到房产证的话，就以房产证上的名字作为房屋所有权人。另一方就只能是一个还贷行为，一个债权关系。"

但也有学者提出不同的看法。海南大学法学院副教授王琳撰文指出，婚姻法及其解释并不伤害婚姻伦理。对传统伦理，既要尊重，也要具体问题具体分析。父母赠予子女房产的归属，首先要看赠予人的意愿，而不是看它是否符合哪条"传统伦理"。婚姻关系存续期间财产共有仍是最主要的原则，父母赠予子女房产有其特殊性，应尊重赠予人意愿。

2.5.3 江西省政协原副主席宋晨光受贿案

作者姓名：肖刚

案情介绍：

新华网济南 2012 年 4 月 27 日电(记者杨维汉、崔清新)山东省泰安市中级人民法院 27 日对江西省政协原副主席宋晨光做出一审判决，认定宋晨光犯受贿罪，判处死刑，缓期两年执行，剥夺政治权利终身，没收个人全部财产。

泰安市中级人民法院认为，宋晨光身为国家工作人员，利用职务便利为他人谋取利益，索取、收受他人贿赂的行为构成受贿罪。宋晨光受贿数额特别巨大，且部分具有索贿情节，犯罪情节特别严重，依法应予严惩。鉴于宋晨光在有关部门调查期间主动交代了组织不掌握的大部分受贿犯罪事实，具有坦白情节，案发后赃款赃物已全部追缴，对其判处死刑，可不立即执行。泰安市中级人民法院遂依法做出上述判决。

(资料来源：新华网，2012-04-27)

思考问题：

(1) 谈谈您对中国官员腐败的认识。

(2) 如何预防官员腐败？

适用范围：

社会法律管理中行政法问题分析。

相关链接:

刘良昌. 江西省三名厅级干部被"断崖式"降级. 江西晨报. 2016-01-09

国际先驱导报. 国外"象牙塔"如何防腐. 江西晨报, 2015-12-12

郑良. 官场成江湖——福建连城"塌方式腐败"案追踪. 新华网, 2015-12-30

1. 社科院蓝皮书称:近 6 成公众对未来中国反腐有信心

新华网北京 2011 年 12 月 23 日电(记者胡浩)中国社会科学院 23 日在京发布第一部《反腐倡廉蓝皮书》指出,调查显示,近 60%公众对今后 5~10 年中国反腐败"很有信心"或"较有信心"。

2. 国家预防腐败局:30 年来 465 名省部级高官受处分

国家预防腐败局副局长崔海容介绍,1982—2011 年这 30 年间,我国因违反党纪、政纪受到处分的党政人员达 420 余万人,其中 465 人是省部级官员。在这些省部级官员中,又有 90 余人因贪腐被追究司法责任。原全国人大副委员长成克杰、原江西省副省长胡长青、原安徽省副省长王怀忠、原国家药监局局长郑筱萸等被执行死刑。崔海容透露,仅 2003—2011 年这 9 年中,因贪腐被移送司法机关的就有 42 000 余人,如原中共中央政治局委员陈良宇等。

分析路径:

1. 从社会角度理解腐败内涵

腐败即公职人员为实现其私利而违反公认规范的行为。腐败的实质是一种非正式的获取政治影响的过程,当某个群体感到其核心利益在正式政治体系内被忽视或被认为是非法之时,这一群体的成员就会被吸引到那些获取影响的非正式渠道中去,而这些渠道又往往以腐败的形式表现出来。

2. 从腐败的特点来分析

中国社会科学院与马克思主义研究院研究员、中国马克思主义研究二部副主任辛向阳发表署名文章,探讨当前中国腐败现象的新特点与反腐对策。文章指出,当前中国的腐败出现了一些新的特征:①群体化;②高官化;③巨额化;④期权化;⑤潜规则化;⑥国际化;⑦新型化。

关键要点:

1. 如何认识腐败问题

1) 腐败损害经济发展

不少研究成果表明,腐败从多方面损害经济发展,腐败水平提高会导致国民生产总值增长率大大降低。诺贝尔经济学奖获得者瑞典经济学家冈纳·缪尔达尔(Gunnar Myrdal)的研究表明:"腐败行为对任何实现现代化理想的努力都是十分有害的。腐败盛行造成了发展的强大障碍与限制。"由于权力腐败，政治权力不正当地介入经济领域，使市场经济的公平竞争机制受到扭曲。权力对资源配置的不合理作用，也破坏了市场的公平竞争原则，损害了市场经营环境，扰乱了经济秩序，必然对经济发展造成不利的影响。

2) 腐败危害社会秩序

腐败破坏了正常的社会规范和社会秩序，对社会资源，尤其是关系国计民生重要资源的不公平和不合理分配，会导致全社会的不满，从而激化社会矛盾。例如，如果人才流动、资源调配和人事晋升的权力掌握在腐败分子手中，必然会出现任人唯亲、以权谋私的情况，造成行政效率低下，资源调配不合理。

3) 腐败危及政治稳定

改革开放开始后，利用社会转型和体制转轨的时机，一些领导干部凭借自己手中的权力，大肆谋取不义之财，从而一夜暴富。非法致富，权钱交易，腐败泛滥，在某种程度上必然引起人们心理的不平衡，使许多人产生一种相对剥夺感，增强对社会的不满。腐败危及政治稳定、损害政府形象、降低政府威信，并使人们对政府的决策制定和执行以及其他政府行为失去信任，严重的还会引发社会动乱和政府倒台。

2. 预防官员腐败的对策

党的十七大报告形成了对权力制约和监督的理念，明确了党风廉政建设和反腐败的思路，体现了党对反腐败规律、执政党建设规律和社会发展规律认识的深化。实际上，反腐败成效是否明显，更为重要的应该看有关理论是否更加成熟。当然，在这方面的理论成果是很多的，其中主要有以下方面：

(1) 新理念：权力制约和监督。形成了对权力制约和监督的理念。

(2) 新举措：立章建制。更加重视建立健全各种规章制度。

(3) 新思路：不再限于思想教育和群众运动。明确了党风廉政建设和反腐败的思路。

(4) 新经验：情系民生、形成合力。总结了党风廉政建设和反腐败的基本经验。

(5) 新战略：着眼于解决深层次问题。提出了反腐倡廉的战略方针。

(6) 新决策：构筑"不想腐败、不能腐败"的惩防体系。建立健全惩治和预防腐败体系的战略决策。

2.5.4 "荧光增白剂事件"凸显消费者知情权被侵犯

作者姓名：肖刚

案情介绍：

新华网广州 2011 年 8 月 29 日电(记者 毛一竹)因购买使用"蓝月亮"品牌洗衣液，手臂出现红肿发痒等不适症状，市民叶茂良认为，该产品含有潜在致癌物质"荧光增白剂"，却未在包装上注明，是误导、欺骗消费者，遂将广东吉之岛天贸百货有限公司和广州蓝月亮实业有限公司告上法庭。叶茂良要求吉之岛公司退还货款 20 元，蓝月亮公司向其赔偿 20 元。广州市天河区法院 29 日一审开庭审理了此案。

（资料来源：http://finance.people.com.cn/h. 2011-08-29）

思考问题：

(1) 谈谈您对消费者知情权的认识？

(2) 如何保护消费者的知情权？

适用范围：

社会法律管理中的民法问题分析。

相关链接：

《中华人民共和国消费者权益保护法》(1993 年 10 月 31 日第八届全国人民代表大会常务委员会第四次会议通过)

《中华人民共和国侵权责任法》(2009 年 12 月 26 日第十一届全国人民代表大会常务委员会第十二次会议通过)

南方日报讯 广受争议的"蓝月亮增白剂事件"一案昨日在广州市中级人民法院二审开庭。职业打假人王海曾因质疑蓝月亮洗衣液中的增白剂是有毒物质，而被蓝月亮告上法庭，并且一审败诉。据了解，昨日此案的争议焦点主要围绕蓝月亮产品外包装标识是否规范而展开。

一审判定：外包装标识符合规定

天河区法院经审理认为，蓝月亮深层洁净护理洗衣液所含荧光增白剂不存在危及人身、财产安全的不合理危险。同时，叶茂良控诉蓝月亮洗衣液外包装涉嫌误导、欺诈消费者这一诉求，法院也不予支持。法院认为，涉案产品外包装上标注的内容并无虚假夸大成分；荧光增白剂明显不是涉案产品的主要成分，也不属于《产品质量法》规定应当警示说明的范围。因此，涉案产品可以不标注是否含有荧光增白剂，不存在误导或欺诈消费者的虚假宣传。

二审焦点：添加增白剂是否需要标识

昨天的庭审中，法庭归纳了 3 个焦点问题。首先，增白剂是否有毒；其次，添加增白剂后是否标识；第三，是否夸大了宣传。

分析路径：

1. 从消费者知情权来分析

1) 何谓消费者知情权

根据我国《消费者权益保护法》规定，消费者的知情权主要包括以下几层含义：①消费者有权要求经营者按照法律、法规规定的方式标明商品或服务的真实情况；②消费者在购买、使用商品或者接受服务时，有权询问和了解商品或者服务的有关情况；③消费者有权知悉商品或者服务的真实情况。

2) 消费者知情权的内容

具体说来，消费者知情权的内容大致分为以下三个方面：①关于商品或者服务的基本情况，包括商品名称、商标、产地、生产者名称、生产日期等。②有关技术状况的表示，包括商品用途、性能、规格、等级、所含成分、有效期限、使用说明书、检验合格证书等。③有关销售状况，包括售后服务、价格等。

2. 从侵害消费者知情权的现状来分析

《消费者权益保护法》第八条第一款规定，消费者享有知悉其购买、使用的商品或者接受的服务的真实情况的权利，这就是消费者的知情权。因此，知情权是消费者参与消费活动的前提。目前，我国侵害消费者知情权的案例还有很多，主要表现形式大概有以下几种：①未向消费者告知；②对消费者虚假告知；③对消费者不完全告知。因此，消费者享有的知情权，是在民事活动中当事人之间遵循诚实信用原则的一种体现。

关键要点：

1. 消费者知情权不容侵犯

种种事件引发了我们对切实保护消费者知情权的思考，首先我们应该明确一点，即消费者知情权不容侵犯。知情权是消费者九大权利之一，《消费者权益保护法》第八条明确规定：消费者享有知悉其购买、使用的商品或者接受的服务的真实情况的权利，这就是法律上对消费者知情权的定义。知情权，一方面体现为消费者根据商品或者服务的不同情况，享有知悉的权利，另一方面体现为企业负有告知的义务。

2. 如何保护消费者知情权

1) 提高消费者的维权意识

消费者要充分保障自己合法权益就要加强维权意识，许多消费者为了避免麻烦也就听之任之，认为没有必要为了几元钱的小事大动干戈。一些经营者抓住消费者这样的心理，不断侵犯消费者的合法权益。知情权是法律赋予消费者的一项权利，加强维权意识，用法律的武器维护自己的合法权益。

2) 司法保护

在销售过程中，经营者可能告知销售人员按照实际情况或商品包装上标明的内容向消费者介绍商品，但这并不排除经营者违反《广告法》应当承担的法律责任。人民法院可依据《广告法》第三十八条的规定，追究广告主的民事责任；如果广告的经营者、发布者明知或者应知广告虚假，仍设计、制作、发布的，应当依法承担连带责任。司法保护从以下方面体现：①人民法院应及时受理消费者知情权受侵害案件。②对已受理的消费者知情权侵害案件，人民法院会及时审理。

3) 行政保护

各级人民政府对消费者知情权的保护主要体现在两个方面：①国务院和各级人民政府对其所属有关行政部门保护消费者合法知情权的工作的领导、组织、协调及督促；②各级人民政府对市场经营活动的监督。

2.5.5　务工者冒用老乡身份发生工伤[①]

作者姓名： 胡艳

案情介绍：

2006 年 2 月，年近五十的邹先生借用湖北老乡"曾某"的身份证进入广东东莞市大岭山镇某公司工作。邹先生以"曾某"的名义和公司签订劳动合同，公司为"曾某"缴纳社会保险。

2010 年 12 月，公司和自称"曾某"的邹先生签了一份无固定期限劳动合同。

2011 年 3 月，邹先生在工作中受伤，住院治疗。当他以真实身份申请工伤事故评定时，公司才得知其使用他人身份证与公司签订的劳动合同。因为此前公司是以邹先生冒用的身份为其购买社保，邹先生未能获得工伤待遇。

2011 年 6 月，出院后的邹先生回公司上班时，遭到了拒绝。公司称，邹先生是用假身份入职，导致劳动合同无效，故双方的劳动关系无法再维持。

邹先生遂向劳动仲裁部门申请仲裁，劳动仲裁庭裁决确认双方劳动关系解除，裁令公司应支付邹先生一次性伤残补助金等共 2 万元、经济补偿金 3040 元及赔偿金 12 160 元。

2011 年 11 月，不服劳动仲裁结果的邹先生向法院提起诉讼，要求公司支付赔偿金、工伤待遇共计 26 万多元。

思考问题：

(1) 劳动仲裁部门为何裁决确认双方劳动关系解除？

(2) 人民法院如何判决用人单位和邹先生双方的责任？

适用范围：

社会管理中社会保障与社会保险中的工伤保险问题分析。

相关链接：

喻勋，叶瑶轩. 南昌家乐福上海北海店一女工坠亡. 江西晨报，2013-04-23

新华网. 四川泸州发生矿难已致 27 人死. 江西晨报，2013-05-12

新华网. 贵州平坝. 煤矿爆炸 12 人死亡. 江西晨报，2013-05-12

---

① 根据索有为、黄彩华《务工者冒用老乡身份发生工伤自担责七成》(中国新闻网，2013-05-07)改编。

综合新华社、中新社、国际在线、央视消息，《武汉工地电梯 30 层坠落致 19 死》，江西晨报，2012-09-14

分析路径：

合同——是平等主体的自然人、法人、其他组织之间设立、变更、终止民事权利义务关系的协议。当事人行使权力、履行义务应当遵循诚实信用的原则。

工伤保险——国家和社会用立法强制实施的为在生产、工作中遭受意外事故或职业病伤害的劳动者及其家属提供医疗服务、生活保障、经济补偿等物质帮助的制度。

关键要点：

(1) 劳动仲裁部门确认双方劳动关系解除的原因是邹先生用假身份入职，导致劳动合同无效。

(2) 人民法院经审理认为，邹先生因提供虚假身份信息而无法获得工伤保险待遇，用人单位核实不严，判决分别承担 20%和 30%的责任。

2.5.6 准爸爸出车祸致残胎儿获赔[①]

作者姓名：胡艳

案情介绍：

2013 年 26 岁的林某佳是广东揭阳人，2010 年和妻子一起来到广州生活。2012 年 3 月 15 日，林某佳骑摩托车时与孙某驾驶的货车相撞。林某佳全身多处受伤，构成 9 级伤残。

尽管保险公司和孙某辉垫付了 1.5 万元医疗费用，但和车祸对林某佳造成的损失相比，依然是杯水车薪。尤其是他的妻子已经怀孕，孩子出生后的抚养费都成了问题。2012 年 4 月，林某佳将保险公司和孙某辉告上了法庭，要求对方赔偿各项损失共计 16 万余元，其中包括林某佳尚未出生的孩子的抚养费 3.6 万元。2012 年 10 月，在案件尚未审结前，林某佳的女儿小林(化名)顺利出生。

思考问题：

(1) 胎儿是否具有权利能力？
(2) 人民法院将会如何判决保险公司和孙某辉的赔偿责任？

适用范围：

社会管理中社会保障与社会保险中的生育保险问题分析。

---

① 根据章程、张济科、冯海青《准爸爸出车祸致残胎儿获赔抚养费》(《广州日报》，2013-05-08)改编。

相关链接：

工人日报. 我国失独家庭年增 7.6 万个. 江西晨报，2013-03-25

张璐. 失独家庭养老问题有望解决. 北京晨报，2013-9-21

李士虎，谭娟. 失独家庭每人每月最高可获 500 元扶助金. 江西晨报，2013-04-03

分析路径：

机动车交通事故——是指机动车在道路上因过错或者意外造成的人身伤亡或者财产损失的事件。机动车发生交通事故造成损害的，依照《道路交通安全法》的有关规定承担赔偿责任。

生育保险——是国家通过立法，在妇女劳动者由于生育子女而暂时失去劳动能力时，从社会和国家得到必要的物质帮助的一项社会保险制度。生育保险具有六个特点：①享受对象主要是职工；②待遇只付给合法的婚姻者；③生育期间的保护重在休息，如增加营养，医疗只是特殊情况下的医疗照顾；④实行"产前与产后都应享受"的原则；⑤只要是怀孕生育现象的产生期内致使被保险人收入中断或集体健康状况的失常以及需要医疗，都纳入保险范围；⑥其待遇水平一般高于其他社会保险。

关键要点：

(1) 胎儿权利将成为婴儿的权利，故胎儿具有权利能力。

(2) 在案件审理过程中胎儿出生为活体婴儿，所以人民法院将会判决保险公司和孙某辉共同赔偿抚养人生活费在内的费用。

2.6　外　　交

2.6.1　拜登批评中国引发的风波

作者姓名：许剑

案情介绍：

中评社香港 5 月 23 日电，美国副总统拜登 5 月 13 日在美国宾夕法尼亚大学毕业典礼上发表演说，称中国是不能"另类思考"或"自由呼吸"的国度，引起在场中国学生的不满。据香港《南华早报》22 日报道，该校中国学生已经起草一封信，要求拜登做出正式道歉。到 22 日为止已有 343 人签名，信件将先被呈递给该校校长，然后转交到拜登办公室。

据《环球时报》报道，拜登一向以"大嘴"著称。英国《卫报》称，拜登 13 日的这场演说是"目前为止最近毕业典礼演说中最滑稽的"。在谈到"中国人正要吃我们的午餐时"，拜登话锋一转说，"中国的问题很多，他们缺少我们所拥有的很多东西，如开放和公平的法律体系、充满活力的风险资本市场以及创新思维"，"这一切的关键是另类思考的能力，但在一个国家，你不能另类思考，你不能自由呼吸；在不能另类思考的国家，你无法挑战正统观念，因为改变只来自于挑战正统观念。"在演讲末尾，拜登两次提到中国，还谈论了他 2011 年 8 月访问中国的 10 天之行。

拜登办公室目前没有发表任何评论。《南华早报》称，拜登曾多次因不当言论受到抨击，他曾在专访中称俄罗斯是"衰落了的国家"。

(资料来源：http://www.chinareviewnews.com，2013-05-23)

思考问题：

(1) 为何一个美国大学毕业典礼上的演讲会激怒中国留学生？

(2) 面对拜登的批评，我们应该拿出怎样的态度？

适用范围：

社会外交管理中的文化冲突问题分析。

相关链接：

据起草信件要求拜登道歉的宾大留学生张天璞介绍，"他(拜登)在明知有上千名中国留学生及其家长在场的情况下，通过毫不隐晦地批评中国来达到体现美国美好的目的。可以说，他作为一个毕业演讲嘉宾，这种不分场合、不分地点、不走脑子的做法，搞得所有在场中国留学生都心情很不好。"在美国一所大学的毕业典礼上，真的会出现上千名中国留学生和家长吗？

此言不虚，在宾大 25 000 名学生中，17%是亚裔，其中中国人和华裔占比最大。在另一份美国国际教育协会的数据中，2012 学年，宾大共有 5296 名国际生，而整个州的中国国际生比例是 29.2%，以此估算宾大的中国留学生约为 1580 多人。

新华社，法制晚报. 纽约华裔警员梁彼得误杀非裔青年获罪，美国 40 多个城市华人游行抗议. 江西晨报，2016-02-21

分析路径：

(1) 中美两国存在着文化差异，拜登对中国的批评是否全是恶意的？可以从文化差异角度试着分析此问题。

拜登在演讲中有这样一句话"You cannot think different in a nation where you cannot breath free. You cannot think different in a nation where you aren't able to challenge orthodoxy，because change only comes from challenging orthodoxy. (在这样一个国家，你不能另类思考，你不能自由呼吸；你无法挑战正统观念，因为改变只来自于挑战正统观念)"。

张天璞在人人网的日志中写道："这句话里用的是 nation 这个词，这一点是最让我气愤的。因为英语中 nation 指的是'民族'的意思，和 country、state 是有区别的。country、state 更强调的是一个国家整体的概念，甚至带有指政府的意思。"他认为，用了 nation，就牵扯到一个族群甚至说种族，也就是说，拜登的意思不是说中国不行而是你中华民族不行。

实际上，揪住一个措辞不仅太过敏感，而且这样的纠结本身可能也站不住脚。英国著名刊物《经济学人》有一篇文章用很大的篇幅否定了中国留学生的看法，认为美国人并不讲究这样的区分，在很大程度上，"nation"和"country"是可以混用的。美国的词义辨析中，也有这样的解释——"While the terms country, state, and nation are often used interchangeably, there is a difference"(中文的意思是"国家和民族经常互换")。

(2) 在外留学生通常比较敏感，尤其是涉及对自己祖国的评价时会更敏感。拜登的讲话是在有很多中国留学生的场合进行的，我们也可以从留学生心理的角度去分析。

关键要点：

1. 中国留学生要求拜登道歉是因为拜登的批评属不善意的涉华言论

拜登在演讲中说"他们的问题是巨大的"，而"中国的问题"归根结底是"中国人的问题"，或者准确地说，"中国的问题"主要是由部分中国人造成的。如果把自己定位为一个爱国者的话，也应该担负改变的责任，在"中国的问题"中不能置身事外。

中国留学生群体向来以"爱国"著称，那么面对批评，没有高高挂起，没有无动于衷，而是产生了情绪反应，这也正常。

拜登说："他们(中国)很多东西都没有。我们有世界上最好的大学，我们法律系统是开放和公平的，我们有最敏捷的风险投资体系。"

拜登具体指出的这三点问题，美国做得比中国好，是世界范围内的共识。尤其是美国有世界上最好的大学，这一点中国留学生应该感同身受，否则他们也不会漂洋过海涌向宾大。

拜登在谈及中国的言论中，也并非都是批评，也有期冀。正如一位在现场的中国留学生所言："有人甚至对我说，作为一个场内的听众，你应该起身离席。但我没有那样做，毕竟我不认为他真的侮辱了我们的国家和民族。我认为他仅仅是在为美国人加油打气，而他所说的中国问题，尽管片面，却也确实存在。"

2. 我们的态度：有则改之，无则加勉

拜登的言论中到底有多少欠妥的地方，见仁见智，不过即便有，也未必要斤斤计较。正如一位网友所言，"我非常不喜欢这种辱华事件中透露出的弱国国民形象，自信的人是不受辱的，强者是不受辱的"。

而对于"中国没有最好的大学"这些方面，我们完全应该从善如流。无论是中华传统，还是我们的党和国家，都提倡闻过则喜。中国共产党新闻网就曾刊文指出，"对于共产党人而言，闻过则喜是一种基本的党性修养，一种优良的政治传统，一种民主的工作方法。"

反之，一位宾大留学生所说的"我的祖先挑战正统观念甚至早于他的祖先前往美洲"，不可取。因为这句话似曾相识，阿 Q 也说过，"我的祖先，比你阔多了。"

2.6.2 《穆斯林的无知》引发的抗议潮

作者姓名：许剑

案情介绍：

据法新社报道，也门反美抗议者 2012 年 9 月 13 日在美国驻也门使馆外示威，也门警方鸣枪驱散在大使馆前的示威人群。原因是一部由美国人萨姆·巴西利制作的名为《穆斯林的无知》(Innocence of Muslims)的电影涉嫌侮辱伊斯兰教先知穆罕默德引发也门人不满。

据悉，该片已不是第一次引起群众抗议。9 月 11 日，同样因为抗议该片，几十名利比亚人冲进班加西的美国领事馆内点燃多处建筑和车辆，史蒂文森与另外 3 名使馆工作人员遭火箭弹袭击身亡。当天晚上，美国驻埃及大使馆也遭到当地数千名示威者的冲击，美国国旗在扯下后被焚烧。

引发争议的影片《穆斯林的无知》之前名叫《沙漠勇士》《本拉登的无知》，自从预告片在阿拉伯世界放映后就已成为穆斯林人攻击美国的理由。目前由该片引发的抗议活动已造成四名美国外交人员死亡，其中包括美国大使克里斯托弗·史蒂文斯。

(资料来源：凤凰网，2012-09-14)

思考问题：

(1) 美国和穆斯林世界到底发生了什么？
(2) 我们应该如何面对他国的言论？

适用范围：

社会外交管理中的宗教问题分析。

相关链接：

《穆斯林的无知》是一部美国低成本电影，仅在好莱坞小范围地放映过。其导演叫巴奇莱，是一位埃及出生的坚定的反伊斯兰分子，并且是一位有前科的诈骗犯。该片剧本是由一向宣称伊斯兰教是捏造宗教的英国历史学家兼作家汤姆·霍兰德所写。反伊斯兰教活跃分子、美国基督教原教旨主义者史蒂文·卡莱恩也参与制片。

该片声称伊斯兰教的先知穆罕默德是一个骗子，形容他沉溺女色，并暗示他是一个同性恋，更说他是装模作样的白痴，是私生子，还把一头毛驴称为"穆斯林第一动物"。

毫无疑问，这是一种侮辱宗教性质的行为，而且根本不符合历史事实。一位穆斯林质问称，影片把穆罕默德塑造为滥交狂，但实际上"穆罕默德四十岁才结婚，而且他的妻子比他的年纪还大。"

分析路径：

宗教——社会意识形态之一，上层建筑的一部分。相信在现实世界之外还存在着超自然、超人间的神秘境界和力量，主宰着自然和人类社会，因而产生敬畏和崇拜。

穆斯林——(位，名，个)伊斯兰教信徒的通称。阿拉伯语言译词，意为顺从者。指顺从真主的人。

(1) 言论自由。在美国人看来，"言论自由"这是美国社会最大的财富之一，也是保障自由和民主不受损害的一大基石。甚至在欧洲被视为禁忌的支持纳粹的言论在美国也能被容忍。要想判定"言者有罪"，必须拿出让人无法反驳的理据才行。所以，美国政府不能封杀。

(2) 《穆斯林的无知》恶意伤害了穆斯林的感情。

(3) 当悲情演变为暴力，只会永陷入悲情循环。

一个真正"一小撮"美国人做出的举动，让阿拉伯世界的悲情演变成了被仇恨渲染的暴力行动。在落后国家的民众间，这种夹杂着悲情、愤恨从而带着火气的抗议，是很难避免的。

关键要点：

1. 面对侮辱、侵犯的言论，民众在行动前也该多想一想

纯由情绪带动的行为，往往会变得不够理智。诚然，《穆斯林的无知》是一部严重伤害穆斯林感情的电影。但到底是哪些美国人制作了这部影片，哪些美国人观看了这部影片，有多少人为该片叫好，又有多少美国人在批评这部影片，美国政府对该影片是什么措辞，美国不封杀这部影片的理由或根据是什么，这些问题的答案其实都不难发现，只要去想一想，就能知道过激的抗议行动是否有必要，是否有更合适的抗议办法。

然而当情绪被煽动起来后，理智的思考变得困难，在群体效应之下，各种暴力行为便开始出现了。从这个意义上而言，"无知"这一描述倒真说对了。

2. 政府、媒体有义务介绍全面的事实，发出多元化的声音

《穆斯林的无知》之所以让伊斯兰世界的反美情绪一点就爆，表现出如此大的愤怒，与影片的内容有关，也与穆斯林长期以来感受到的美国和美国军方对他们的侮辱有关。

然而，不可忽视的是，阿拉伯世界的新闻媒体往往对这些侮辱给予了详细的报道，从而放大了穆斯林们的反美情绪。如美国以站不住脚的借口入侵伊拉克、阿布格莱布监狱虐囚的图片、驻阿富汗美军及佛罗里达州的一名牧师焚烧或亵渎古兰经、不经审判就将囚犯关押到关塔那摩湾、拒绝向著名穆斯林知识分子发放签证、无人机空袭误伤穆斯林平民致其死亡，这些美国人的恶行被连篇累牍地报道。政府也往往有意渲染这些事实。

但对于阿拉伯世界，美国并非全是这种恶行，还有很多好的一面，甚至自我批判的一面。仅以美国制作的电影而论，2001 年的《间谍游戏》，黎巴嫩的爆炸事件是美国情报员在当地策划的；2004 年的纪录片《华氏 911》，对于布什中东政策极尽批判；2008 年的《谎言对决》，美国情报员为引诱中东地区的目标人物上钩，以虚拟的恐怖组织发起行动；2009年的《绿区》，描述 2003 年美国对伊拉克的战争，是以寻找大规模毁灭性武器的假名义，来攻打伊拉克。在 9·11 之后，许多观察都称美国人对伊斯兰的整体态度并没有倒退，而是在不断前进。去往美国的穆斯林移民大量增加即是一个很好的佐证。对于这些事实，阿拉伯媒体报道得就比较少。

这种不平衡的报道，让反美情绪更难以消解。然而，人类社会的发展说明，只有发出多元化声音的社会，才是一个稳态的社会；发出单一声音，渲染单一情绪的社会，容易走向极端。一个足够文明、足够宽容的社会，对不同言论的容忍度总体而言应该是高的。当一个社会的声音变得多元化之后，人们对一个事件、问题的看法才能更理性、更深入，才能采取更合适的应对手段，例如自己制作视频、画漫画进行反击，而不是一味地诉诸暴力。政府、媒体有义务介绍全面的事实，发出多元化的声音。

2.6.3　黄岩岛事件经过

作者姓名：许剑

案情介绍：

2012 年 4 月 8 日，菲律宾海军的巡逻机在黄岩岛附近"发现"了 12 艘中方渔船。菲海军随后出动了该国最大的军舰"德尔皮拉尔"号，将中方渔船非法堵在黄岩岛潟湖内，试图抓扣在黄岩岛附近作业的中方渔民。菲海军士兵登上中方渔船检查，并声称在一艘船上查获了"非法"捕捞的水产品。

4 月 10 日，我国海监船制止菲律宾扣押中方渔民，随后发生对峙。

5 月 7 日，外交部称对黄岩岛形势难以乐观，已做各种应对准备。菲律宾总统建议对南海边协商边开发，政治与商业分开。

5 月 11 日，菲律宾民众就中国海监船与菲方对峙一事举行小规模示威。一名示威者试图在马尼拉中国驻菲律宾大使馆前焚烧中国国旗，警方及时制止并将其逮捕。

5 月 13 日，中国农业部南海区渔政局宣布从 5 月 16 日 12 时起，中国南海大部分海域将进入为期两个半月的伏季休渔期。黄岩岛海域也属于此次休渔制度的控制范围。外交部发言人洪磊表示休渔与当前的黄岩岛事件无关。

5 月 14 日，菲律宾外交部 14 日发表声明透露，菲总统阿基诺已经决定，菲律宾政府也将发布休渔令。

5 月 15 日，据菲律宾之鼓广播网报道，菲律宾总统阿基诺三世表示相信，菲律宾和中国之间关于黄岩岛的紧张局面很快将会解决。阿基诺还暗示，现在也许已经没有必要把黄岩岛问题提交给国际海洋法法庭。

（资料来源：http://forum.home.news.cn/thread/98698729/1.html）

思考问题：

(1) 菲方为何要进犯黄岩岛，挑衅中国？

(2) 我们应该如何处理黄岩岛事件？

适用范围：

社会外交管理中的领土主权问题分析。

相关链接：

黄岩岛(曾用名：民主礁)，是中国中沙群岛中唯一露出水面的岛礁，位于北纬15°07′，东经117°51′，距中沙环礁约160海里。黄岩岛是中国固有领土，由海南省西南中沙群岛办事处(现为三沙市)实施行政管辖。

分析路径：

领土——(块，片)一国主权管辖下的区域，包括领水、领海和领空。

1. 黄岩岛属于中国领土的国际法依据

从传统国际法角度看，领土取得方式主要有先占、时效、添附、割让、征服五种，而我国主张对黄岩岛领土主权的法律依据就是先占。

就黄岩岛而言，我国在唐宋时期就发现了该岛礁，并设立机构主张对之管辖，在元朝我国政府就在官方公布的地图上对该岛礁做出了明确的标示，自明初起中国渔民就前往该岛礁附近海域从事捕捞和开发活动，在民国时期我国政府又率先对该岛礁做出了定名。

2. 黄岩岛属于中国领土的史实证据

据称，在唐宋时代我国航海家就发现了黄岩岛，但当时未予命名。可以证实这一点的证据是在该岛礁附近海域曾发现了大量南宋时期的沉船。

我国在元朝时期对黄岩岛做出了地图标示。据史料记载，公元1279年元代著名天文学家郭守敬奉旨进行"四海测验"，南海的测量点就标在黄岩岛处。

相比较而言，菲律宾外交部作为声称拥有黄岩岛海域依据的所谓"老地图"绘制于1820年，比中国元朝的地图标示晚了541年。菲律宾政府于2012年才将黄岩岛命名为所谓的"帕纳塔格礁"，要比中国政府做出正式命名也晚了77年。

自古以来，黄岩岛海域一直是我国渔民的传统捕鱼场所，我国渔船经常赴黄岩岛海域进行渔业生产活动。可以证实这一史实的证据是历代传抄的《更路簿》。《更路簿》是我国沿海渔民的航海针经书(大致相当于后世的航海手册或地图集)，其现存手抄本产生于清康熙末年，源头则可以追溯至明代。《更路簿》详细记载了西沙、南沙、中沙群岛各岛礁的名称、准确位置、航行针位(即航向)及更数(即距离)。

关键要点：

1. 单方提交国际司法机关裁决无理由

国家主权平等原则是国际法的基本原则之一，也是近现代国际社会及国际秩序的基石。依此法理，普遍认为在国际社会不存在任何超越国家之上的权力机关，因而所谓的"国际司法机关"并不具有对主权国家行使强制性管辖的职权，国际法院如此，海洋法法庭也不例外。在国际实践中，争端当事国之所以受制于国际司法机关的管辖，其根源在于双方或各方均以某种方式表达了接受管辖的"意愿"。如果争端一方没有表达这种接受管辖的"意愿"，他方即便将纷争提交国际司法机关，该机关也无权进行强行裁决。

在黄岩岛这类的岛礁主权纷争上，按照一般法理、《联合国海洋法公约》的相关规定以及中国事先所作出的排除管辖的声明，中国政府并不存在接受国际法院或海洋法法庭强制性管辖的义务，而菲律宾单方面提交国际司法机构裁判的做法根本就行不通。

2. 谈判和协商解决有依据

对于由南海问题产生的矛盾和纠纷，中国政府一贯坚持应当按照《南海各方行为宣言》的规定，通过谈判和协商的方式予以解决。

在 20 世纪 80 年代，正是菲律宾等国家对我南海岛礁的蚕食行为引起了该区域国际关系的高度紧张，在发生冲突的危险性不断加剧的严峻情势下，经过中国与东盟国家的长期努力，于 2002 年 11 月在柬埔寨首都金边共同签署了协调南海争议的《南海各方行为宣言》，该宣言对于缓和南海地区冲突和推动共同发展起到了十分重要的作用。

《南海各方行为宣言》对解决南海周边国家间岛礁领土主权及管辖权争端的方式和方法做出了明确的规定。宣言第 4 条称："有关各方承诺根据公认的国际法原则，包括 1982 年《联合国海洋法公约》，由直接有关的主权国家通过友好磋商和谈判，以和平方式解决它们的领土和管辖权争议，而不诉诸武力或以武力相威胁。"

根据上述分析，笔者认为，中国和菲律宾作为《南海各方行为宣言》的缔约方及黄岩岛纷争的"直接相关"方，有责任和义务按照宣言规定的方式来解决彼此间岛礁主权及管辖权争端，因此中菲间通过双边谈判和协商来解决黄岩岛纷争是应当采取的正确方式和途径。

2.7　军　　事

2.7.1　钓鱼岛争端

作者姓名：邱君

案情介绍：

坚持钓鱼岛问题留给后人解决

第 12 届香格里拉对话会昨天在新加坡落幕，亚太区域安全合作成为与会各国和地区防务代表的关注焦点。中国人民解放军副总参谋长戚建国发表演讲并回答代表提问。他表示，关于钓鱼岛，中方坚持将问题留给后人解决的态度。

戚建国发表了题为《携手应对风险挑战　实现亚太共同发展》的主旨演讲，就中国走和平发展道理的一贯立场进行了进一步阐释。他表示，中国将坚定不移走和平发展道路，致力于促进和平的发展、开放的发展、合作的发展、共赢的发展，中国的发展和繁荣对亚太各国是重要机遇而不是威胁挑战。

在问答环节，有人问到钓鱼岛问题是不是留给后人解决这个问题，戚建国称这个不需要怀疑。他说，中方坚持"问题留给后人解决态度"毋需置疑，20 年前小平同志就发挥政治智慧提出搁置争议。现在东海、南海等部分问题一时无法彻底解决，相关各国要有足够战略耐心。

大国中唯中国近 30 年未动武

戚建国表示，中国军舰在中国领海内巡航无可非议，"中国政府对于东海和南海是中国领土这个主张是很清楚的，所以说中国的军舰在中国主张的领土范围内进行巡逻，完全是正当的，也是无可非议的。"

戚建国还强调，近 30 年来，世界上几乎所有的大国都不同程度地使用了武装力量，但是唯独中国，我们已经近 30 年没有使用武装力量挑起战争或者是挑起军事冲突，中国用实实在在的行动维护和平。

戚建国表示，当前，亚太地区已经成了世界经济转向的重点，但是不希望成为战争和武力转向的重点。

（资料来源：京华时报，2013-06-03；环球网，2013-06-03）

思考问题：

(1) 钓鱼岛问题的主要争端在哪一方？

(2) 解决钓鱼岛问题的关键是什么？

适用范围：

社会军事管理中的领土争端与军事问题分析。

相关链接：

2013 年 6 月，在新加坡举行第 12 届香格里拉对话会期间，中国军方代表提出，中方在钓鱼岛问题上始终坚持将问题留给后人解决的态度。但日本官房长官菅义伟 6 月 3 日则再次大放厥词，称钓鱼岛问题"原本就不存在领土争议"，"根本不存在搁置争议的问题"。

据日本《产经新闻》6 月 3 日报道，日本官房长官菅义伟在 3 日上午的记者会上，针对中国军方代表日前有关搁置钓鱼岛问题的发言称，"不存在应该搁置的问题。"

菅义伟宣称，"中国关于钓鱼岛的任何主张都无法接受。钓鱼岛本来不存在需要解决的主权问题"。此外，他再次强调："钓鱼岛是日本固有领土，这点不管从历史还是《国际法》上都毋庸置疑，并且目前由日本有效控制。"

分析路径：

(1) 从中日友好邦交关系来分析，由于钓鱼岛危机的一再发作，已说明"搁置争议"的"友好大局"已不复存在。

(2) 从世界局势来分析，美国对钓鱼岛争端不持立场其实是在为日本考虑。

关键要点：

(1) 日方首先打破了钓鱼岛问题的平衡，公然破坏中日两国建交公报关于双方"搁置争议共同开发"的原则，因此中日关系要进一步发展的话，"违规者必须承担后果"。 1972年，中日两国老一辈领导人从大局考虑，在钓鱼岛问题上达成了"搁置争议，共同开发"的重要共识，顺利恢复了两国邦交正常化。以此为基础，中日在政治、经济、文化等各个领域保持了相对较长时间的蓬勃发展，两国成为互为彼此的重要贸易对象国。然而，自2012年9月日本野田佳彦内阁背信弃义，公然制造钓鱼岛"国有化"闹剧后，中日两国长期以来在钓鱼岛问题上的平衡由此被打破。 对于日方否定老一辈领导人"搁置争议"共识，篡改历史的荒谬言行，曾有媒体刊文指出，中日邦交正常化谈判时日前首相田中角荣和中方领导人就"搁置争议"达成共识，相约"以后再说"。但日本现在公布的档案是"1988年9月的打印稿"，其中既无"以后再说"，甚至说中方领导人也称"尖阁诸岛"，甚为离奇。日方根据这种明显荒唐的资料论证"不存在领土问题"。事实上，如果不承认"钓鱼岛问题"，中日邦交不可能存在。

(2) 钓鱼岛的问题不只是中日之间的问题，它的首要根源是美国，对这样一个大的问题，必须要让美国拿出立场，但是最近美国的表态故意是模棱两可，所有的表态都模棱两可。在过去一段非常长的时间里面，每当日本对钓鱼岛国有化的时候，美国先是表面上好像很中立，不持立场，但是实际上是在持立场，一直是在支持日本，甚至利用美日之间的安保条约来为日本人提供保护。在美国的亚洲战略中，钓鱼岛是非常重要的一个环节，以美国人"以人权卫士"自居、事事插手的个性，势必使钓鱼岛问题变得更为复杂化，中国人民所关心的钓鱼岛问题很难通过正常的途径得到解决。

2.7.2 中国新一代舰艇

作者姓名：邱君

案情介绍：

今年春天，在西太平洋上亮相的中国海军训练编队让人振奋——

"井冈山"舰是我国目前吨位最大的两栖船坞登陆舰；"兰州"舰、"玉林"舰均执行过亚丁湾、索马里海域护航任务；"衡水"舰是海军刚服役不久的新型护卫舰……

这些海军"明星装备"从需求论证到型号立项,从设计审图到定型生产,都凝结着海军装备研究院科研人员的智慧和汗水。

新年伊始,屈也频的日程便安排得满满当当。身为海军装备研究院负责航空装备论证的领军人才,他曾带领团队相继参加完成多项国家和军队航空装备的研制工程,亲身经历了我国多型反潜直升机等重大装备从无到有的艰难过程。如今,为了牵引某型飞机的深化训练,他又领衔对该型飞机训练与质量评估系统、个人分析评估系统等 5 个课题展开科研攻关。一些业内专家断定完成某型机上设备研制任务是"天方夜谭",屈也频却"偏向虎山行",带领团队向该项目发起冲锋,完成了这项"不可能完成的任务"。

当很多人把关注的目光投向舰船"看得见"的打击能力时,海军装备研究院的科研人员却把目光投向"看不见"的防护能力上——研究舰船综合防护这个世界海军公认的难题。汪玉、庄亚平、王虹斌、李炜等人研制出红外抑制装置、抗冲隔离装置、损管监控装置等 8 类 25 项填补国内空白的新型舰船综合防护装备,使新一代舰船的综合防护性能接近国际先进水平。

科研战场无处不在。2010 年秋季,面对南海 20 年来最大的强台风,该院海上信号探测论证研究团队奉命开展某型信息化装备海上试验。在那次历时 48 天、航程 5000 余海里的专项试验中,课题组大胆尝试各种新方法,全面考核和检验了系统的性能及综合作战能力。

2012 年,人民大会堂,国家科技奖励大会隆重召开,某系统获特等奖。在这项科研攻关中,该院某型指挥信息平台研究团队功不可没。某所所长叶锡庆带领突击队参与联合攻关,激活了海上作战神经末梢,打通了海军指挥大脑中枢。

(资料来源:中国海军网,2013-06-03;人民网,2013-06-03)

思考问题:

(1) 现代战争的关键是什么?

(2) 中国对战争所持的基本观点是什么?

适用范围:

社会军事管理中的装备与科研问题分析。

相关链接:

为期 3 天的第十二届亚洲安全会议暨香格里拉对话会于 2013 年 6 月 2 日在新加坡闭幕,亚太区域安全合作成为与会各国和地区防务代表的关注焦点。军事专家杜文龙在接受中央电视台《今日关注》采访时表示,随着我国综合国力的提高,军事技术的发展,目前能够制造维护国家安全所需的武器装备,我们没有理由惧怕任何战争。

新华社. 国防部网站. 中国第二艘航母正在大连建造. 江西晨报,2016-01-04

国际先驱导报. F-35 难成未来空战王者. 江西晨报,2016-01-07

分析路径：

兵器——(种，件)武器：兵器工业、兵器学校。

装备——配备；配备起来的东西，这里多指军事方面的东西，如武器、军装、器材、弹药、技术力量等。

科学——关于自然界、社会和思维的客观规律的分科的知识体系；是人们在社会实践的基础上产生和发展而成的经验总结。

技术——进行物质资料生产所凭借的方法或能力；(项，门)专门的技能，本领；技术装备。

(1) 从科学技术的发展来分析，现代化武器的发展已经到了令人瞠目结舌的地步，许多高科技武器的研发成功象征着现代社会的战争已经进入了科技战争的范畴。

(2) 从我国的国情、国力来分析，中国是热爱和平的民族，但中国不惧怕任何形式的战争。

关键要点：

(1) 早在七十多年前，毛主席就曾说过"枪杆子里出政权"，如今的"枪杆子"已远不仅仅是小米加步枪的概念。超音速、核武库等新式武器及武器库的研发，使得现代战争已成为各国比拼高科技、比拼综合实力的战场。谁握有更先进、更新式的武器，就获得了谈判时的话语权。

(2) 中国近 30 年来的主要观点是不想打仗，首要选择是和平对话、和平发展，同时这种方式也让中国丧失了很多机会。比如说，美国在伊拉克、阿富汗等战争中，军队的综合作战能力得到了锻炼。另外新型武器装备在所有的作战行动中，都得到了检验。中国和西方强国相比，在这些方面是有所取舍的。30 年前，中国军队战无不胜。从 1949 年以后，在共和国战争中，解放军赢得了所有的胜利，留给对手的都是屈辱、失败。现在随着我国综合国力的提高，军事技术的发展，目前能够制造维护国家安全所需的武器装备。从歼-15、航空母舰、隐身战斗机到新型水面舰艇等，从这些角度来看，我们没有理由惧怕任何战争。所以，综合起来就是两点，第一中国不想打仗，第二中国不怕打仗。

2.7.3　解放军进入改革季①

作者姓名：刘兴倍

---

① 根据以下资料整理：《军委机关调整组建：由 4 个总部改为 15 个职能部门》(《江西晨报》，2016-01-12)；《解放军成立三大机构》(《江西晨报》，2016-01-04)；于冬、曹丹龄、邓容《火箭军，为"二炮"正名》(《南方周末》，2016-01-14)；《习近平向 5 大战区授军旗》(《南昌晚报》，2016-02-02)。

案情介绍：

2016 年，是"六十多年来最大规模、史上最牛的一次"军改的关键年。

扬弃解放军根深蒂固的"大陆军主义"。军委的原总参谋部、总政治部、总后勤部、总装备部改为办公厅、联合参谋部、政治工作部、后勤保障部、装备发展部、训练管理部、国防动员部、纪律检查委员会、政法委员会、科学技术委员会、战略规划办公室、改革和编制办公室、国防军事合作办、审计署、机关事务管理局，突出隶属中央军委；成立陆军领导机构，加快向全域作战型转变，升格原来的二炮为火箭军，成为战略威慑核心力量，成立战略支援部队，是新型作战力量；以原沈阳军区、北京军区、兰州军区、济南军区、南京军区、广州军区、成都军区机关相关职能、机构为基础，充实军种指挥和保障要素，组建东部战区、南部战区、西部战区、北部战区、中部战区机关，均为正大军区级，归中央军委建制领导，原 7 个军区番号撤销。上述举措，可以管窥本轮军改的大体轮廓。军改，或将触及多部门利益，军队改革必然涉及军队编制调整、结构重组和人员裁减，必然涉及广大官兵的切身利益。

思考问题：

(1) 本次国防和军队改革的目的与原则是什么？

(2) 本次国防和军队改革的内容与顺序是什么？

(3) 本次国防和军队改革的亮点与成果有哪些？

(4) 什么是"火箭军"、战略支援部队？

(5) 重新调整划设五大战区的目的与办法是什么？

适用范围：

社会军事管理中的军事改革分析。

相关链接：

国防部详解军委机关调整组建相关问题. 江西晨报，2016-01-12

赵小卓，楼耀亮，张军社. 关于深化国防和军队改革的意见中相关内容的解读. 新京报，2016-01-02

潘珊菊. 揭秘新成立的五大战区. 京华时报，2016-02-02

张婷. 哪些国家也有"火箭军". 新京报，2016-01-10

于冬，曹丹龄，邓容."第四军种"的历史玄机火箭军. 南方周末，2016-01-14

昱江，张绮琳，黄金菊. 不用枪便可取胜，战略支援部队是什么部队. 南方周末，2016-01-14

分析路径：

军事：军队中的事务或与军队有关的事情。

军事改革：对军队中的事务或与军队有关的事情的改进革新。

关键要点：

1. 本次国防和军队改革的目的与原则

(1) 本次国防和军队改革，核心是三个必然要求(目的)：

一是应对世界前所未有大变局，维护国家安全。当前，世界主要军事力量纷纷调整军事战略，军事变革加速，"我们面对的'大棋局'对军队改革提出了必然要求，不改不行"。

二是国家层面，党中央提出新的国家发展战略，尤其是"四个全面"战略布局。"国家战略的发展对军队改革提出了必然要求，不改不行"

三是习主席对国防和军队建设作出一系列重要论述，特别是提出强军目标战略思想，并制定了新形势下军事战略方针，"这对军队改革提出了必然要求，不改不行"。

(2) 本次国防和军队改革，以领导管理体制、联合作战指挥体制为重点(原则)：坚持"牢牢把握'军委管总、战区主战、军种主建'原则的八点要求"。

一是领导管理体制、联合作战指挥体制是本轮改革的突破口和重中之重。

二是军队规模结构，精简非战斗机构和人员，优化军种比例。

三是部队编成达到"充实、合成、多能、灵活"的发展要求。

四是新型军事人才培养，要构建三位一体即军队院校教育、部队训练实践、军事职业教育的新型军事人才培养体系。

五是政策制度，如官军职业化、文职人员制度、士官制度、退役军人安置政策和管理机构等等。

六是军民联合发展。包括"民参军"和"军转民"，要求：全要素、各领域、高效益。

七是武装警察部队指挥管理体制和力量结构。

八是军事法治体系，要由以行政命令管理为主，向依法行政转变。

2. 本次国防和军队改革的内容要求和特点

(1) 解放军本次改革的内容要求是"更适应联合作战向打仗聚焦"，包括以下内容。

① 减少指挥层级，提升指挥效果。如建立健全军委、战区两级联合作战指挥体制。

② 提高军队的建设效益。主要体现在四个方面：建立军委—军种—部队的领导管理体系和军委—战区—部队的作战指挥体系；正式成立陆军领导机构；构建与联合作战指挥体制相适应，统分结合、通专两线的后勤保障体制；构建由军委装备部门集中统管、军种具体建设管理、战区联合运用的体制架构，装备发展建设实行军委装备部门—军种装备部门体制，装备管理保障实行军委装备部门—军种装备部门—部队保障部门体制。

③ 强化了法制建设。全面贯彻依法治军、从严治军方针，改进治军方式是这轮改革的

重点之一。健全军事法规制度体系和军事法律顾问制度，改革军事司法体制机制，创新纪检监察体制和巡视制度等。

(2) 自上而下进行是本轮改革最显著的特点。具体的时间表和步骤如下：

2016 年组织实施军队规模结构和作战力量体系、院校、武警部队改革，基本完成阶段性改革任务。

2017 年至 2020 年对相关领域改革作进一步调整、优化和完善，持续推进各领域改革，政策制度和军民融合深度发展改革、成熟一项推进一项。

2020 年前，在领导管理体制、联合作战指挥体制改革上取得突破性进展，在优化规模结构、完善政策制度、推动军民融合深度发展等方面改革上取得重要成果，努力构建能够打赢信息化战争、有效履行使命任务的中国特色现代军事力量体系，进一步完善中国特色社会主义军事制度。

3. 本次国防和军队改革的亮点与核心

从本次国防和军队改革公布的军委机关设置结构看，更加凸显了我军新领导指挥体制的高效、专业。

(1) 本次改革的亮点在于减少领导层级，增强指挥效能。具体体现在以下几个方面。

① 机构精干。将军委机关调整为多部门制，就是围绕"军委管总、战区主战、军种主建"的总体思路，对军委机关职能配置和机构设置进行优化。通过将原来四总部中的相近职能部门进行整合，进一步突出了军委的核心职能。由原来的四总部调整组建 15 个部门，虽然数量上有变化，但各部门职能分工更加明晰、专业、精细。

② 设置科学。通过调整组建多部门制，使军委机关成为军委的参谋机关、执行机关、服务机关，进一步强化了党对军队的绝对领导和军委的集中统一领导。此外，新机关的组建将决策、执行、监督等职能相对分开，更有利于加强权力运行制约和监督，也符合战略管理基本流程。

③ 强化了军委机关履行战略谋划和宏观管理职能，有利于加强党对军队绝对领导。这轮改革构建了两条线：联合作战指挥和部队建设管理，也就是在军委管总的前提下，战区和军种一个谋"战"，一个谋"建"。通过这样的设置将军委机关从日常事务中解脱出来，使军委机关专注于军队建设的宏观层面、战略层面和方向性事务，强化了军委机关的战略谋划、战略指挥、战略管理职能。

(2) 本次改革的核心在于坚持战斗力标准(成果)。

"从习主席发出改革强军号令，到军委机关的调整组建任务基本完成，在如此短的时间内能完成这样重大的任务，首先反映出我们的军队是一支坚决听党指挥的军队，军委机关的每一位军人都是坚决听党指挥的军人。"

坚持战斗力这个唯一的根本的标准，坚持用是否有利于生成提高部队战斗力来检验工作成效，是本轮改革的核心。通过本轮改革我们构建起新的体制、组织形态，在作风上、思想观念上进行根本性转变，彻底摒弃老思想、老观念、官僚主义、形式主义、"五多"顽症等不良作风。以体制改革为契机，大兴学习研究之风，主动来一场军事学习革命，加强军事斗争准备重大现实问题研究，不断提高谋划打仗、指挥打仗、带兵打仗的能力。

4. 火箭军的正名与战略支援部队的组建

(1) "火箭军"是由与陆海空并列的"第四军种"——"第二炮兵"更名而来的。

组建之初，冷战正酣。为打破"核恐吓"，中国决定研发核武器，并开始战略导弹的研究和相关部队的组建；1959 年，第一支地对地导弹部队秘密组建完成。直到 1966 年 7 月 1 日，中国战略导弹部队正式成立。不过，出于保密的需要，这次部队没有沿用"战略导弹部队"的国际通用称谓，而是由周恩来总理亲自命名为"第二炮兵"。

组建之初，"二炮"确被列为兵种，级别与装甲兵、防化兵等兵种相当。直到 1980 年代中期百万大裁军来临，其他兵种司令部悉数撤销，业务划归总参谋部兵种部，铁道兵甚至脱下军装，被整体移交地方。相形之下，第二炮兵部队这才显得"鹤立鸡群"：不仅原有的二炮司令部没有被裁撤，还被升格为正大军区级——司令员和政委均为上将；它还拥有司令部、政治部、后勤部以及此后的装备部门，其装备研发和预算也属独立运作。这与海军、空军等法定军种的编制并无二致，第二炮兵已是与陆海空并列的"第四军种"。

正名是新的起点，亦是传统的回归。60 年前，"中国火箭之父"钱学森在 1956 年元旦下午三点钟在有贺龙、陈毅、叶剑英、聂荣臻等"十大元帅"听课的讲座上提出"中国人完全有能力，自力更生制造出自己的火箭。我建议中央军委，成立一个新的军种，名字可以叫'火军'，就是装备火箭的部队。"45 岁的钱学森还在黑板上写下"火箭军"三个字，"这就是导弹部队，一支不同于现有的陆、海、空三军的新型部队，是一支能够远距离、高准确度命中目标的部队，是现代化战争中极其重要的后起之秀。"紧接着，在钱学森的主持下"第五研究院"等科研队伍应运而生，专司导弹等战略武器的研发。1960 年 11 月 5 日，在苏联撕毁合同、撤走全部专家不久，在钱学森的工程控制论的指挥下，东风—1 短程弹道导弹(仿苏联 R—2 导弹)发射成功。一种高技术武器的诞生，催动军事编制体制的变革，第二炮兵部队的诞生成为可能。作为高技术军兵种，"二炮"的编制体制自诞生之日起就与陆军略有不同。1975 年 12 月，为加强装备管理和科研工作，第二炮兵总部增设科技部(后改称技术装备部)。10 年之后的百万大裁军中，第二炮兵部队的地位扶摇直上。其任务是遏制敌人对中国使用核武器，在敌人对中国发动核袭击时，遵守统帅部的命令，部队独立地或联合其他军种的战略核部队对敌人实施有效的自卫反击，打击敌人的重要战略目标。

"考虑到第二炮兵实际上担负一个军种的职能任务，新一轮大刀阔斧的军队改革中，'二炮'正式更名为'火箭军'。""更名火箭军，不是一个改名那么简单的，它的诞生将为战略导弹部队的发展开辟更大的空间"。"火箭军是一支首战可用、全程可用、终结战争可用的'全能隐身'作战力量"。"我们将按照火箭军的职能定位和使命任务，努力建设一支强大的现代化火箭军。"

(2) "战略支援部队是维护国家安全的新型作战力量，是我军新质作战能力的重要增长点"，"将为中国打赢信息战发挥重要作用"。

2015 年 12 月 31 日，中国人民解放军的新军种之一——战略支援部队宣告成立。在世界范围内，"战略支援部队"是个闻所未闻的称号，这是一支什么样的部队？各界对其具体任务有诸多猜测。猜测一：在外层空间，这支部队作为"天军"整治包括卫星、超高速飞行器、空间监视与情报系统等力量。在网络空间，是网络战的重要力量；猜测二：这支部队是包括情报、技术侦察、卫星管理、电子对抗、网络攻防、心理战等信息支援性质的兵种；猜测三：这支部队不直接参战，为各部队提供信息支持，跨越任何一个军种。重点在打击敌人的卫星和电子网络方面发挥重要作用，甚至不需开一枪就能屈人之兵。

"战略支援部队可能将太空、网络、电子对抗领域的部队集中统管，具有很强的包容性和整合能力，是我国军改一大创新，符合信息化战争的特点和要求。"战略支援部队的领花造型独特，具有多种形状特征整合的特点，代表它应该囊括了太空军、网军、电子对抗部队。这种新质作战能力，有别于传统的火力杀伤，用途神秘的中国战略支援部队，谋求不战而胜。现代信息化战争的一个典型特色，就是非对称、非接触、非线式作战，而实现这一转变的关键环节，主要包括外层空间和网络空间这两个特殊的战场。打赢信息化战争，战略支援部队的重要性排在第一位，因为它与传统作战能力相加，既为其提供支撑，也是其力量倍增器。战略支援部队可以整合信息化战争中的多种力量。

战略支援部队的成立，能将过去的各自为政转化为联合作战，在军队建设上可以有效统筹，开辟资源整合、系统对接、危机预警规划、规范管理的新道路。在信息化时代里，战争已不再只靠陆海空战场，各国都在积极培育虚拟空间战场的军备力量，战略支援部队最大的特点便是不用开枪就可制敌。拔高"战略支援部队"有其必要性和前瞻性。过去我们说现代化战争首要掌握制空权，随着信息技术高速发展，信息化战争首要掌握制电磁权，要尽力做到战场单向透明。将技术侦察、电子对抗、网络攻防、心理战、情报、卫星管理等集中到战略支援部队，不仅能截获信号和情报，同时也能传播心理战信号和情报，也能有助于电子对抗和网络攻防。

战略支援部队是"将战略性、基础性、支撑性都很强的各类保障力量进行功能整合后组建而成的"。未来战略支援部队还可能包容更多的新的军事力量。战略支援部队的特点是：不直接参战，而是为作战部队提供信息支持和保障；不适合专门隶属某一军种，但又无法与各军种脱离关系，其行动具有战略意义，可以对国家博弈、战争进程等产生重大影响。按照这种发展趋势，未来空天军、网络军的成立也并非没有可能。

5. 将七大军区改设为五大战区

本次国防和军队改革中调整划设东部战区、南部战区、西部战区、北部战区、中部战区，是从军委管总、战区主战、军种主建的总原则出发，根据我国安全环境和军队担负的使命任务确定的，有利于健全联合作战指挥体制，构建联合作战体系。此次以原 7 个军区机关相关职能、机构为基础，充实军种指挥和保障要素，组建 5 个战区机关均为正大军区级，归中央军委建制领导。随着战区调整组织任务的完成，原沈阳军区、北京军区、兰州军区、济南军区、南京军区、广州军区、成都军区番号撤销。

战区作为本战略方向的唯一最高联合作战指挥机构，履行联合作战指挥职能，担负着应对本战略方向安全威胁、维护和平、遏制战争、打赢战争的使命，对维护国家安全战略和军事战略全局具有举足轻重的作用。但战区不直接领导管理部队，作为本战略方向的唯一最高联合作战指挥机构，根据中央军委赋予的指挥权责，能够对所有担负战区作战任务的部队实施统一指挥和控制。我们将适应新的指挥体制运行要求，健全完善相关法规制度，保证战区指挥权责落到实处。

这轮改革按照联合作战、联合指挥的要求，对军委联指、各军种、战区联指和战区军种的作战指挥职能进行了调整规范，主要是科学划分职能、理顺指挥关系、规范指挥流程，形成符合我军实际、顺畅高效的指挥体系，更好地适应打赢信息化战争、有效履行使命任务的要求。

战区的建设目标就是坚决贯彻党在新形势下的强军目标，坚决贯彻新形势下军事战略方针，坚决贯彻军委管总、战区主战、军种主建的总原则，建设绝对忠诚、善谋打仗、指挥高效、敢打必胜的联合作战指挥机构。

解放军这轮改革与成立战区相适应，调整组建战区军种机关。主要是以原军区机关部分职能、机构为基础，调整组建战区陆军机关；以海军相关舰队机关为基础，调整组建相关战区海军机关；以相关军区空军机关为基础，调整组建战区空军机关。目前，战区军种机关调整组建任务已经完成。原单位撤销后，根据这轮改革的实际，习主席和军委决策成立相关善后工作机构，这样安排，有利于做好老干部服务、干部分流、伤病残人员安置，有利于加强经费物资、装备器材、营房设施等管理，确保新旧体制平稳过渡，确保部队安全稳定。

第3章 自 然 管 理

自然管理就是自然物、自然机制、自然秩序及自然规律等自然因素对人类的指示、约束与教训，主要通过光、雨、雷电、冰雹等自然现象告诫人类，指示人类的活动。自然管理的实质是自然力的作为。其目标是"为子孙后代留下蓝天、绿地、净水的美好家园"（胡锦涛《坚定不移沿着中国特色社会主义道路前进 为全面建成小康社会而奋斗——在中国共产党第十八次全国代表大会上的报告》）。

包括环境、资源、宇宙、天文、地理、气候等。

3.1 环　　境

3.1.1 PM2.5

作者姓名：刘凤

案情介绍：

某日一场灰霾笼罩京城，北京环保局公布的每日空气质量报告中，最严重的地方也仅为"轻度污染"。但美国大使馆自测的空气质量 PM2.5 指数反复跳上 200 大关，达到美国国家环保局认定的"非常不健康"、"危险"级别。数据不同的原因是计算方法不同。美国环保局实施的 AQI 指标是综合 PM2.5、PM10、一氧化碳、二氧化硫、臭氧和二氧化氮的浓度计算出来的；而当时中国通用的 API 只考虑了 PM10、二氧化硫、二氧化氮。PM2.5 已经开始进入中国公众的视线。

环境保护部公布《环境空气质量标准》征求意见稿，向全社会第二次征求意见，公众普遍赞成将 PM2.5 和臭氧(8 小时浓度)纳入常规空气质量评价体系。

环保部常务会议审议原则上通过了修订后的《环境空气质量标准》。标准增设了 PM2.5 平均浓度限值和臭氧 8 小时平均浓度限值。

北京市环保监测中心网站发布 PM2.5 研究性监测小时浓度数据、车公庄自动监测站数据，每小时更新。之后，多省公布监测时间表。

2012 年 2 月 29 日，国务院常务会议同意发布新修订的《环境空气质量标准》，部署加强大气污染综合防治重点工作。

2012 年 3 月 5 日，温家宝在政府工作报告中指出：今年在京津冀、长三角、珠三角等重点区域以及直辖市和省会城市开展细颗粒物(PM2.5)等项目监测，2015 年覆盖所有地级以上城市。我们要用行动昭告世界，中国绝不靠牺牲生态环境和人民健康来换取经济增长，我们一定能走出一条生产发展、生活富裕、生态良好的文明发展道路。

（资料来源：扬子晚报，2012-03-30）

思考问题：

(1) 什么是 PM2.5？它从何而来？它对人类的身体有哪些伤害？

(2) 如何解决这个问题？

适用范围：

自然环境管理中的城市环境问题分析。

相关链接：

新华社. 巴黎气候变化大会通过全球气候新协定. 江西晨报，2015-12-14

南方周末. 海洋已是垃圾场. 江西晨报，2016-01-15

吕明合，杨凯奇. 西宁污水处理，政企"七年之痒"污局. 南方周末，2015-11-05

　　PM2.5 是指大气中直径小于或等于 2.5μm 的颗粒物，也称为可入肺颗粒。PM2.5 富含大量的有毒、有害物质，且在大气中停留时间长、输送距离远，因而对人体健康和空气质量的影响更大。

　　而直径小于 10μm 的颗粒物被称为 PM10。直径在 2.5～10μm 之间的被称为"大颗粒"粉尘，直径小于 2.5μm 的则又被称为"超细颗粒"，即 PM2.5(大约相当于我们的一根头发丝的直径的 1/20)。人体的生理结构决定了对 PM2.5 没有任何过滤、阻拦能力，PM2.5 除了本身对人体呼吸系统具有直接的刺激作用、致敏作用，同时它还可能作为携带细菌、微生物、病毒和致癌物的载体侵入人体肺部，严重危害人体健康。

分析路径：

　　(1) 从产生的主要来源看，PM2.5 产生的主要来源，是日常发电、工业生产、汽车尾气排放等过程中经过燃烧而排放的残留物，大多含有重金属等有毒物质。一般而言，粒径 2.5～10μm 的粗颗粒物主要来自道路扬尘等；2.5μm 以下的细颗粒物(PM2.5)则主要来自化石燃料的燃烧、挥发性有机物等。

　　(2) 从对人体伤害的角度来看，PM2.5 主要对呼吸系统和心血管系统造成伤害，包括呼吸道受刺激、咳嗽、呼吸困难、降低肺功能、加重哮喘，导致慢性支气管炎、心律失常、非致命性的心脏病以及心肺病患者的过早死。老人、小孩以及心肺疾病患者是 PM2.5 污染的敏感人群。

　　(3) 从全社会的角度出发，降低这些看似不大的风险，收益却是很大的。美国环保局在 2003 年做了一个估算："如果 PM2.5 达标，全美国每年可以避免数万人早死、数万人上医院就诊、上百万次的误工、上百万儿童得呼吸系统疾病"。

关键要点：

(1) 当前，资源相对短缺、环境容量有限已经成为我国国情新的基本特征，而环境问题的背后往往是资源的过度消耗。PM2.5 只是一个个案。我国目前面临的环境问题层出不穷，屡治不绝，一个重要原因正是一些地方政府没有真正认识到环境保护的重要性、紧迫性，常常是为了一时发展忽视甚至牺牲环境，经济发展方式仍然靠拼资源、拼消耗。这样的增长模式只能带来日趋严重的环境污染和生态退化，经济增长也将更加难以为继。加强环保可以倒逼经济转型，是转变经济发展方式的重要内容，也是检验转变方式成效的重要标志，可以促进可持续发展。同时，保护环境、促进节约资源会带来大量新的需求，促进技术进步，催生新的产业，为经济发展增添新的动力。

(2) 如何解决 PM2.5 带来的危害呢？

监测 PM2.5 可以由此倒逼产业结构、能源结构等多方面的调整。我们要借助这个契机，强化责任意识，进一步发挥环境保护的"倒逼作用"，逐步实现经济发展方式的转变与增长。具体措施如下：①在改造升级传统产业、发展高技术产业和先进制造业的同时，大力支持服务业发展，形成有利于节约和环保的产业体系。服务业市场需求大，能耗和污染排放低，提高服务业比重和水平，有利于从源头上减少污染，减轻环境压力。②在加大政府环保投入、推进环保科技攻关、实施一批国家重点生态环保工程的同时，注重发挥市场机制的力量，大力发展节能环保技术装备、服务管理、工程设计、施工运营等产业，增强保护与改善环境的能力。③在强化环保责任、把住环境准入门槛的同时，完善相关激励和约束政策，使企业能够在节能环保中增效益、有动力，实现经济效益、社会效益和环境效益的多赢。在促进区域协调发展、优化经济布局时，要严格环境准入标准，根据主体功能区规划，实行分类指导、差别化的经济政策。

3.1.2 抵御沙尘暴

作者姓名：许剑

案情介绍：

据中央气象台观测数据显示，2012 年 11 月 2 日白天，新疆东部、甘肃中西部、青海、内蒙古西部等地刮起 5～7 级大风，强风在新疆南疆盆地东部、青海北部掀起扬沙或浮尘，其中新疆铁干里克和若羌出现沙尘暴，青海冷湖出现强沙尘暴。随着冷空气一路东行，本周末内蒙古、西北地区东部、华北等地都将迎来明显雨雪天气，中央气象台 2 日继续拉响寒潮蓝色预警。

11 月 2 日中午 16 点起，较强冷空气袭击新疆库尔勒市，出现严重沙尘天气。据新疆气象台的消息，11 月 2 日午后到 3 日，南疆西部山区的部分地区有微到小雪，南疆盆地有 5 级左右偏东风，部分地区伴有扬沙或沙尘天气，气温下降 5℃左右。当地气象部门提醒，风沙、降温天气将对交通运输和空气质量有不利影响，提醒广大市民注意出行安全和添衣保暖。

据中国之声《全国新闻联播》报道，受冷空气影响，今天(11月2日)凌晨开始，新疆、甘肃多地遭遇大风、沙尘暴天气侵袭，部分学校停课。上午10点，新疆哈密市就被笼罩在漫天黄沙中，天空呈现橘红色，部分地区能见度不足10m，市民举步维艰，头发、眉毛和衣服上全是黄土，过往车辆打开应急灯缓慢前行。

受大风影响，新疆吐鲁番、哈密、博州等地连发近40起火灾，大火已被扑灭未造成人员伤亡；另外，哈密市64所学校停课，4万多名中小学生受到影响。

今天(11月2日)甘肃河西走廊多地也出现异常天气，大风、沙尘暴伴随着雨夹雪席卷张掖、武威、金昌、酒泉等地，嘉峪关、酒泉等地还出现降雪，气温下降近10℃。目前，新疆甘肃各地已启动应急预案，应对极端天气可能造成的交通、火灾事故等突发情况。截止到记者发稿时，新疆、甘肃的大风、沙尘天气仍在持续。

(资料来源：红网/潇湘晨报，2012-11-03；中国日报新疆记者站，2012-11-03；

中国广播网，2012-11-02；城市快报，2012-11-22)

思考问题：

(1) 沙尘暴形成的原因是什么？

(2) 沙尘暴有哪些危害？

(3) 如何防治沙尘暴

适用范围：

自然管理中的沙尘暴防治问题分析。

相关链接：

谭畅. "十三五"开启千亿热潮 石墨烯产业：污染密集型？南方周末，2015-12-03

2012年11月21日从市环保局获悉，天津15个国控监测站点升级改造已经完成，从10月份开始，市控点升级改造工作也全面展开，预计年底前完成27个监测站改造。在升级改造中还新增了城市摄影系统和激光雷达，激光雷达可对高空的空气质量进行预知感应，也就是说，未来当天津遇到雾霾、沙尘暴等天气时，激光雷达在高空可以感应到变化，提供数据供监测中心进行分析，提前预报，帮助市民了解空气质量。

分析路径：

(1) 从沙尘暴的形成原因上来分析，了解沙尘暴形成的客观原因和物质基础。

(2) 从沙尘暴的危害上来分析，应该从自然环境、政策等各方面来加强沙尘暴的防治工作。

(3) 从应对沙尘暴上分析，人类该如何面对沙尘暴。

关键要点:

(1) 沙尘暴形成的原因很复杂,是多方面的。沙尘暴的动力是风。物质基础是沙尘。风与沙尘各有复杂多样的时空变化。有足够强大的风,还要有足够量的沙尘。但是把大量沙尘吹起来,还需要很多条件。我国西北干旱区,盛行强烈的西北风。由于古地中海抬升形成大量松软的沙尘堆积。干旱少雨植被稀疏,特别是干旱、风大、植被稀疏都同步发生在春季,因此春季就具备了沙尘暴发生的自然条件,再加上人为活动破坏了地面植被,使沙尘暴越发强烈。

沙尘暴是一种风与沙相互作用的灾害性天气现象,它的形成与地球温室效应、厄尔尼诺现象、森林锐减、植被破坏、物种灭绝、气候异常等因素有着不可分割的关系。其中,人口膨胀导致的过度开发自然资源、过量砍伐森林、过度开垦土地是沙尘暴频发的主要原因。

(2) 沙尘暴的危害一是大风,二是沙尘。其影响主要表现在以下几个方面:①风蚀土壤,破坏植被,掩埋农田。②污染空气。③影响交通。沙尘暴对交通的影响主要表现为,一是降低能见度影响行车和飞机起降。二是沙尘掩埋路基,阻碍交通。④影响精密仪器使用和生产。⑤危害人体健康。沙尘暴引起的健康损害是多方面的,皮肤、眼、鼻和肺是最先接触沙尘的部位,受害最重。皮肤、眼、鼻、喉等直接接触部位的损害主要是刺激症状和过敏反应,而肺部表现则更为严重和广泛。⑥引起天气和气候变化。大范围的沙尘,在高空形成悬浮颗粒,足以影响天气和气候。因为悬浮颗粒能够反射太阳辐射,从而降低大气温度。随着悬浮颗粒大幅度削弱太阳辐射(约 10%),地球水循环的速度可能会变慢,降水量减少;悬浮颗粒还可抑制云的形成,使云的降水率降低,减少地球的水资源。可见,沙尘可能会使干旱加剧。

(3) 要想防治沙尘暴,需从源头治理,我们可以看以下几组数据:科学家们做过推算,在一块草地上,刮走 18cm 厚的表土,约需 2000 多年的时间;如在玉米耕作地上,刮走同样数量的表土需 49 年;而在裸露地上,则只需 18 年时间。故防止滥砍滥伐,让人类给自己的后代留下可持续发展的根基才是最为重要的。

(4) 建立沙尘暴预警机制及应急预案,尽可能降低沙尘暴带来的危害。沙尘暴天气预警信号分为黄、橙、红三色。黄色预警表示 24 小时内可能出现沙尘暴天气(能见度<1000m),或者已经出现沙尘天气并可能持续。橙色预警表示 12 小时内可能出现强沙尘暴天气(能见度<500m),或者已经出现强沙尘暴天气并可能持续。红色预警表示 6 小时内可能出现特强沙尘暴天气(能见度<50m),或者已经出现特强沙尘暴天气并可能持续。

3.1.3 候鸟的"家"

作者姓名:许剑

案情介绍：

新华网长沙11月14日电(记者黄兴华)为确保湿地资源可持续发展,保护候鸟安全过冬,湖南省继东洞庭湖大、小西湖及壕沟之后,日前再次启动丁字堤生态环境改造并封闭管理。至此,东洞庭湖国家自然保护区核心区域全部实行封闭管理。

位于湖南省岳阳市境内的东洞庭湖国家自然保护区,面积19万公顷,1992年被列入"世界重要湿地名录",1994年晋升为中国国家级自然保护区,主要保护对象为湿地和珍稀鸟类。其核心区域大西湖、小西湖、壕沟及丁字堤区域,湿地资源最集中、珍稀物种最丰富,具有特殊的保护和科研价值。

记者从东洞庭湖国家自然保护区获悉,2006年,湖南省对东洞庭湖的、大小西湖及壕沟实施了封闭管理。目前进行的丁字堤生态环境改造项目,主体工程为17.8km蓄水矮堤,改造区域达2万亩,主要功能是在枯水期营造不同水位梯度,形成草滩、泥滩等适宜涉禽、游禽等不同鸟类栖息的环境,丰富其物种多样性,修复受损的湿地生态环境。

据悉,核心保护区域实行封闭管理后,未经保护区管理局批准,任何单位和个人都不得进入。每年10月1日至翌年4月30日,禁止机动车辆进入封闭管理区。封闭管理区内禁止狩猎、捕鱼、挖沙、采蒿、植树、割柳、打草、采伐等一切生产经营活动。严禁在封闭管理区内进行基本建设,包括开沟、围垦和取土等。严禁向封闭管理区内排放、倾倒污染物品。

(资料来源:新华网,2012-11-14)

思考问题：

(1) 我国在生态环境保护方面采取了哪些有效的举措?

(2) 与发达国家相比,中国存在哪些较为严重的生态环境问题?

适用范围：

自然环境管理中的环境保护问题分析。

相关链接：

冯一涵,黄志良. 南昌碟子湖旁现巨型人造垃圾山. 江西晨报,2015-12-31

樊依,万雪. 鄱阳湖又添新成员钳嘴鹳. 江西晨报,2015-12-09

改革开放以后,中国确立了环境保护的基本国策,把实施可持续发展作为一项国家战略,大力推进生态文明建设,生态建设与环境保护从认识到实践发生了一次次重大的转变。在保持经济快速增长的同时,我国采取了一系列有力措施,延缓了环境污染加重和生态破坏加剧的趋势,部分地区和城市环境质量有所改善。一个有13亿人口、面临严重资源环境瓶颈制约的发展中大国,在现代化进程中为生态建设和环境保护做出的巨大努力,举世瞩目。

分析路径:

(1) 人民生活以及经济发展的传统模式亟须改变,普通民众的环保意识亟须增强,从生活的方方面面来进行节能减排,实现低碳生活。企业为发展、壮大身不惜以消耗自然资源、破坏生态环境为代价。

(2) 大力推进环保工程建设,需要国家的大力支持和民众的积极参与。

关键要点:

近年来,社会各界生态环境保护意识不断增强,参与热情高涨,这为中国在可持续发展的道路上加速前进提供了源源不断的强劲动力。

(1) 我国环保力度在不断增强。1982 年在城乡建设环境保护部设立环境保护局,1988年成立国务院直属的国家环境保护局,1998 年升格为国家环境保护总局,2008 年成立中华人民共和国环境保护部——中国国家环保行政机构的设置,经历了四次跨越。环保机构的变化与升格,是中国政府以及全社会对环境保护认识不断深化、环保力度逐步加强的一个缩影。

进入新世纪后,我国实施以生态建设为主的林业发展战略,积极推进国土绿化事业,加强森林建设和保护,促进人与自然和谐发展。天然林资源保护、退耕还林等六大林业重点工程,开创了以大工程带动大发展的生态建设新局面。

据国家林业局统计,目前,全国已完成确权的林地面积达 12.7 亿亩,占集体林地总面积的一半。悦人绿色,在中华大地持续铺展——中国实现了森林面积和森林蓄积"双增长",森林覆盖率从新中国成立初期的 8.6%增加到目前的 18.21%。目前,人工林保存面积约占世界人工林总面积的 1/3,居世界首位。联合国粮农组织发布的全球森林评估报告指出:在全球森林资源继续减少的情况下,亚太地区森林面积出现了净增长,其中中国森林资源增长率在很大程度上抵消了其他地区的森林高采伐率;全国城市建成区绿化覆盖率由 1981 年的 10.1%提高到 35.29%,人均公共绿地由 3.45m^2 增加到 8.98m^2;到 2008 年底,全国已建立各类自然保护区 2538 个,占国土面积的 15.1%,是世界平均水平的两倍多。

(2) 环保民间组织从无到有,不断发展壮大。据中华环保联合会统计,2008 年民间环保组织总数已经超过 3500 家,从业人数达到 30 万;绿色发展成为很多地区、企业的自觉选择,生态市、森林城市、环境优美乡镇、环境友好企业等不断涌现。公众踊跃参与节能减排等环保行动,支持"限塑令",带环保袋上街购物,夏天把空调温度调高,争当环保志愿者……在看到成就的同时,我们应当清醒地认识到,经济增长依赖资源环境消耗的传统发展模式还没有根本改变,发达国家上百年工业化过程中分阶段出现的环境问题,在我国已经集中出现,保护生态环境依然任重道远。

3.1.4 柳江保卫战

作者姓名:李根红

案情介绍:

(2012 年)1 月 15 日,龙江河宜州市怀远镇河段水质出现异常,河池市环保局在调查中发现龙江河拉浪电站坝首前 200 米处,镉含量超标准约 80 倍。

1 月 25 日,广西龙江河镉污染事故已锁定两个违法排污嫌疑对象,分别是广西金河矿业股份有限公司和金城江鸿泉立德粉厂,将其污水直接排放到地下溶洞。事故处置的专家估算,此次镉污染事件镉泄漏量约 20 吨。专家称,由于泄漏量之大在国内历次重金属环境污染事件中都是罕见的,此次污染事件波及河段将达到约 300 公里。

2 月 1 日,广西镉污染事件污染源所在城市广西河池市表示"事件发生后没有沉默"。

中共广西河池市委副书记秦斌介绍:1 月 15 日接到河池水产部门报告有死鱼后,水产部门和环保部门当即采样,按照正常的鱼类死亡标准如水中的含氧量等方面来检验,检验发现是合格的。第二天,有关部门重新再去取样做更全面的检验,才发现是有重金属污染的迹象。于是当即把样本送往广西壮族自治区有关部门做进一步检测。

同时,环保部门启动了应急预案,对沿河的企业进行了排查,看有无污染的现象。1 月 17 号广西壮族自治区的结果出来确认是污染后,18 日凌晨 3 点钟河池就已通报下游城市柳州,同时组织干部进入沿江村屯宣传,让村民不要再饮用受污染的水。

2012 年 2 月 1 日下午,在河池市龙江河突发环境事件应急处置工作新闻发布会上,河池市市长何辛幸正式鞠躬道歉。何辛幸称,"保护地方环境不被污染,是我们地方政府的法定职责,政府是环境保护的第一责任人。事件的发生,暴露了我们发展经济的思路和方式落后,环保意识薄弱,政府监督缺失,我们为此感到十分愧疚和深深自责"。

(资料来源:中国新闻网(北京),2012-02-04)

思考问题:

(1) 广西龙江镉污染的原因是什么?

(2) 如何保证饮用水的安全?

适用范围:

自然环境管理中的环保与饮用水污染的防治。

相关链接:

1. 镉元素

镉是人体非必需元素,在自然界中常以化合物状态存在,一般含量很低,正常状态下,不会影响人体健康。当环境受到镉污染后,镉可在生物体内富集,通过食物链进入人体引起慢性中毒。

2. 镉污染源

20 世纪初发现镉以来，镉的产量逐年增加。镉广泛应用于电镀工业、化工业、电子业和核工业等领域。镉是炼锌业的副产品，主要用于电池、染料或塑胶稳定剂中，它比其他重金属更容易被农作物吸附。相当数量的镉通过废气、废水、废渣排入环境，造成污染。污染源主要是铅锌矿，以及有色金属冶炼、电镀和用镉化合物作原料或触媒的工厂。

分析路径：

水是生命之源，确保饮用水安全，需要企业树立高度的社会责任感，同时也需要公众的积极参与和监督，更需要政府部门积极监管，并加大惩罚力度。

关键要点：

1. 发现水被龙江镉污染

2012 年 1 月 15 日，龙江河宜州市怀远镇河段水质出现异常，河池市环保局在调查中发现龙江河拉浪电站坝首前 200 米处，镉含量超标准约 80 倍。其原因主要是广西金河矿业股份有限公司和金城江鸿泉立德粉厂等两个违法排污对象将污水直接排放到地下溶洞。

2. 严格追究违法排污企业的责任，积极治理

广西河池龙江河段发生重金属镉严重超标的水污染事件，直接危及下游沿岸群众饮水安全。面对这一紧急情况，柳州市委、市政府发出了"打响柳江保卫战"的号召，全市上下团结一心，全力应对此次突发事件以保障这座中国西南重要城市的饮水安全。大量应急处置物资已运达柳城县糯米滩水电站，对污染水体进行降解稀释。2012 年 1 月 27 日，在广西柳州市柳城县糯米滩水力发电厂，武警消防战士将袋装碱投入水池，准备引入江中稀释污染水体。在电站的大坝旁，身着迷彩服的武警战士来回奔跑，忙着搬运物料，身着防化服的消防队员一刻不停地向处理池投放絮凝剂，絮凝剂在处理池中溶解后通过管道源源不断地输送到大坝上，流入受污染的龙江河中……

此次龙江水质污染事件，当地政府高度重视，政府官员的反应极为迅速，抢险处置的措施也非常得力。据最新数据表明，半个月以来，经过采取科学有效的处置措施，龙江污染水团的高峰值一直呈下降趋势，龙江河污染逐步减轻，柳江自来水安全可靠。但此次污染事件不可谓不严重，社会影响不可谓不恶劣，谁是此次严重污染事件的"罪魁祸首"，却依旧扑朔迷离，看不到制造污染的企业出来承担责任，对污染源的追查也迟迟看不到明确的结论。目前，涉嫌违法排污的金城江区鸿泉立德粉材料厂等企业的 8 名相关责任人，已被依法刑事拘留，相关责任调查正在全面展开，污染源仍未最终确定。

这次镉污染的教训深刻，保护环境责任重大。事故已发生，影响已造成，也许正如河池市一位政府官员所说，要避免类似事故的发生，必须引导和帮助企业调整产业结构，对企业进行优化升级，企业壮大了，才有能力加大投入，相关环保问题才能减少，相应的环境质量才能真正提高。

3.1.5　谁该对苯胺泄漏事故负责

作者姓名： 陈美娜

案情介绍：

2012 年 12 月 31 日，山西长治市潞城市山西天脊煤化工集团股份有限公司发生一起苯胺泄漏事故。经初步核查，当时泄漏总量约为 38.7 吨，发现泄漏后，事隔 5 日，山西省长治市市长张保 2013 年 1 月 6 日凌晨说，长治市政府和天脊煤化工集团迅速启动应急预案，有关方面同时关闭管道入口、出口，并关闭了企业排污口下游的一个干涸水库，截留了 30 吨的苯胺，另有 8.7 吨苯胺排入浊漳河。在浊漳河河道中打了三个焦炭坝，对水质污染物进行活性炭吸附清理，设置了 5 个监测点，每两个小时上报一次监测数据，同时沿着河流深入河北境内 80 公里进行水质监测。

事故影响

为防止河流两岸人畜饮用河水，长治发动工作人员深入企业、农村广而告之，要求大家不要饮用河水，不要下水打鱼，不要吃鱼等。

因上游山西境内水污染，6 日，邯郸市已调换水源地供应地点，并加大调压力度，水压情况出现好转，但由于市民出现抢水、储水风潮，恢复正常供水仍有一定困难。

受山西天脊煤化工集团股份有限公司因输送软管破裂导致的苯胺泄漏事故影响，红旗渠等部分水体有苯胺、挥发酚等因子检出和超标，安阳市住建等部门采取了切断水源，暂停沿途人畜饮水等措施加以应对，当地环保等部门正在严密关切。

浊漳河从山西出来之后主要流经是河南安阳西部一带，包括林州地区，特别是林州地区的著名水利工程红旗渠的用水全部来自浊漳河，主要用于灌溉，经过初步勘测，如果水全部用于灌溉对整个水质影响不大，可以说是可以安全使用灌溉的，但是涉及上游还有一小部分饮水口的饮水是供人畜用，是否安全还要做进一步的检测，安阳市方面也正要对浊漳河水质进行全面监控。

（资料来源：百度百科）

思考问题：

(1) 该起事故发生的原因是什么？

(2) 该起事故对当地环境造成了什么样的影响？

适用范围：

自然环境管理中的水土污染问题分析。

相关链接：

岳家琛，藏文婷. 环境产业的下一个"金矿"，谁在掘金环境大数据. 南方周末，2015-12-24

分析路径：

环境污染是指人类直接或间接地向环境排放超过其自净能力的物质，从而使环境的质量降低，对人类的生存与发展、生态系统和财产造成不利影响的现象。具体包括：水污染、大气污染、噪声污染、放射性污染等。随着科学技术水平的发展和人民生活水平的提高，环境污染也在加重，特别是在发展中国家。环境污染问题越来越成为世界各个国家的共同课题之一。

关键要点：

(1) 事故原因初步查明。2012 年 12 月 31 日上午 7 时 40 分，企业巡检人员发现苯胺罐区一条软管破损，而雨水排水系统阀门未关紧，导致泄漏的苯胺通过下水道排进排污渠。事故发生后，山西省环保厅于 2013 年 1 月 5 日获知消息。长治市市长张保 6 日凌晨说，长治市政府和天脊煤化工集团迅速启动应急预案，企业正采取措施，封堵源头，清理污染物，并加大水质监测力度，防止有新的污染物向下游扩散。张保介绍说，此次苯胺泄漏事故，受到影响的山西境内河道长约 80 公里，平顺县和潞城市 28 个村、2 万多人受到波及。截至目前未出现人畜伤亡。

(2) 省级事故调查启动。据山西省委宣传部 5 日透露，当天下午山西省政府接到此次泄漏报告，报告称泄漏苯胺可能随河水流出省外。山西省委、省政府高度重视，立即启动应急预案，成立了省级应急处置小组，启动了事故调查处置工作，要求长治市和有关部门尽快采取有效措施，封堵源头，清理污染物，加强对污染物的全面检测，防止有新的污染物向下游扩散，积极做好与兄弟省市的沟通、协助、预警工作，共同处理好这起泄漏事故。

(3) 环境污染会给生态系统造成直接的破坏和影响，比如：沙漠化、森林破坏，也会给人类社会造成间接的危害，有时这种间接的环境效应的危害比当时造成的直接危害更大，也更难消除。例如，温室效应、酸雨和臭氧层破坏就是由大气污染衍生出的环境效应。这种由环境污染衍生的环境效应具有滞后性，往往在污染发生的当时不易被察觉或预料到，然而一旦发生就表示环境污染已经发展到相当严重的地步。当然，环境污染最直接的后果是使人类环境的质量下降，影响人类的生活质量、身体健康和生产活动。例如城市的空气污染造成空气污浊，人们的发病率上升等；水污染使水环境质量恶化，饮用水源的质量普遍下降，威胁人的身体健康，引起胎儿早产或畸形等等。严重的污染事件不仅带来健康问题，也造成社会问题。随着污染的加剧和人们环境意识的提高，由于污染引起的人群纠纷和冲突逐年增加。

3.2 资 源

3.2.1 草原保护刻不容缓

作者姓名：许剑

案情介绍：

五一小长假对于新疆来说正是踏青赏景的好时节，很多市民都纷纷自驾出游，为了保护草原生态环境，避免车辆对其造成伤害，新疆维吾尔自治区畜牧厅草原处规定：对自驾游车辆破坏草原行为将处以 1000～5000 元罚款。

现在新疆正是春暖花开的时节，记者在乌鲁木齐市东南郊区的葛家沟草原采访时就发现，虽然辽阔的草原犹如巨大的绿色地毯，但是站在高处就会发现，草原上布满了一条条白色"道路"，这些"道路"在草原中纵横交错，随意丢弃的生活垃圾袋也随风飘起，不仅破坏了草原美景，而且植被也遭到破坏。这种现象在乌鲁木齐周边的石人沟、乌拉泊、水西沟、板房沟等草原景区也同样存在。

据新疆乌鲁木齐市畜牧水产草原站草原监理科的科长丁建江介绍：这样的现象过去每年都会发生。今年(2012 年)三月开春以来，随着天气转暖，草原游人增多后，他们已立案十三起游客踏青破坏草原的案件，现在核实的有四起，其余的还在调查处理当中。按照法律规定，对破坏草原植被、污染环境的将处以最高 5000 元以内的经济处罚。

去年(2011 年)10 月 1 日《新疆维吾尔自治区实施〈中华人民共和国草原法〉办法》正式实施，这就是说，新疆出台这项法律法规细则后，对查处破坏草原植被、污染环境的行为就有法可依了。目前，仅乌鲁木齐地区就有 1480 万亩草原，其中 71%为荒漠草原，这些荒漠草原一旦被碾压后很快就会退化，恢复起来至少也要五年时间。所以现在草原监理部门也加大了执法力度，另一方面，也呼吁广大游客进入草原景区后将车辆停放在指定的停车地点，不要在草原上乱扔生活垃圾，文明出游。

2012 年 11 月，最高人民法院 22 日发布《关于审理破坏草原资源刑事案件应用法律若干问题的解释》，明确非法占用草原、改变被占用草原用途，数量较大并造成草原大量毁坏的，以非法占用农用地罪定罪处罚，非法占用"二十亩以上"达到定罪标准。

最高法当天举行新闻发布会，介绍出台该司法解释有关情况。最高人民法院研究室副主任胡伟新表示，《解释》意在完善草原执法的法律依据，加大惩治破坏草原资源犯罪力度。

据统计，中国共有草原约 4 亿公顷，占国土面积的 41.7%。最高人民法院办公厅主任、新闻发言人于厚森指出，由于受利益驱动以及对非法开垦草原追究刑事责任没有明确的定罪量刑标准等原因，近年来破坏草原资源现象相当突出，未经依法批准征占用草原进行各类工商业开发的问题也日趋严重。

(资料来源：中新社，2012-11-22；国际在线，2012-11-22；法制网，2012-11-22)

思考问题：

(1) 中国草原的现状如何？

(2) 如何才能彻底改变中国草原被毁坏的现状？

适用范围：

自然管理中的草原保护问题分析。

相关链接：

非法开垦、征用是造成近年中国的草原面积锐减、资源和生态环境严重破坏的主要原因，但由于缺乏明确的定罪量刑标准，相关违法案件却难以向司法部门移交。2012 年 11 月 22 日，最高人民法院出台了《关于审理破坏草原资源刑事案件应用法律若干问题的解释》，明确非法占用草原行为的定罪量刑标准等内容，为依法打击各种破坏草原资源和生态环境的违法犯罪行为，提供司法保障。

魏昌浩，叶瑶乾. 赣江南昌段江心洲三年面积锐减三分之一. 江西晨报，2016-01-20

刘良昌. 我省森林覆盖率居全国第二. 江西晨报，2016-01-28

分析路径：

(1) 从我国草原开发及草原占用的现状来看，问题日趋严重，如何制定相关法律、法规以及制定标准是个值得深思的问题。

(2) 从制定相关法律的必要性来看，能否有效遏制住草原占用的现象才是重中之重，必须有理、有利、有节。

关键要点：

(1) 中国共有草原约 4 亿公顷，占国土面积的 2/5，生态地位十分重要。但是近年来垦草种粮的案件占居草原违法案件的前列，与此同时，由于草原蕴藏着丰富的煤炭、钢铁、石油等矿藏，在工业需求与丰厚利益的驱动下，未经依法批准征占用草原进行各类工商业开发的问题也日趋严重。

我国出台相关法律政策时考虑到了各类人群占用草原的动机不同，对于最终违法行为的认定制定了较为宽泛的标准。最高人民法院研究室副主任胡伟新说道："2008—2009 年，内蒙古、新疆、黑龙江等 10 个省区草原面积占全国草原面积的 80%，非法开垦 10 亩以下草原的案件占非法占用草原案件总数的 65.6%。开垦 10 亩以上的案件占 34.4%，开垦 20 亩以上的案件占 15.2%。考虑到实践中非法占用草原主要表现为非法开垦草原种粮，实施人往往出于生活或经济需求，入罪门槛不宜定得太低，将 20 亩定为定罪标准是比较适宜的。"

（2）为贯彻宽严相济的刑事政策，司法解释加大了对屡犯不改占用草原行为的惩治力度，规定了非法占用草原受过行政处罚，三年之内又非法占用草原，数量在 10 亩以上的，即可定罪。

同时司法解释还明确了国家机关工作人员非法批准征用、征收、占用草原行为的定罪量刑标准，以及抗拒阻碍草原监督检查人员依法执行职务的处理等。

农业部草原监理中心主任马有祥表示，这部司法解释的出台将有效遏制破坏草原案件的发生："《草原法》出台了几十年，但是跟刑法衔接力度不够，从法治建设角度看就是法律依据不完善，这个问题一直也是草原执法面临的问题。原来就是给予经济上最高 5 万元的处罚，而他们从非法开垦、占用草原得到的巨大利益远远超过几万块钱，所以最高法及时出台司法解释，应该说对非法开垦草原、征用草原有巨大遏制作用。"

3.2.2　为了地球，请保护动物

作者姓名：许剑

案情介绍：

10 月 16 日，大连东软信息学院等学校的 20 多名大学生来到大连森林动物园征集千人签名，在熊猫馆前，大学生向游客们随机提问，答对问题的游客还会获赠一份特制的明信片，明信片中的濒危动物照片都是由动物园提供的。

2012 年 10 月 18 日，百度百科与国家动物博物馆、自然之友共同举办了"你好，地球——关爱濒危动物之旅"活动，整个活动将涵盖线上任务、校园巡展、熊猫基地考察等多个环节，用互联网的力量和实践的精神，号召更多的人投入到保护濒危动物的活动中。记者了解到，在大连至少有海事大学、海洋大学、交通大学以及大连东软信息学院 4 所高校参与其中。

2012 年 11 月 12 日，大连东软信息学院百度百科俱乐部在东软三期食堂一楼广场举办了以"你好，地球——关爱濒危动物之旅"为主题的大型签名活动，活动一开始便吸引了众多学生的参与，还有很多同学自愿担当志愿者，为过往行人讲解保护濒危野生动物的知识。

2012 年 9 月底，大连森林动物园熊猫馆正式启动，市民对熊猫的关注度也提高了不少。为了支持大学生的活动，动物园提供了很多濒危动物的照片，并制作成了明信片，用于活动的宣传。

在活动的过程中，大学生们向游客们提了很多有关动物保护的问题，即使答错问题，大学生们也会送上一份小礼品，是一个印有网址的胸章，得到胸章的人可以登录网址进行查询，答对问题的游客会获赠一份明信片。

发起人朱鹏飞告诉记者，像熊猫、金丝猴、东北虎都属于濒危动物，他以金丝猴为例

说，"长期以来滥捕滥杀是金丝猴濒危的主要威胁之一，同时，森林砍伐彻底破坏了它们赖以生存的栖息环境，造成分布不连贯，分布缩小，如不加以保护，最终将绝迹。"

(资料来源：东北新闻网，2012-11-19；北方新报，2012-11-06)

思考问题：

(1) 动物保护的现状如何？

(2) 应该采取哪些措施来改善动物保护的现状？

适用范围：

自然管理中的动物保护问题分析。

相关链接：

今年"两会"期间，全国政协委员、天津大学社会科学与外国语学院法学系教授何悦提案建议，尽快制订《动物保护法》。

何悦表示，考虑到我国已经加入有关动物保护公约，建议尽快制定并出台《动物保护法》，避免严重侵犯动物福利行为的再次发生。

2007年，中国作为主权国家加入了世界动物卫生组织。但遗憾的是，迄今为止，中国尚无一部真正意义上的动物福利立法。目前实施的《野生动物保护法》，主要针对保护、拯救珍贵、濒危野生动物制定，对保护动物基本福利的条款则语焉不详。

2009年9月，中国首部由专家建言起草的《中华人民共和国动物保护法(专家建议稿)》公开向社会征求意见，以期通过法律手段实现保护动物基本福利的目标。在建议稿中，强迫狮子、老虎跳火堆、钻火圈之类的危险游戏不仅面临巨额罚款，还可能被追究刑事责任。

不过迄今为止，《动物保护法》并未进入立法机关的立法计划。

徐柳平. 鄱阳湖流域发现植物界"大熊猫". 江西晨报，2015-12-07

吴显林. 南昌动物园华南虎数量世界最多. 江西晨报，2015-12-04

分析路径：

(1) 从法律层面来看，必须出台相关的法律政策作为动物保护的护身符，动物保护已不仅仅是出于人道的考虑，而是上升到对一个国家和民族的人性的拷问。

(2) 从社会大众的层面看，必须积极宣传动物保护的理念，让群众从心底接受这一观念，并上升为道德标准。

关键要点：

捕杀候鸟、排队喝鹿血、斗狗赌博、游客累死骆驼，中国公众对动物的关注，正在从避免种群消亡上升到保护动物生命安全的层次。

(1) 现行法律及司法解释，对如何惩治故意伤害、虐待动物的行为仍没有具体的约束条款。在动物保护法出台之前，中国近年来野生动物的福利状况已有所改善。但是，《刑法》《野生动物保护法》以及司法解释，对如何惩治故意伤害、虐待动物的行为仍没有具体的约束条款。

针对这种现状，2012年年底，一部非强制性的标准《动物福利评价通则》正式出台。

据了解，作为国内首部关于动物福利评价的推荐性标准，《动物福利评价通则》规定了与动物福利评价相关的术语和定义，以及动物福利评价的基本原则和基本要求。 该通则适用于对农场动物、伴侣动物、实验动物、工作动物、娱乐动物以及依法捕获驯养的野生动物在饲养、运输、屠宰、工作(包括劳役、训练、表演、陪伴或展览)等环节的福利状况进行评价。 同时，也适用于对从事上述活动的组织对待动物的行为和管理动物的水平进行评价。通过先推行的一些标准，把动物福利的一些理念尽量加进去，比如不能遗弃宠物等，让人们慢慢理解和接受，原来遗弃动物是违法的。立法很难一步到位，急不得。

虽然动物福利在中国还未被普遍认可，但在现实生活中，动物福利与每个人的生活息息相关，人类社会的良好运行也依赖于此。

世界动物保护协会中国代表处首席代表李国志介绍：“无论是从健康角度、环保角度还是食品安全角度来说，动物福利与人类社会的可持续发展有着紧密的联系。”

(2) 开展形式多样的宣传活动，向广大群众宣传加强动物保护工作的重要意义，宣传相关法律法规，提高全社会依法保护动物意识，为做好动物保护工作奠定群众基础。

关爱动物、与动物和谐相处既是大自然平衡发展的重要法则也是人类的责任和义务。随着动物保护意识的增强，越来越多的人会加入到保护动物的队伍中来。

3.2.3 “南涝北旱”或将改变

作者姓名：许剑

案情介绍：

2012年11月14日，中国气象局国家气候中心专家接受记者采访时指出，我国近几年“南涝北旱”的降水分布型发生了变化，夏季多雨带位置北移，持续近30年的“南涝北旱”格局初步显现转变趋势。

截至2012年11月5日，北京降水量738.9毫米，为近18年来最多，已经大大超过了常年(近30年)降水量的平均值(533.9毫米)。这是北京连续第二年降水量比常年偏多的年份。

国家气候中心主任宋连春研究员指出，这样的变化不仅出现在北京，在整个华北地区(包括北京、天津、河北、山西、内蒙古)出现了相似的变化。

同时，国家气候中心统计数据显示，近年来在北方降水呈现增加趋势的同时，南方地区的降水开始出现减少趋势。

2003年后，华南年降水量阶段性减少，已经有5年出现降水显著偏少，一般较常年同期偏少 10%～20%；2003 年后，除 2010 年外，长江中下游地区的降水已经有 8 年比常年同期明显偏少，一般较常年同期偏少 1%～15%。

国家气候中心研究员、清华大学地球系统科学研究中心教授罗勇说，长江流域自 1998 年大水后就没有发生全流域的水灾。最近几年，我国东部"南涝北旱"的降水分布型发生了变化，夏季多雨带位置北移。从今年夏天的情况看，多雨带主要在华北和东北南部。

据国家气候中心主任宋连春研究员介绍，我国华北与长江中下游地区的降水多寡变化存在一个显著的准 20 年振荡周期，也就是说，华北与长江中下游地区的降水存在此消彼长的周期性变化，降水格局大致 20～30 年转换一次。

(资料来源：人民网，人民日报，2012-11-15)

思考问题：

(1) 中国"南涝北旱"格局出现改变的原因？

(2) 气候变化对我国的农业、矿业有何影响？

适用范围：

自然管理中的水资源保护问题分析。

相关链接：

李亦凡，黄志良. 南昌凤凰洲湿地公园明年初开园. 江西晨报，2015-12-03

徐柳平. 南昌多处人防工程闲置未利用. 江西晨报，2016-01-18

根据国家气候中心统计，近年来华北地区年降水量明显增多，近 10 年中有 8 年比常年偏多；西北地区今年(2012 年)夏季降水也明显增多，平均降水量较常年同期偏多 25.7%，是 1980 年以来最多的一年。

北京今年降水量为近 18 年来最多，远超近 30 年均值，2008 年以后有向多雨方向转变趋势。

天津今年降水量比常年同期偏多 59%，近 10 年中有 7 年降水比常年偏多。

河北今年降水量较常年同期偏多 26%，近 5 年中有 4 年降水比常年偏多。

2012 年 1 月 1 日至 11 月 5 日，华北区域平均降水量 557 毫米，比常年同期值偏多 7.9%，已经超过了常年的全年降水量(525.3 毫米)。

分析路径：

(1) 南北气候格局的周期性变化与东亚夏季风关系密切。研究表明，东亚夏季风强时，我国雨带位置偏北；夏季风弱时，我国雨带位置偏南。

(2) 我国北方地区此前长期干旱少雨，今后可能面临更多的强降水威胁，应未雨绸缪加强防范，进一步提高对防汛抗灾形势的认识，增强对气候变化特别是极端天气气候事件的应变能力。

关键要点：

南北气候格局出现周期性变化，我国雨带位置向北转移，出现此类自然现象我们要对此进行一定的归因分析，未雨绸缪。

(1) 东亚夏季风减弱和副热带高压位置偏南、强度偏大的这种大气环流年代际变化(年代和年代之间的比较，每10年是一个年代)背景，是造成20世纪70年代中期以后我国华北地区干旱少雨、长江中下游地区洪涝多雨的主要原因。

东亚夏季风在1977年以后减弱的原因，一系列研究将其归结为赤道中东太平洋的年代际厄尔尼诺现象。它引起东亚夏季风减弱，造成水汽输送大多只能到达长江流域，从而引起长江流域降水明显增加，而华北地区降水明显减少。

国家气候中心主任宋连春研究员表示，近期有研究指出，自20世纪90年代初期以来，东亚夏季风表现出恢复增强的特征；伴随着东亚夏季风的增强，我国东部夏季雨带出现北移。宋连春说，年代际尺度旱涝的预测是一个十分复杂的科学问题。由于理论认识和观测资料等方面的限制，上述预测意见包含许多不确定性。

有研究表明，未来20年北太平洋涛动(是北半球大气中一个显著的、南北向跷跷板式的低频振荡)可能进入负位相(北太平洋涛动指数通常用代表夏威夷高压区域与代表阿留申低压区域的海平面气压差值来表示，负位相即指数为负值)时期。根据北太平洋涛动负位相对应华北降水增多进行推断，华北降水在未来20年可能增加。

不过，也有一些专家相信，近几年的持续多雨说明华北已经开始回归降水偏多周期，并将在2020年左右进入降水高峰期。

(2) 北方部分地区降水多，可能导致江河库湖水位上涨较快，部分地区可能出现汛情，因此要加强雨洪调蓄设施的建设。同时还要注意防范强降水及其可能引发的次生灾害，如山体滑坡、泥石流等。

而发生在城市的短时强降水可能导致城市内涝。尽管目前我国城市中的排水管道覆盖率很高，但管网布局不合理、排水标准较低的现象很普遍，排水效果并不理想。国家气候中心主任宋连春研究员说，提高城市排水设计标准、改建排水系统势在必行。公众应该提高防灾减灾意识，掌握防灾避险技能，关注媒体发布的预报预警信息，确保在面对突发气象灾害时，能够临危不乱地自救和互救。

国家气候中心研究员、清华大学地球系统科学研究中心教授罗勇认为，华北长期干旱少雨，目前降水在向偏多方向转变，这可能对农业种植、矿产开采加工等产生一定影响。在密切监测华北气候变化情况、进行滚动预测的同时，也要加强如何调整产业结构和布局、适应气候变化方面的科学研究。

3.2.4　雪后又现"污染天"

作者姓名： 许剑

案情介绍：

昨天(2012 年 11 月 21 日)，我市(哈尔滨市)出现雪后第一个"污染天"，全市 9 个空气质量监测子站监测到的空气质量，有 8 个为"轻微污染"。

据了解，昨天我市空气污染指数 API 达到 103，空气质量为"轻微污染"。环保部门空气质量预报显示，今天(11 月 22 日)我市空气质量将回归良好。

有市民表示，并未感觉到昨日空气质量差。为何市民感觉到的空气质量状况与实际监测结果有差距？对此，环保专家表示，污染一般集中在某个特定区域，而监测结果取的是全市各区域平均值。另外，由于目前我市空气质量预报主要考虑可吸入颗粒物(PM10)、二氧化硫、二氧化氮，而灰霾天气的主要元凶 PM2.5 等指标并不被参考在内，这才使监测出的空气质量情况与市民真实感觉到的存在一定差距。

据介绍，降雨和降雪天气对空气有净化作用，将改善空气质量。目前，我市冬季 80%的天气为轻度污染，下雪时空气质量大幅提升，将达到良好甚至优秀。

(资料来源：新晚报，2012-11-22；新华网，2012-11-19；财新网，2012-11-21；华龙网，2012-11-22)

思考问题：

(1) 空气严重污染将对人产生何种影响？

(2) 如何改善空气污染问题？

适用范围：

自然管理中的空气质量问题分析。

相关链接：

吴显林. "南昌蓝"去年出现约 120 天. 江西晨报，2016-01-18

在一项对将近 1.5 万名老年人进行的调查中，美国国家老龄问题研究所的研究人员发现，空气中的细微颗粒物可能是导致思考力下降的一项重要环境危险因素。如果被吸入体内，这些颗粒物的体积小得足以沉积到肺部甚至大脑中。

虽然听起来难以置信，但全球每年由于室内空气污染导致疾病的死亡人数要比有着"世界第一害"之称的交通事故致死人数还高。根据世卫组织统计，全球每年死于交通事故的人数为 120 万左右，而由于室内空气污染导致疾病的死亡人数已达到 200 万人。

分析路径：

(1) 空气污染分为室外空气污染与室内空气污染，不同的空气污染对人身体会产生不一样的影响，如提前衰老、影响心肺功能等。

(2) 必须采取一定的措施来预防空气污染，尽量减少对人体的伤害，政府及普通民众均需为此付出努力，改善室外空气污染状况及室内空气污染状况。

关键要点：

(1) 研究显示，城镇中较高级别的空气污染将使 50 岁以上人群的大脑提前衰老达 3 年之多。

科学家已经发现，接触较高级别的空气污染可能导致 50 岁以上人群大脑能力的退化。早期的研究也认为，心脏和呼吸疾病风险的增加可能是由空气质量差所致。

在英国，科学家已经估计空气污染会使人的平均寿命降低 7～8 个月——很可能是通过影响心脏和肺部。

老年人尤其容易因为呼吸了不健康的空气而受到伤害。空气污染已经被认为可能会引起老年人口的心血管和呼吸系统问题，甚至可能引起提前死亡。而新出现的证据表明，微粒性空气污染还可能会对大脑的健康及正常功能产生不利影响。

在吉隆坡举行的第 43 届国际肺病论坛上，多国专家联合呼吁关注由室内空气污染所导致的致死疾病。

在全球范围内，有近 30 亿来自中低收入国家和地区的人们仍依靠木柴、动物粪便、秸秆和煤等固体燃料进行烧饭、照明和取暖。他们长期暴露于初级燃木炉灶和明火所产生的可吸入微粒、一氧化碳和其他污染物之下。这些污染物的级别可达世卫组织推荐限值的 100 倍。

室内空气污染造成的健康风险已不容忽视。全球约 2.7% 的疾病负担与室内空气污染有关。

室内空气污染主要对人体的呼吸系统造成影响。研究显示，许多呼吸道和肺脏的疾病都与室内空气污染有关。

妇女和儿童是室内空气污染的主要受害者。世卫组织估计，在每年死于固体燃料燃烧造成的室内空气污染的人数中，超过半数(即 100 余万)死于慢性阻塞性肺炎，他们大部分为女性。

此外，每年有近 100 万五岁以下儿童死于肺炎。其中，在死于急性下呼吸道感染的五岁以下儿童中，超过半数因吸入家庭固体燃料燃烧产生的室内污染空气而被感染。

在全球因肺癌致死的病例中，有 1.5% 的患者因吸入室内污染空气中的致癌物而患病。这些致癌物主要来自固体燃料或烟草燃烧产生的烟雾。研究显示，暴露于室内烟雾中将妇女罹患肺癌的概率提高了一倍。

值得注意的是，室内烟雾所产生的可吸入微粒和其他污染物质在进入呼吸道和肺脏后，将损伤免疫反应并降低血液运载氧气的能力。一些研究已证实，室内空气污染与低出生体重、结核病、缺血性心脏病、鼻咽癌和喉癌等疾病也有一定关联。

(2) 实施人工增雨来缓解灰霾污染。人工增雨只是起到催化作用，就好比一条湿毛巾，人工增雨就是把毛巾拧一下，但如果是干毛巾，再怎么拧也不会出水。从理论上来说，人工增雨增加的降水量也只有 20% 左右。但已可以在较大程度上改善室外空气污染。

此外，一个全球政府与民间合作项目"全球清洁厨灶联盟"正在采取行动，通过提高生物燃料炉灶设计，大幅减少室内空气污染，并在中低收入国家和地区推广清洁高效的甲烷沼气灶。

3.2.5 科技资源将走向共享和开放

作者姓名：许剑

案情介绍：

2004 年 8 月 2 日，国务院办公厅转发了有关部委联合制定的《2004—2010 年国家科技基础条件平台建设纲要》(下称《纲要》)。科技部副部长刘燕军在接受记者采访时表示，《纲要》的发布，标志着作为国家创新体系基础性支撑的科技资源将打破封闭，走向共享和开放。

2009 年 9 月 25 日，统筹了全国上千家科研机构和高等院校科技资源的"中国科技资源共享网"正式开通并向全社会开放，广大科技人员及公众可以预订使用相关单位的大型仪器设备，查看气象、交通运输、医药卫生等各方面的权威科学数据，并能了解到中外最新的科技成果。全国范围内科技资源的整合、共建、共享将成为可能。

一位专家表示，此举是我国科技资源开放共享的一个里程碑。每个单位的科技资源不再只是自己的部门财产，而将变成全国共享的资源。

2012 年 12 月，科技部发布《中共科学技术部党组关于贯彻落实全国科技创新大会精神和中央六号文件的实施意见》，明确提出编制科技资源开放共享目录，发布科技资源开放共享信息。为贯彻落实《实施意见》要求，做好国家科技平台科技资源开放共享目录编制工作，2012 年 10 月 18 日平台中心组织召开会议，研究部署国家科技平台科技资源开放共享目录编制工作，23 家国家科技平台负责人及相关人员参加了会议。

会上，平台中心介绍了编制国家科技平台科技资源开放共享目录的工作背景和重要意义，强调编制国家科技平台科技资源开放共享目录，是落实中央六号文件和科技部党组《实施意见》的重要内容，也是进一步推进平台科技资源开放共享，促进科技资源服务落地的重要手段。会议要求各平台高度重视、精心准备，全力做好资源目录的编制工作。平台中心有关人员对资源目录编制前期准备情况、编写要求及框架结构进行了介绍。

与会人员围绕科技资源开放共享目录编制工作进行了讨论，一致认为通过目录编制和宣传推广，对提高国家科技平台社会影响力、促进资源共享服务至关重要，并结合平台自身特点，就目录编写提纲、编写层次和描述内容等进行了讨论。

(资料来源：中华人民共和国科学技术部，2012-11-09；中华人民共和国科学技术部，2012-10-25；

西安晚报，2012-09-30；西安日报，2012-10-11)

思考问题:

(1) 企业、高校、军工各类科技资源应做何种改革才能在现代社会更好地立足?

(2) 如何实现科技资源的共享?

适用范围:

自然资源管理中的科技资源管理问题分析。

相关链接:

由于种种原因,我国大量的科技资源长时间处于"分散、分隔、分离"的三分状态。一方面是大量研究设备的重复购置,国家财政付出巨大投资;另一方面,处于发展期的中小型科技企业无力购置设备,制约企业研发效率,企业发展陷于困境。

温家宝在2012年科技创新大会上就曾指出:要建立科技资源开放共享机制,并重点谈到科研设施开放共享问题。

突出共享,合理配置,是解决问题的关键。不必花费上千万去购置重复的设备,不必新建很多实验室才能解决问题,通过共享,让资源合理流动起来,让效益提升起来。

南方周末. 十年过去,QQ空间为何还有6.53亿人. 江西晨报,2015-12-07

分析路径:

(1) 从制度层面来看,建立合理的科技资源开放、共享的制度与机制,盘活存量资源,减少低水平重复建设,切实提高科技资源和财政资金的使用效率。

(2) 从组织机构角度来看,只有建立相应的组织机构,建立相应的人才队伍,才能保障科技资源开放、共享制度能够很好地执行下去。才能通过集聚科技资源,服务供需双方,满足市场需求,激发资源与市场的有效对接,让资源充分流动起来,实现资源和市场的共赢。

关键要点:

(1) 建立科技资源共享制度。加强国家科技基础条件平台建设是提高国家科技创新能力和竞争力的重大战略举措,是完善国家创新体系、建设创新型国家的必然要求。新时期平台建设要加强统筹规划与顶层设计,建立和完善资源共享制度和机制,盘活存量资源,减少低水平重复建设,切实提高科技资源和财政资金的使用效率。

科技部有关负责人提出,国家科技基础条件平台建设要合理定位、科学划分国家、部门和地方平台之间的关系,大力促进跨部门、跨行业、跨地区的协同与合作,并在全社会加强以资源共享为核心的平台理念的宣传,营造平台"共建共享共赢"的氛围,形成全社会共同参与平台建设的局面。

(2) 建立相应的组织机构，负责科技资源共享相关事务，同时建立相应的人才队伍，保证制度的正常运行。组织结构的重要性在于能保持较高的效率，并且能充分显示其才能；而在一个结构紊乱，职责不明的机构工作，其工作绩效就很难保持在一个较高的状态。结果往往变成：由于职责不清，管理人员无所适从，对组织产生失望乃至不满情绪。适当的组织结构可以使各项业务活动更顺利地进行，减少矛盾与摩擦，避免不必要的无休止的协调，才能提高组织的效率。 组织机构的合理设置，能保证整个组织分工明确，职责清晰，保证每一个部门工作的正常运行，同时保证整个组织管理流程的畅通。

(3) 科技水平是城市核心竞争力的重要体现，要充分认识到深化统筹科技资源改革是加快转变的发展方式，把科技资源优势转化为科技创新创业优势，实现科技和经济紧密结合，强化企业创新主体地位，不断提升产业核心竞争力。

3.3 宇　　宙

3.3.1　天降陨石

作者姓名：陈美娜

案情介绍：

2013 年 2 月 15 日清晨，一块陨石坠落在俄罗斯车里雅宾斯克州。这一罕见的自然现象已造成 950 多人受伤，其中大多数是被破碎的玻璃划伤，目前没有对当地的生活保障系统造成影响。

陨石雨发生在莫斯科时间 15 日早晨 7 时许，波及位于乌拉尔地区的车里雅宾斯克州、斯维尔德洛夫州等，秋明、库尔干等地也有目击报告。据俄内务部统计，车里雅宾斯克州的叶曼热林斯克、科佩伊斯克、科尔基诺、南乌拉尔斯克等 8 个人口聚居城市受损严重。受影响最严重的是车里雅宾斯克州。

现场视频资料显示，陨石燃烧着划过天空、穿越城市并以倾斜的角度下坠，发出耀眼强光和巨响，并在空中留下极长的"白色尾巴"。

目击者说："大家都看到了一道令人目眩的闪光，四周突然变得明亮起来，亮得可怕。好像这不寻常的白光把所有东西都点亮了。"爆炸引起多栋建筑外墙及玻璃受损，玻璃震碎后残片四溅。

俄罗斯水文气象和环境监测局地物中心负责人阿纳托利·齐甘科夫介绍说，莫斯科时间 15 日 7 点半到 8 点间，车里雅宾斯克州观测到陨石坠落。陨石从哈萨克斯坦进入俄境内，最终坠落在车里雅宾斯克州。

(资料来源：重庆晨报，2013-02-16)

思考问题：

(1) 陨石撞击地球带来了哪些危害？

(2) 人类如何加强类似灾害的预警？

适用范围：

自然管理中的宇宙外太空环境的分析研究。

相关链接：

2012 年 2 月，在西班牙南部的马略卡天文台做巡天项目的一组天文学家发现了一颗此前未知的小行星，并马上汇报给国际天文学联合会的小行星中心。这颗小行星的直径大概有 45m，当时距离地球相当于月亮的七倍远。它被编号为 2012DA14。

随后的轨道计算显示，这颗小行星是以 368 天为周期绕太阳运行，与地球的周期非常接近，以前曾经每年都近距离经过地球一次。而在 2013 年 2 月 15 日，2012DA14 将会达到它最接近地球的位置——仅有 27 000 多公里，位于地球同步轨道卫星的运行范围之内。

一年之后，小行星 2012DA14 如期而至。它在 2 月 15 日以极近的距离从地球身旁掠过，让人们感受到了近地天体对地球人的现实威胁。然而，2 月 15 日这一天，最具戏剧性的"小行星撞地球"事件却并不是 2012DA14 带来的。同一天，一颗陨石落在了俄罗斯车里雅宾斯克市。

天文学家认为这颗陨石与 2012DA14 出现在同一天纯属巧合，二者之间并没有关联。

小行星 2012DA14 是从南部靠近地球，其运行方向与地球轨道平面呈较大角度。而俄罗斯位于北半球，因而很难看出两者间存在关联的可能性。不过，天文学家也认为，坠落在俄罗斯的陨石可能是从某一颗更大的天体上分裂出来的。

这颗太空的巨石进入地球大气层后，发出的火光亮度超过了太阳，其留下的尾迹在 30 秒内可见。"这是一次从大气层中擦过式的撞击。"美国宇航局喷气推进实验室(JPL)称。

最早记录到这颗流星的设备远在撞击点之外 6500 公里的美国阿拉斯加。

这个最早的记录并非来自天文望远镜。它来自全面禁止核试验条约组织(CTBTO)的监测系统的一个次声波站点。这种次声波监测站分布在世界各地，本意是设计用来监测核武器爆炸。它们能够监测到地震波、次声波、水声，以及放射性元素的排放。但这些设备同时也能监测到陨石撞击、小行星爆炸、海啸和地震。

在 2009 年，同样的监测站就记录了发生在印尼的小天体撞击事件。当时据说有一颗直径在 5～10 米之间的小天体在印尼波尼市上空爆炸，当地人起初以为是发生了坠机或是地震。所幸爆炸发生在 15～20 公里的高空，没有造成人员伤亡，地面上的人有惊无险。

分析路径：

外太空简称太空，指的是地球稠密大气层之外的空间区域，并没有明确的界线分野。

一般定义为大约距离地球表面 1000 公里之外的空间。

在人类的历史上，有很多知名或不知名的人士为飞上天空努力不懈地研究。例如达文西所设计的飞行机器，虽然以当时的科技程度没能把这些飞行机器实现上天，但也证明在当时人类已非常渴望飞上天际。

陨石，又名陨星。即自空间降落于地球表面的大流星体。大约 92.8% 的陨星的主要成分是硅酸盐(也就是普通岩石)，5.7% 是铁和镍，其他的陨石是这三种物质的混合物。含石量大的陨星称为陨石，含铁量大的陨星称为陨铁。

关键要点：

1. 陨石从哪里来？

俄罗斯这块陨石是大约一年前脱离小行星带的一颗小行星，进入地球大气层后存在了30 多秒，随后飞到地球上空 19～24 公里时发生剧烈爆炸并碎裂。

2. 陨石的爆炸威力有多大？

俄罗斯这块陨石的大小与一辆公共汽车的大小差不多，重量却有 7000 吨。它在地球上空爆炸时的威力相当于 20 颗原子弹，但幸运的是"大气吸收了绝大部分能量"。

这次是 1908 年俄罗斯通古斯大爆炸后最大、最具破坏性的天体撞击地球事件。当年，一块陨石(也可能是一颗小行星)坠落西伯利亚通古斯，摧毁了约 8000 万棵树木，波及范围2000 多平方公里。

3. 陨石坠落地球有多频繁？

来自彗星或小行星的小型流星体撞击地球的情况很常见，地球每天会拦截 80 吨太空物质，小汽车大小的天体落入地球的频率约为每月一次。

类似陨石在俄罗斯上空爆炸产生火球的事件经常发生，只不过由于很多火球坠入大海或偏远地区，所以才未能观测到。像落在俄罗斯的陨石那么大的太空石块撞击地球的概率为每 5～30 年一次。不过由于地球被海洋保护，类似事件通常不被人注意。

3.3.2　探索火星[①]

作者姓名：胡艳

案情介绍：

从我们的祖先首次直立起他们佝偻的腰身至今，人类在地球上已经生活了数百万年的时间。在此期间，这个原本弱小的物种战胜了很多强大的敌人，最终成为物种生存竞争中笑到最后的一个。今天，掌握着"文明"利器的人类极大地改变了地球的面貌，同时也消

---

① 根据北京晚报《科学家开出"改造火星时间表"》(《江西晨报》，2012-12-13)和《改造火星的七个步骤》(《江西晨报》，2012-12-14)整理。

耗了大量不可再生的能源，而激增的人口和日益严重的环境问题也考验着人类的智慧。

为了人类共同的明天，人们将目光投向了太阳系中与地球最为相似的行星兄弟——火星，梦想着重拾生命的妙笔，将它打造成另一个地球。

火星，这颗红色的行星，也许曾经温暖湿润，是太阳系里第一个生命的天堂，也许在遥远的未来将会是唯一适合我们人类居住的行星。它在许多方面酷似地球，原本可以成为地球的孪生兄弟，它在数百年前就引发了人们对外星球生命的好奇和向往，直到几十年前还有不少人相信火星人的存在，它是人类向太空开拓生存空间的头号目标，也是整个太阳系里对生命最为友好的邻居。

中国绕月工程首席科学家、中科院院士欧阳自远和北京大学地球与空间科学学院教授焦维新都是"火星探测"的积极推动者。欧阳自远表示，在未来几个世纪中，人类有望将火星改造成为适合人类生存和发展的绿色星球。他认为，虽然火星探测等深空探测的发展是一项长期而艰巨的工程，不能一蹴而就，但通过人类的不懈努力，深空探测科学与技术一定会取得新的突破，"火星是最接近地球环境的行星，人类通过改造将其变成一个'宜居星球'的可能性是存在的。"焦维新在他的新书《探索红色星球》中则提出了一个概念"火星地球化"，并给出了人类改造火星的时间表：在大约 300 年后，"火星喜见微生物，湿润之处藻类生；从此星球见生机，蓬勃凸显下世纪"；大约 600 年后，"苔藓生，氧气福利，清水充满陨石坑"；大约 800 年后，"孜孜不倦千年，喜见绿水青山，宇宙红色星球，人类第二家园"。

思考问题：

(1) 火星是什么？人类为什么要改造火星？

(2) 改造火星需要经历哪些步骤？

(3) 人类为什么还没登上火星？

适用范围：

自然管理中的星座探索问题分析。

相关链接：

蔡文清，《火星探索之路》，《江西晨报》，2012-12-13

分析路径：

火星地球化(Terraforming of Mars)——是将火星改造成人类可居住的星球，也就是改造成类似地球的环境(Terraforming)，2003 年 8 月在美国召开了"火星移民研究国际会议"，在未来几个世纪中将火星改造成一个绿色星球，使之成为未来人类的第二个家园。

关键要点:

(1) 火星是地球的"孪生兄弟";创建一个与地球同样美好的宇宙家园,是人类生存范围的延伸。

(2) 改造火星是一个巨大的工程:加热、加气、种树、种地、盖房、搬家等七个阶段1000年左右的时间,可采用六种方法,经过四个步骤,可能遇到三个问题。

(3) 所有人类在前往火星的过程中可能遇到五个方面的挑战:离开地球、燃料存储、登陆火星、保护地球和火星。

3.3.3　防止近地小行星对地球的威胁[①]

作者姓名:胡艳

案情介绍:

小行星对地球的威胁每隔一段时间就会刺激一下人们的神经。2012年1月27日,一颗公共汽车大小的小行星与地球擦肩而过,不过它没有对地球造成威胁。鉴于历史上曾发生过多次小行星撞地球的事件,不少国家早已开始研究防止近地小行星撞击地球的方法和技术。近日欧盟就批准了一个防范近地小行星撞击地球的项目,这项名为"近地轨道防护盾"的计划有望在未来3年评估测试,若资金充裕,会在2020年以前正式实施。

美国国家航空航天局说,一颗小行星于美国东部时间2013年5月31日掠过地球,不会对地球构成威胁。奇妙的是,它并非单枪匹马,而是有"伴"而来。

俄罗斯空间研究人员近来提出大胆设想,利用体型较小的小行星建立地球防线,应对更大小行星的潜在撞击威胁。

1. 流星飞来,俄摊上大事儿

一颗陨石2013年2月15日上午坠落在俄罗斯中部乌拉尔地区,爆炸冲击波损毁许多建筑物玻璃,致伤超过1000人。俄总统普京已责成紧急情况部门对伤者展开救助。

英国皇家天文学会专家罗伯特·马西告诉法新社记者,陨石坠入大气层时通常分裂成小块,与大气摩擦燃烧。很少数情况下,体积较大的陨石落入低层大气后爆炸分裂,产生冲击波。马西推测,陨石15日落到地面时直径不超过10米。

马西说:"20世纪发生过数次较大陨石坠落事件。不过,地球三分之二面积是海洋,因而(陨石坠落时)我们通常不会察觉。""历史上这类物体(车里雅宾斯克陨石)直接导致这么多人受伤的事件非常少。"他说。"发生在人类聚居区、造成这种损失的事件没有先例。"

---

① 根据以下资料整理:新华社消息《小行星带着"月亮"掠过地球》(《江南都市报》,2013-06-03);环球时报《美欧筹划阻击小行星》(《江西晨报》,2012-02-06);新华社、中广网《小行星今凌晨与地球"擦肩"》(《江南都市报》,2013-02-16)。

2. 一小行星今凌晨与地球"擦肩"，专家称陨石雨事件与此无关。

2013 年 2 月 15 日，欧洲航天局说，在俄罗斯坠落的这颗陨石与即将与地球"擦肩而过"的小行星 2012DA14 没有关联。这颗小行星直径大约 50 米，预计在格林尼治时间 15 日 19 时(北京时间 16 日 3 时)，以大约每小时 2.8 万公里的速度由印度洋苏门答腊岛上空掠过，小行星与地球表面最近距离大约为 2.7 万公里。

据悉，这是本世纪最靠近地球的一颗小行星。这颗小行星质量为 13 万吨，直径 4050 米，虽然它只有 1 栋楼那么大，但科学家表示，如果撞击地球，足以夷平整个伦敦。好在已经确定这颗小行星不会撞击地球，但由于它距离地球很近，还是引起了各国天文台的密切监视。

中国科学院南京紫金山天文台天文学家王思潮介绍，我们同步地球卫星离地面是 3.6 万公里，2.7 万公里的距离已经突破了我们的人造卫星网。如果再近一点，地球会把它吸引进来，就会有危险了。

王思潮说："2012DA14 每一年靠近地球两次，这次它不会撞到地球。将来它会不会靠得更近呢？因为它的轨道受到影响就会改变一些，每次接近的距离都不一样，所以我们在不断地监测它，这次不撞不等于以后不撞。我们要防患于未然，但估计在近几十年里它不会与地球相撞。"

思考问题：

(1) 小行星是什么？它与地球的关系如何？

(2) 欧、美、俄有何招预防小行星威胁地球？

适用范围：

自然管理中的空间防灾问题分析。

相关链接：

王思潮. 浩瀚太空潜伏着"杀手". 江西晨报，2012-02-06

新华社. 流星飞来俄摊上大事儿. 江南都市报，2013-02-16

北京日报. 防航天器被撞六法. 中国剪报，2009-2-18

分析路径：

太空垃圾(Space debris)——是指绕地球轨道运行，但不具备任何用途的各种人造物体。这些物体小到固态火箭的燃烧残渣，大到在发射后被遗弃的多级火箭。它们有撞击其他航天器的风险，某些太空垃圾在返回大气层时也会对地面安全造成威胁。

关键要点：

(1) 小行星(asteroid)是太阳系内类似行星环绕太阳运动，但体积和质量比行星小得多的天体。太阳系中大部分小行星的运行轨道在火星和木星之间，称为小行星带。另外在海王星以外也分布有小行星。靠近地球的最大的小行星之一是小行星 4179，而可能撞上地球的小行星是近地小行星。

(2) 鉴于历史上曾发生过多次撞击地球的事件，欧、美、俄等国家早已开始研究防止近地小行星撞击地球的方法和技术，我国已建立研究中心监测太空垃圾。

3.4 天　文

3.4.1 "三星会聚"

作者姓名： 许剑

案情介绍：

(1) 2012 年 11 月是奇异天文现象的频发期。

(2) 天文教育专家、天津市天文学会理事赵之珩 10 月 30 日通报说，11 月的天宇好戏连台，日全食、流星雨、三星会聚、半影月食等天象将轮番上演。

(3) 首先登场的是 11 月 14 日的日全食。全食带从澳大利亚东北部的卡奔塔尼亚湾和约克角半岛开始，向东进入南太平洋，在到达南美洲大陆前结束。看到日食时间最长的地点位于新西兰以东的南太平洋中，可见持续 4 分 02 秒的全食。"令人遗憾的是，这次壮观的日全食发生在南半球，我国看不见。"赵之珩提醒说。

(4) 告别此次日全食之后，有过数次精彩表演的狮子座流星雨将登场。该流星雨的极大期可能出现在北京时间 11 月 17 日 17 时前后。赵之珩表示，这几年狮子座流星雨有些 "没落" 了，极大期间每小时的天顶流量都在 20 颗上下，预计今年不会有太大变化，人们在观测时要有极大的耐心。

(5) 在 17 日狮子座流星雨谢幕之后，哈尔滨市居民将有幸在 27 日和 28 日先后目睹"三星会聚"和"半影月食"的天文奇观。

据哈尔滨市天文爱好者协会的负责人介绍，在 11 月 27 日黎明前的东南方上空，金星、土星和火星将上演 "三星会聚" 的天象好戏，届时这三颗星会处在一条直线上，天文爱好者们不可错过。但 "三星会聚" 的缺陷是由于天色渐亮，观测时间较短。而在 28 日晚 20 时 13 分到 29 日 0 时 53 分整整 4 小时 40 分钟的漫长时间里，一次 "半影月食" 的壮观景象也将隆重登场。所谓 "半影月食" 就是月球进入地球半影里面的一种天文现象，这时月球看上去要比平时昏暗一些。一般来说，"半影月食" 景观本身并不算多震撼，但天文爱好者可借助望远镜观看满月，月面上的景象会看得比较清晰。

(资料来源：http://heilongjiang.dbw.cn，2012-11-23；中国网 www.china.com.cn，2012-11-03；

XMHOUSE.COM，2012-10-29；中国天气网，2012-10-23)

思考问题：

(1) 通常在什么地理环境下会发生月食？

(2) 月食发生的时间与其他天文现象发生的时间有何不同？

(3) 月食的种类有哪些？

适用范围：

自然管理中的天文现象及月食问题分析。

相关链接：

近日中国科学院紫金山天文台天文科普站预报了11月重要天象。11月中下旬，天空将有狮子座流星雨、麒麟座 α 流星雨、半影月食。不过，厦门市气象天文学会常务理事陈栋华说，在厦门也许只能看到半影月食。

"厦门岛内没遮挡的地方就可以看。"陈栋华说，此次半影月食正值农历十五，月亮从地球影子的半影区边缘路过，地球挡住了照向月亮的部分太阳光，月亮变暗。不过此过程缓慢，观测需耐心，而且如事先未知，可能就忽视了。月亮变暗程度，目前还不好预测。

分析路径：

(1) 从月食发生的时间和地理位置来看，月食的发生是需要特定的必要条件的，受到多方面因素的影响。

(2) 从月食的种类来看，不同类型的月食其发生的时间和条件都是不尽相同的，作为现代人，应该掌握更多的关于月食的知识。

关键要点：

(1) 月食是自然界的一种现象，当太阳、地球、月球三者恰好或几乎在同一条直线上时(地球在太阳和月球之间)，太阳到月球的光线便会部分或完全地被地球掩盖，产生月食。月食的时候，对地球来说，太阳和月球的方向相差180°，所以月食必定发生在"望"(即农历十五前后)。要注意的是，由于太阳和月球在天空的轨道(分别称为黄道和白道)并不在同一个平面上，而是约有 5°的交角，因此只有太阳和月球分别位于黄道和白道的两个交点附近，才有机会形成一条直线，产生月食。

无论何时，月食总是发生在满月之时，这是什么原因呢？中科院紫金山天文台研究员王思潮介绍，发生月食的条件是，月球必须位于地球的背日方向(地影所在的方向)，即位于日地连线的延长线上。在一个朔望月内，只有逢"望"的日期，月球才有可能位于地影所在的方向。因此，满月是发生月食的必要条件。

(2) 月食可分为月偏食、月全食及半影月食三种。当月球只有部分进入地球的本影时，就会出现月偏食；而当整个月球进入地球的本影之时，就会出现月全食。至于半影月食，是指月球只是掠过地球的半影区，造成月面亮度极轻微地减弱，很难用肉眼看出差别，因此不为人们所注意。

太阳光是由红、橙、黄、绿、蓝、靛、紫等各种颜色的光线混合成的。当太阳光经过地球上的大气层被折射到地球背后影子里去的时候，它们都受到大气层中极其微小的大气分子的散射和吸收。像黄、绿、蓝、靛、紫等色的光波比较短，在大气中受到的散射影响比较大，它们大部分都向四面八方散射掉了；红色的光线波长比较长，受到散射的影响不大，可以通过大气层穿透出去，折射到躲在地球影子后面的月亮上。所以，在月全食时，公众看到的月亮是暗红色的，即所谓的"红月亮"。

人类对月食的观测历史已有 4000 多年，早在东汉时期，我国的大科学家张衡就已经能够解释月食发生的原理。每次月食的观测都是一次科普的好机会。作为今人，公众应该利用观测的机会，掌握更多的有关月食的知识。

3.4.2 南昌拟建天文观测站①

作者姓名： 胡艳

案情介绍：

近日，在南昌某知名论坛上，一条题为《南昌何时才能拥有自己的天文观测站》的帖子成为网友关注的对象。帖子称，2012 年将出现"流星雨、日月食、金星凌日、行星冲日"四大天象，很值得观赏，但南昌并没有天文观测站，令人遗憾。对此，网友们反应也各不相同：有的认为确实应当建造天文观测台；有的则强烈反对，称南昌的天文爱好者很少，根本没有必要建。事实怎样？昨日，记者进行了走访。

今年"四大天象"接连而至，"南昌至今没有自己的天文观测站。"昨日(2012 年 3 月 20 日)，就职于华东交通大学、身兼我省多所高校天文爱好者协会指导老师的"星迷"光辉介绍说道。

"犹记得 2009 年的日全食，为了选择最佳观测点，我们驱车前往武汉。最终在金银湖畔找到了最佳观测点，进行了一次终生难忘的观测。"光辉说，其实本地有很多天文观测者，无论天文专家还是天文爱好者，都希望南昌能拥有自己的天文观测站。

据记者了解，光辉是南昌天文爱好者圈中"元老级"人物。2003 年，光辉牵头在华东交大成立天文爱好者协会。之后，光辉又成为江西财经大学等高校天文爱好者协会的指导

---

① 根据以下资料整理：董磊《今年天宇将现四大天象，南昌尚无天文观测站》(《江西晨报》，2012-03-21)；综合《北京时报》《钱江晚报》消息《十二月赏三大天象》(《中国剪报》，2009-12-07)。

老师，并成为中国天文科普辅导员。在他心中，特别羡慕有天文台的省份，羡慕那些科普活动搞得有声有色的城市。

在昨日的采访中，江西财经大学天文协会顾新骏告诉记者，2012年将出现流星雨、日月食、金星凌日、行星冲日"四大天象"。

"比如，5月21日早晨的日环食，在江西的最南边才可以看到，江西其余的地区看到的是日偏食。日环食发生之时，太阳的中心部分黑暗，边缘仍然明亮，宛如一道美丽的光环，让人感觉到壮观无比。"他介绍说，"而6月4日的月偏食，理论上全国都能看到。但是等到月亮'现身'的时候，月食已经开始，因此将看到月亮'带食而出'"。

顾新骏说，至于"行星冲日"，是指该行星和太阳正好分处地球两侧，三者几乎在一条直线上。此时该行星与地球距离最近，亮度也最高，正是观测的最佳时机。今年土星、海王星、天王星和木星将分别于4月16日、6月29日、9月26日和12月3日轮番上演"冲日"的好戏。

"金星凌日，则是金星轨道位于地球轨道的内侧，在某些特殊时刻，地球、金星、太阳三者在一条直线上。这时从地球上观看，能看到金星就像小黑点一样从太阳表面慢慢划过。这种天文现象比较罕见。"他坦言，6月6日的"金星凌日"很有"看头"。至于最"浪漫"的流星雨，特别是今年8月13日的英仙座流星雨和12月15日的双子座流星雨，推荐市民观赏。

思考问题：

(1) 南昌建造天文观测站的可行性有哪些？

(2) 在建造天文观测站的实际操作过程中，影响因素有哪些？

适用范围：

自然管理中的天文观测问题分析。

相关链接：

月全食发生时能看到什么. 大自然探索，2009-07

魏依晨. 今晚七点起可观看超级月亮. 江西晨报，2013-06-23

分析路径：

天象——天文现象，天空中风、云等变化的现象。

天象仪——一种特别的光学投影器，用来在半球形的荧幕上放映出人造星空，显示日月星辰的运行情况以及日食、月食、流星雨等天文现象。

关键要点：

(1) 南昌网友关注度高；今年"四大天象"接连而至；南昌天蓝水清，能见度高，综合考虑气象、地势等因素，可行。

(2) 南昌建造天文观测站的影响因素主要是资金、布局、天文基础等。但可先建雷达观测站。

3.5　地　　理

3.5.1　如何应对"泥石流"

作者姓名： 雷姝燕

案情介绍：

2010 年 8 月 7 日 22 时许，甘南藏族自治州舟曲县突降强降雨，县城北面的罗家峪、三眼峪泥石流下泄，由北向南冲向县城，造成沿河房屋被冲毁，泥石流阻断白龙江、形成堰塞湖。据中国舟曲灾区指挥部消息，截至 21 日，舟曲"8·8"特大泥石流灾害中遇难 1434 人，失踪 331 人，累计门诊人数 2062 人。

受连日暴雨天气影响，6 日凌晨，云南省大理州洱源县凤羽镇铁甲村突发山洪泥石流灾害，整个村庄受灾，民房倒塌。当地政府紧急启动突发公共事件应急预案。调集武警官兵全力参与救援。云南省洱源县政府 6 日证实，6 日凌晨 5 时左右，该县凤羽镇、炼铁乡境内突降暴雨引发山洪泥石流，已造成 3 人失踪、4 人受伤，百余人被困。

(资料来源：昆明日报，2010-08-07)

思考问题：

(1) 出现泥石流的原因有哪些？
(2) 如何降低泥石流造成的伤害？

适用范围：

自然地理管理中的应对泥石流自然灾害的问题分析。

相关链接：

新华社. 国务院：深圳滑坡不是自然灾害. 江西晨报，2015-12-26

新华社. 国务院调查组：彻查原因严肃追责. 江西晨报，2015-12-27

泥石流是指在山区或者其他沟谷深壑，地形险峻的地区，因为暴雨、暴雪或其他自然灾害引发的山体滑坡并携带有大量泥沙以及石块的特殊洪流。泥石流具有突然性以及流速快，流量大，物质容量大和破坏力强等特点。发生泥石流常常会冲毁公路、铁路等交通设施甚至村镇等，造成巨大损失。

泥石流流动的全过程一般只有几个小时，短的只有几分钟。泥石流是一种广泛分布于世界各国一些具有特殊地形、地貌状况地区的自然灾害，是山区沟谷或山地坡面上，由暴雨、冰雪融化等水源激发的、含有大量泥沙石块的介于挟沙水流和滑坡之间的土、水、气混合流。

泥石流的主要危害是冲毁城镇、企事业单位、工厂、矿山、乡村，造成人畜伤亡，破坏房屋及其他工程设施，破坏农作物、林木及耕地。此外，泥石流有时也会淤塞河道，不但阻断航运，还可能引起水灾。

泥石流经常发生在峡谷地区和地震、火山多发区，在暴雨期具有群发性。它是一股泥石洪流，瞬间爆发，是山区最严重的自然灾害。

分析路径：

泥石流诱发因素主要有以下几种。

1. 自然原因

岩石的风化是自然状态下既有的，在这个风化过程中，既有氧气、二氧化碳等物质对岩石的分解，也有因为降水中吸收了空气中的酸性物质而产生的对岩石的分解，也有地表植被分泌的物质对土壤下的岩石层的分解，还有就是霜冻对土壤形成的冻结和溶解造成的土壤的松动。这些原因都能造成土壤层的增厚和松动。

2. 不合理开挖

有些泥石流就是在修建公路、水渠、铁路以及其他建筑活动时，破坏了山坡表面而形成的。

3. 弃土、弃渣及采石

这种行为形成的泥石流的事例很多。如甘川公路西水附近，1973 年冬在沿公路的沟内开采石料，1974 年 7 月 18 日发生泥石流，使 15 座桥涵淤塞。

4. 滥伐乱垦

滥伐乱垦会使植被消失，山坡失去保护、土体疏松、冲沟发育，大大加重水土流失，进而山坡的稳定性被破坏，崩塌、滑坡等不良地质现象发生，结果就很容易产生泥石流。

5. 活动强度

泥石流的活动强度主要与地形地貌、地质环境和水文气象条件三个方面的因素有关。如崩塌、滑坡、岩堆群落地区，岩石破碎、风化程度深，则易成为泥石流固体物质的补给源；沟谷的长度较大、汇水面积大、纵向坡度较陡等因素为泥石流的流通提供了条件；水文气象因素直接提供水动力条件。往往大强度、短时间出现暴雨容易形成泥石流，其强度显然与暴雨的强度密切相关。

关键要点：

(1) 泥石流的预防措施主要有以下几项。

① 房屋不要建在沟口和沟道上。受自然条件限制，很多村庄建在山麓扇形地上。山麓

扇形地是历史泥石流活动的见证，从长远的观点看，绝大多数沟谷都有发生泥石流的可能。

② 不能把冲沟当作垃圾排放场。在冲沟中随意弃土、弃渣、堆放垃圾，将给泥石流的发生提供固体物源、促进泥石流的活动；当弃土、弃渣量很大时，可能在沟谷中形成堆积坝，堆积坝溃决时必然发生泥石流。

③ 保护和改善山区生态环境。泥石流的产生和活动程度与生态环境质量有密切关系。一般来说，生态环境好的区域，泥石流发生的频度低、影响范围小；生态环境差的区域，泥石流发生的频度高、危害范围大。

④ 雨季不要在沟谷中长时间停留。山区降雨普遍具有局部性特点，沟谷下游是晴天，沟谷上游不一定也是晴天，"一山分四季，十里不同天"就是群众对山区气候变化无常的生动描述，即使在雨季的晴天，同样也要提防泥石流灾害。

⑤ 泥石流监测预警。泥石流的预测预报工作很重要，这是防灾和减灾的重要步骤和措施。

监测流域的降雨过程和降雨量(或接收当地天气预报信息)，根据经验判断降雨激发泥石流的可能性；监测沟岸滑坡活动情况和沟谷中松散土石堆积情况，分析滑坡堵河及引发溃决型泥石流的危险性，下游河水突然断流，可能是上游有滑坡堵河、溃决型泥石流即将发生的前兆；在泥石流形成区设置观测点，发现上游形成泥石流后，及时向下游发出预警信号。

(2) 发生泥石流灾害时，首先要使自己冷静下来，不要慌张，尽量走到安全地带，等待救援人员的到来。

3.5.2　谁该为"城市伤疤"负责

作者姓名：雷姝燕

案情介绍：

2013 年 1 月 28 日 16 时 40 分，广州市荔湾区康王路与杉木栏路交界处临街商铺发生塌陷，面积约 100 平方米，深 10 多米，涉及 2 栋 6 间商铺。事故没有发生人员伤亡。

一名附近食品店的许姓女士距现场 40 米，目睹了事故全过程。她回忆，28 日下午 4 时 30 分，先是看到路边的一棵三层楼高的树慢慢陷入坑中，只露出树冠，牵扯周边的电线和红绿灯倾倒，地面扬起巨大灰尘。紧接着，旁边一间两层楼高商铺楼分离为两半，相继倒塌陷入地中，约 10 多分钟后，另一间两层楼高商铺楼地面出现地陷，随即坍塌，发出轰隆巨响，地面震动。许女士向记者展示了事发时拍摄的视频。

记者 28 日晚 8 时在事故现场看到，塌陷处西延至康王南路主干道，南伸向杉木栏路的斑马线，约 25 米长，15 米宽，呈碗状，深约 10 米，宛如城市地表的伤疤。地陷区域内的商铺砖瓦残余已基本清理完毕，但仍可见周边残垣断壁的痕迹。10 余辆混凝土搅拌车拥挤在杉木栏路上，依次给 3 架混凝土输送车输送灌浆，混凝土输送车通过吊臂将灌浆输入地底回填，防止塌陷扩大。

新华网广州 2013 年 1 月 30 日专电(记者陈冀、付航)康王南路是广州市最繁华的商圈之一，1 月 28 日这里突然出现大面积地陷，"吃掉" 2 栋 6 间商铺。此次地陷被初步判定为地铁施工所致。塌陷事故再次引发人们对近年来频频出现的地陷问题的追问与思考。

(资料来源：新华网，2013-01-30，原题：《广州闹市突发地陷塌楼调查 过度开发致事故频发》)

思考问题：

(1) 出现地陷的原因有哪些？
(2) 如何尽可能避免类似事件的发生？

适用范围：

自然地理管理中有关自然灾害问题的分析。

相关链接：

谭畅. 你要 "省管县" 强县扩权，我要 "县改区" 壮大城市，"撤县设区" 潮再起. 南方周末，2015-11-12

樊依，张思维，万雪. 地铁 1 号线首月载客 624.5 万人次. 江西晨报，2016-01-28

樊依，张思维，万雪. 南昌地铁 "满月"，日均运送乘客 20 万人次. 江西晨报，2016-01-28

近年来，随着城市化进程提速和都市人口膨胀，地下空间开发已成为城市发展的必然要求。以地铁建设为例，数据显示，1995—2008 年，我国建有轨道交通的城市从 2 个增加到 10 个，运营里程达到 835.5 公里。截至 2011 年，又有 22 个城市获准建设地铁工程，规划总投资达 8000 多亿元。

然而，超速过度开发导致地陷、水浸等多种安全事故频现。中国社科院城市发展与环境研究所城市规划研究室主任李红玉则表示，我国大多数城市过去的城市规划都主要集中于地上规划，而忽视地下规划。

分析路径：

此次广州地陷并不是新鲜事。

去年 8 月 14 日，哈尔滨市一处路面发生塌陷，造成 4 人坠坑，其中 2 人死亡。北京、上海、合肥、南宁、长沙、广州等地都接连出现过地面塌陷事件。密集发生的 "地陷" 使地面之下埋藏的城市安全隐患浮出地面。

众多专家强烈呼吁，城市建设不能光顾 "面子"，更要注重 "里子"。

关键要点：

(1) 广州地陷的原因主要有以下几个。
① 地质与图纸不符以及爆破挖掘导致地陷。

现场有关专家与救援指挥人员进行商讨，得出初步结论：塌陷处地质现状与图纸显示存在差异，在地下实施爆破作业时，该处恰好岩石层较薄。专家据现场周围地质状况判断，塌陷处地质存在风化深潮的可能性更大。爆破由此造成岩层坍塌，地面的砂石随渗水而下，情况一触即发。

二十多米的爆破工地下方当时有工人作业，事故发生后，他们通过南边的另一条通道逃往安全的地面。

② 专家：广州塌陷地地质易风化，施工不对是诱因。

广州市康王南路公交站地铁施工工地旁 2013 年 1 月 28 日下午 4 时许发生坍塌，事故地点旁是地铁 6 号线文化公园站施工现场，该地铁站是广州地铁 6 号线与 8 号线的换乘站，其中 6 号线为地下 3 层车站，呈东西走向，8 号线为地下 4 层车站，呈南北走向，施工难度较大。

也有专家认为，塌陷处地质现状与施工图纸显示存在差异，酿成坍塌。而广州地铁通过官方微博回应称，地面下沉原因还有待进一步分析。

(资料来源: 中国新闻网(北京)2013-01-29)

中国工程院院士、隧道及地下工程专家王梦恕院士，在分析广州地陷的情况后，认为地陷原因主要有四个方面，即：第一，不合理的工期，赶工期；第二，不合理的造价，追求便宜；第三，不合理的方案，包括设计方案、施工方案不合理；第四，不合理的合同。

(2) 避免类似事件发生的举措主要有以下几个：

① 加强城市地质动态勘测与调研，掌握地态一手资料和主动性。

② 严格科学施工的态度与考核和监督，预防事件的突发。

③ 事发后，及时施救，妥善安置受灾群众。

(3) 根据街道通报，2013 年 1 月 28 日下午 4 时 30 分，位于康王南路与杉木栏路交界处发生塌陷，面积约 690 平方米。在市委、市政府和区委、区政府的坚强领导下，救援安置工作有条不紊地开展。截至 2 月 4 日 24 时，事故共造成 6 栋楼房、11 间商铺倒塌，39 栋楼房、105 户(2 户为分租户)、352 人需要临时安置。

(4) 政府、地铁公司必须明确自己的角色，各尽其责。政府应该扮演"审视者"、"监督者"的角色，即对广州地铁规划、城市地质风险进行重新审视，对善后处理、事故原因调查进行监督。政府该监督什么？虽然广州地铁公司属国有企业，系广州地铁建设的"执行者"，但毕竟是拥有独立法人资格的企业，不排除会有企业的趋利性、取巧性。因此，此次地陷事故的善后处理、原因调查理应由地铁公司负责，但政府一定要确立居民和企业之间的"独立中间人"和"监督者"的角色，监督这两项工作的推进，做到不偏不倚。

至于地铁公司，则应该做好"善后者"和"检讨者"角色，即做好地陷事故善后赔偿工作的同时，客观真实地公布事故调查结果，并且就近年来出现与广州地铁相关的地陷事故进行检讨。

3.5.3　我们怎么面对地震

*作者姓名：*雷姝燕

案情介绍：

2011 年 3 月 11 日 13 时 46 分，日本东北部海域发生里氏 9.0 级地震并引发海啸。日本仙台，机场里的飞机和汽车被地震引发的海啸冲在一起。截至北京时间 2011 年 3 月 15 日，到当地时间 8 时，日本警察厅说，11 日发生的日本大地震及其引发的海啸已造成 2414 人死亡，3118 人失踪。

(资料来源：中国日报网，2011-03-15)

2013 年 2 月 19 日 10 时 46 分，云南省昭通市巧家县药山镇发生 4.9 级地震。据巧家县防震减灾局报告，初步统计，本次地震已造成 2 人受伤，部分地区有山体滑坡现象，有少量房屋倒塌。

(资料来源：云南网，2013-02-19)

思考问题：

(1) 我国防震减灾的法律依据是什么？
(2) 面对地震，我们该如何应对？

适用范围：

自然管理中的有关应对地震灾害问题的分析。

相关链接：

我国台湾省台南县昨日发生 6.6 级强烈地震. 人民网，2016-02-07
日本"3·11"大地震. 江西晨报，2011-03-11～12

分析路径：

1. 地震现象及危害

地震又称地动、地振动，是地壳快速释放能量过程中造成振动，期间会产生地震波的一种自然现象。全球每年发生地震约五百五十万次。地震常常造成严重人员伤亡，能引起火灾、水灾、有毒气体泄漏、细菌及放射性物质扩散，还可能造成海啸、滑坡、崩塌、地裂缝等次生灾害。

地震的直接灾害发生后，会引发次生灾害。有时，次生灾害所造成的伤亡和损失，比直接灾害还大，次生灾害主要包括火灾、水灾、毒气泄漏和瘟疫等。

2. 地震成因

地震成因是地震学科中的一个重大课题。目前有如大陆漂移学说、海底扩张学说等。

现在比较流行的是大家普遍认同的板块构造学说。1965 年加拿大著名地球物理学家威尔逊首先提出"板块"概念，1968 年法国人把全球岩石圈划分成六大板块，即欧亚、太平洋、美洲、印度洋、非洲和南极洲板块。板块与板块的交界处，是地壳活动比较活跃的地带，也是火山、地震较为集中的地带。板块学说是大陆漂移、海底扩张等学说的综合与延伸，它虽不能解决地壳运动的所有问题，却为地震成因的理论研究指明了方向。

关键要点：

(1) 我国防震减灾的法律依据有二：

① 《中华人民共和国防震减灾法》指出，为了防御和减轻地震灾害，保护人民生命和财产安全，促进经济社会的可持续发展，制定本法。在中华人民共和国领域和中华人民共和国管辖的其他海域从事地震监测预报、地震灾害预防、地震应急救援、地震灾后过渡性安置和恢复重建等防震减灾活动，适用本法。

总则中提到防震减灾工作，实行预防为主、防御与救助相结合的方针。

② 国务院颁发了《地震监测管理条例》、《地震预报管理条例》、《汶川地震灾后恢复重建条例》等行政法规。

《地震监测管理条例》指出，为了加强对地震监测活动的管理，提高地震监测能力，根据《中华人民共和国防震减灾法》的有关规定，制定本条例。本条例适用于地震监测台网的规划、建设和管理以及地震监测设施和地震观测环境的保护。

《汶川地震灾后恢复重建条例》指出，地震灾后恢复重建应当遵循以下原则：受灾地区自力更生、生产自救与国家支持、对口支援相结合；政府主导与社会参与相结合；就地恢复重建与异地新建相结合；确保质量与注重效率相结合；立足当前与兼顾长远相结合；经济社会发展与生态环境资源保护相结合。

(2) 面对地震，我们应采取如下态度：

① 做好地震前的准备。

首先要学习防震知识，密切关注地震前兆。地震发生前，动物会有异常表现，如在乡村牛马牲口不进圈，老鼠搬家往外逃；鸡飞上树猪乱拱，鸭不下水狗乱咬；冬眠蛇儿早出洞，鸽子惊飞不回巢；兔子竖耳惊蹦撞，鱼儿惊慌水面跳等。地下水也有异常表现：无雨泉水浑，天旱往上冒；水位升降大，翻花冒气泡；有的变颜色，有的变味道等。除以上异常外，在大地震发生前的瞬间，往往有地声、地光和地面微动，先于强震动 12 秒钟左右出现于地表，作为大震即将来临的预警信号。

另外，还应检查房屋结构是否符合抗震要求，及时对薄弱部位采取加固措施。在住所附近物色好较空旷、远离高大建筑的安全区，选定疏散线路。家庭中每个可独立行动的成员都要知道家中的水、电、煤气阀门的位置并会开、关，以便及时关闭电源和煤气开关。准备好脱水食物、饮用水、急救药物、手电筒以及锹、锤等工具备用。学会掌握基本的急救技能，如心肺复苏、止血、包扎、搬运等方法。

② 地震发生时，要沉着镇定、冷静应对。

住平房，避震时行动要果断，就近躲避，或紧急撤离不要返回。如果居住在楼房，千万不可在慌乱中跳楼。可躲藏在坚实的家具下，或墙角处，也可转移到开间小的厨房、厕所去暂避一时。因为这些地方结合力强，尤其是管道经过的地方，具有较好的支撑力，抗震系数大。在大地抖动一阵的短暂平息中，要迅速拉断电闸，关闭煤气阀门，按疏散路线迅速向安全地区转移。

③ 地震过后如何自救。

如不幸被倒塌的建筑物压埋，可搬动碎砖瓦等杂物，扩大活动空间，但千万不要勉强，防止周围杂物进一步倒塌；设法用砖石、木棍等支撑残垣断壁，以防余震时再被埋压。自己实在无法脱险，则不要乱喊乱动，尽量减少体力消耗，保存体力，用敲击声求救。

3.6 气 候

3.6.1 赣湘联手保护"千年鸟道"①

作者姓名：胡艳

案情介绍：

作为赣鄱大地上的"明珠"，鄱阳湖一直吸引着众多游客的脚步。特别是来此观鸟，似乎已是约定俗成的习惯，成了每个游客的"必选"。在这里，共有鸟类300多种，其中有国家一级保护鸟类白鹤、金雕、中华秋沙鸭等，有二级保护动物白枕鹤、鹈鹕、鸳鸯等，更有13种国际性濒危鸟类，这里历来被称为珍禽王国、候鸟乐园。

但是经历了去年的大旱，以及近段时间的阴雨连绵、降水不断，鸟儿们"感觉"如何？近日，陆续有热心市民拨打本报热线，称十分担忧阴雨连绵、水位上涨会对鸟儿们的"生活"产生不良影响。事实究竟怎样？昨日(2013-03-07)，记者进行了调查。

1. 今年首批越冬候鸟抵达鄱阳湖

鸟类专家认为，候鸟是衡量一个地区文明与否和环境保护好坏的重要指标。一个地区生态保护得好，则鸟类数目、种类就多，反之则少。随着北方气候渐冷，一部分越冬候鸟的"先头部队"陆续来到江西。2012年9月24日，江西鄱阳湖自然保护区管理局都昌保护监测站的工作人员在多宝乡马影湖湖面监测到41只豆雁。而这41只豆雁，正是保护区今年首次监测到的飞抵鄱阳湖的越冬候鸟。昨日(2012年9月26日)，记者从鄱阳湖区越冬候鸟和湿地保护工作会议上获悉，下月起，我省将启动为期9个月的湿地保护专项行动。

2. 北方暴雪大批候鸟提前抵鄱阳湖

近日，强冷空气横扫我国北方大部分地区，带来大范围降温及雨雪天气，北方多个省

---

① 根据吴昊《江西湖南联手保护"千年鸟道"》(《江西晨报》，2012-10-28)改编。

份出现大到暴雪，中央气象台也连续发布寒潮蓝色预警。与往年相比，今年(2012 年)入秋以来首次寒潮到来的时间较常年偏早，强冷空气从蒙古西伯利亚地区开始，自西北向东南推进，已经影响到我国长江中下游地区。记者了解到，受北方暴雪降温天气影响，近日大批候鸟提前从北方迁徙而来。截至目前，今年鄱阳湖已监测到候鸟 7 万余只。据悉，目前鄱阳湖水位较往年同期偏高，影响候鸟觅食，目前江西鄱阳湖国家级自然保护区管理局已开 3 个闸门放水保证水位适宜候鸟生存。

3. 江西、湖南联手保护"千年鸟道"

每年入秋大批候鸟开始南迁越冬旅程，全世界候鸟的 8 条迁徙路线中有 3 条途径中国，其中一条迁徙路线位于湖南、江西两省交界处，每年数百万计的候鸟从此处经过，这也成了从中部路线南迁候鸟必经的"千年鸟道"。

近日，一个名为《鸟之殇！千年鸟道上的大屠杀》的纪录片在网络上热播，片中曝光了"千年鸟道"湖南桂东段大量候鸟被捕杀。原本是迁徙之路的"千年鸟道"却成候鸟的不归路，如何制止大捕杀的悲剧发生？近日，国家林业局针对湘赣两省"千年鸟道"的捕杀候鸟行为发布紧急通知，同时还召集湖南、江西相关部门磋商两省三地候鸟保护措施。据了解，为了打击遏制"千年鸟道"上的候鸟猎杀，江西将与湖南开启保护候鸟联防机制，目前湖南省正在起草具体方案。

思考问题：

(1) 鄱阳湖候鸟显示出怎样的常态？

(2) 保护鄱阳湖候鸟的原因是什么？

(3) 保护鄱阳湖候鸟的举措是什么？

适用范围：

自然管理中候鸟对气候的适应及改造；自然资源包括湿地、珍稀生物的保护。

相关链接：

董磊. 冬夏候鸟齐聚，鄱阳湖很热闹. 江西晨报，2012-03-08

吴英. 鄱阳湖 99%越冬候鸟已安全北迁. 江西晨报，2012-04-06

王宁，蒋倩，叶瑶轩. 今年首批越冬候鸟抵达鄱阳湖. 江西晨报，2012-09-27

叶瑶轩. 北方暴雪大批候鸟提前抵鄱阳湖. 江西晨报，2012-11-10

分析路径：

候鸟——随着季节的变化而迁徙的鸟，分冬候鸟，如野鸭等；夏候鸟如杜鹃等。

天气——是指短时间(几分钟到几天)发生的气象现象，如雷雨、冰雹、台风、寒潮、大风等。

气候——是指长时期内(月、季、年、数年甚至百年以上)天气的平均或统计状况，通过由某一时段内的平均值以及距平均值的差值来表征，主要反映某一地区的冷、热、干、湿等基本特征，即地球上某一时期各种天气过程的综合表现。

气候变化——是指气候平均值和气候离差值出现了统计意义上的显著变化，如平均气温、平均降水量、最高气温、最低气温，以及极端天气事件的变化。人们常说的全球变暖就是气候变化的重要表现之一。

关键要点：

(1) 鄱阳湖候鸟显示出的常态有：①冬候鸟在四月初完成北迁，夏候鸟陆续抵达，消失40余年的雪雁现身，此时观鸟"壮观无比"；②大批候鸟在鄱阳湖上空盘旋，冬候鸟39种；③夏候鸟多达15万只；九月底至十月初候鸟现交替高峰；④夏候鸟共计52种，59.05万只，种类和数量为历史最高值；⑤濒危候鸟数量创新高，白鹤达4200余只；⑥迷途候鸟数量多，雪雁、卷羽鹈鹕等也来越冬；⑦99%越冬候鸟北迁，少数候鸟留在鄱阳湖繁殖；⑧湖南、江西省交界处成为全世界候鸟8条迁徙路线之一的"千年鸟道"，每年都有大量候鸟从江西遂川飞过；⑨每年11月中下旬是候鸟抵达鄱阳湖的最高峰。

(2) 鄱阳湖候鸟需要保护的原因是：①北方暴雪降温，大批候鸟提前飞抵鄱阳湖；②鄱阳湖水位再创新低，干旱影响最大；③"千年鸟道"湖南桂东段大量候鸟遭猎杀。

(3) 鄱阳湖候鸟保护的措施有：①启动候鸟保护专项行动，历时9个月；②从重打击非法猎杀、收购越冬候鸟；③加强沿湖巡护，清除天网；④人工投放食物；⑤开闸放水，保证水位适宜候鸟生存；⑥两省(湖南、江西)三地(湖南桂东县、炎陵县，江西遂川县)商讨保护候鸟协作机制；⑦遂川鸟道严禁砍伐，为候鸟留出通道。

3.6.2 对症雾霾天，下药"正气丸"[①]

作者姓名：胡艳

案情介绍：

1. 停工、限行、预报难解北京愁

2013年1月28日，北京继续拉响雾霾黄色预警信号。在短短不到一个月的时间里，北京已遭遇两次严重的雾霾围城的窘境。

雾霾袭来时，于建华这位北京市环保局大气处处长可能是全北京最忙的人。整个环保局都处于紧绷的状态。1月30日，由北京市环境保护监测中心研制、刚刚上线5天的手机软件"北京空气质量"提示公众"未来一到两天内，我市整体空气质量仍处于严重污染级别。建议市民朋友减少外出，停留室内。"

---

① 根据以下资料整理：张祖珍《对症雾霾天，下药"正气丸"》(《江南都市报》，2013-02-01)；南方周末《停工、限行、预报难解北京愁》(《江南都市报》，2013-02-02)。

半个月前,北京市就已经启动了空气重污染日应急方案——这距离应急方案正式公布还不到半个月。政府部门、学者似乎还来不及总结上次应急行动的经验和教训,新一轮的雾霾逼迫北京开始又一场更严格的攻防战。

2. 南昌 1 月份 27 天出现污染

198,这是南昌昨日(2013-01-31)的空气质量指数,又是一个中度污染,从 2013 年 1 月 7 日以来,这已经是连续 25 天的污染。根据南昌市空气质量实时监测系统的监测数据,在今年 1 月份,南昌市只有 4 天没受到污染,另外 27 天都处于持续污染状态,其中空气质量指数在 200 以上达到重度污染的就有 10 天,以 1 月 29 日的 272 为最高。

思考问题:

(1) 北京、南昌等国内十余省市常受雾霾袭击,数十条高速受阻的原因是什么?

(2) 为减轻雾霾袭击,各地区特别是重灾区做过的努力有哪些?

适用范围:

自然管理的气候应急通道

相关链接:

国际先驱导报. 汽车尾气成空气污染"祸首". 江西晨报,2012-05-02

周锐. 1/4 国土现雾霾,近半数人受影响. 中新网,2013-07-11

吴亚芬. 南昌持续五天出现"污染天". 江西晨报,2013-11-01

人民网. 北京重度污染,故宫在雾霾中若隐若现. 江西晨报,2013-11-03

人民网. 河北天津 21 条高速封闭. 江西晨报,2013-11-03

分析路径:

雾霾——是特定气候条件与人类活动相互作用的结果。高密度人口的经济及社会活动必然会排放大量细颗粒物(PM2.5),一旦排放超过大气循环能力和承载度,细颗粒物浓度将持续积聚,此时如果受静稳天气等影响,极易出现大范围的雾霾。

大气污染——当大气中污染物质的浓度达到有害程度,以至于破坏生态系统和人类正常生存和发展的条件,对人或物造成危害的现象叫大气污染。

关键要点:

(1) 全国性灰霾污染,范围大;新标准对空气质量数据更严格;污染源主要有三大方面:大型工业企业污染物排放;扬尘污染;机动车尾气污染。

(2) 企业停产、车辆限行、限制装修刷漆、施工企业停工、学生停课;控制一定地区范围的污染物排放、小商贩的烧烤、干道增加应急洒水、公务车停驶 30%;启动机动车管理的联勤联动长效机制。

3.7 工 程

3.7.1 举世瞩目的西气东输工程

作者姓名：肖刚

案情介绍：

据新华网消息，2012 年 5 月 23 日，在中国石油股东大会间隙举行的媒体见面会上，当时的中国石油(601857)董事长表示，作为国家重大工程的西气东输三线(下称"西三线")工程将于今年年内开工，并且将引入包括民营在内的其他战略投资者。

据介绍，到目前为止西三线前期工作的所有技术问题都已落实，控制性工程和试验段所需要的材料也已准备完成。今年如果开工的话，将在新疆霍尔果斯到乌鲁木齐这一段和在位于东部如江西、福建等地开工建设。

"没有其他特殊情况的话，将用两到三年时间建成西三线工程。"该董事长特别指出。由于西三线是一个战略性工程，中国石油将不失时机并持开放性态度规范、高质量地开展建设。而所谓"开放"就是引入其他的战略性投资者，包括政府控制的相关投资以及包括民营在内的各种所有制的投资。

(资料来源：兰州晚报，2012-05-25)

思考问题：

(1) 谈谈对举世瞩目的西气东输工程的认识？

(2) 西气东输工程的建设对中国有哪些深远影响？

适用范围：

自然工程管理中的能源方面的问题分析。

相关链接：

举世瞩目的西气东输工程是"十五"期间国家安排建设的特大型基础设施，其主要任务是将新疆塔里木盆地的天然气送往豫、皖、苏、浙、沪地区，沿线经过新疆、甘肃、宁夏、陕西、山西、河南、安徽、江苏、上海、浙江十个省、市区。工程包括塔里木盆地天然气资源勘探开发、塔里木至上海天然气长输管道建设以及下游天然气利用配套设施建设。西气东输工程主干管道全长约 4000km，输气规模设计为年输商品气 120 亿立方米。

分析路径：

1. 从能源战略角度来分析

中国中西部地区有六大含油气盆地，包括塔里木、准噶尔、吐哈、柴达木、鄂尔多斯和四川盆地。根据天然气的资源状况和目前的勘探形势，国家决定启动西气东输工程，加快建设天然气管道，以尽快把资源优势变成经济优势，满足东部地区对天然气的迫切需要。从更大的范围看，正在规划中的引进俄罗斯西西伯利亚的天然气管道将与现在的西气东输大动脉相连接，还有引进俄罗斯东西伯利亚地区的天然气管道也正在规划，这两条管道也属"西气东输"之列。

2. 从中国制造业自主创新角度来分析

这条管线的建设带动了国内机械、电子、冶金、建材、钢厂、管厂、装备制造、材料行业及天然气利用相关产业的发展，初步预计可间接拉动投资 500 亿元以上，预计累计拉动国内采购和直接投资将超过 3000 亿元。同时带动了产品升级换代，并极大地带动了民族装备制造业的发展。此外，通过二线工程建设，还推动了一系列机械装备的国产化进程。从这个角度来说，西二线建设为我国装备制造业、民族工业的发展，提供了重要契机，并起到了推动作用。

3. 从西气东输工程定价机制的创新角度来分析

西气东输工程定价机制的创新有以下几方面：一是保证市场销量最大化；二是促使天然气产业链各环节都具有商业可行性；三是对天然气出厂价采取政府指导价形式；四是建立风险和收益的传递机制；五是实现市场销量最大化和用户公平负担成本为目标；六是以热值而非气量作为制定气价的基础。

关键要点：

1. 西气东输工程简介

"西气东输"，是我国距离最长、口径最大的输气管道。全线采用自动化控制，供气范围覆盖中原、华东、长江三角洲地区。西起新疆塔里木轮南油气田，向东经过库尔勒、吐鲁番、鄯善、哈密、柳园、酒泉、张掖、武威、兰州、定西、西安、洛阳、信阳、合肥、南京、常州等大中城市。东西横贯新疆、甘肃、宁夏、陕西、山西、河南、安徽、江苏、上海等 9 个省区，全长 4200 公里。它西起塔里木盆地的轮南，起点是塔北油田，东至上海。

2. 西气东输工程的建设影响

西气东输工程自开工之日起就对中国东西部社会经济的发展带来积极影响。而随着商业化供气的实现，这一影响将会变得越来越深远。

(1) 西气东输将有效改善我国的能源结构。

众所周知，我国的能源结构长期存在过度依赖煤炭的问题。煤炭在一次性能源生产和消费中的比重均高达 72%。在这种情况下，天然气将成为我国改善能源结构，寻找煤炭替代能源的主要选择。

(2) 大大加快新疆地区以及中西部沿线地区的经济发展。

"西气东输"工程将大大加快新疆地区以及中西部沿线地区的经济发展，相应增加财政收入和就业机会，带来巨大的经济效益和社会效益。

(3) 西气东输将有效改善生态环境。

中外投资双方对生态环境保护问题都十分重视，在施工前进行了严格的环境和社会评价，建立健全了国际通用的"健康、安全、环保管理体系"，在设计和施工上处处强调了对环保的要求。为保护罗布泊地区的 80 多只野骆驼，专门追加了近 1.5 亿元投资，增加管线长度 15 公里；对管道埋入地下挖土回填的施工标准是要保证回填土上能够生长草类。按照这样的标准，管道全部铺设完毕之后对西部生态环境的影响是很小的。与此同时，东部脆弱的生态环境已不堪煤炭的高排放、高污染。专家对煤炭和天然气在相同能耗下排放污染物的数量作过对比，两者排放灰粉的比例为 148∶1，排放二氧化硫的比例为 700∶1。

3.7.2　中国高速铁路运营里程居世界第一

作者姓名：肖刚

案情介绍：

新华网长春 2010 年 5 月 28 日电(记者姚湜、褚晓亮)在日前召开的中国(长春)国际轨道交通与城市发展高峰论坛上，铁道部总工程师、中国工程院院士何华武表示，目前我国投入运营的高速铁路已超过 6500 公里，居世界第一位，并且形成了独有的运营模式。

据介绍，从最初成功引进时速 200 公里的动车组技术到自主研发出时速 350 公里的高速列车，再到京津、武广等高铁利用高科技运行控制系统保持列车安全稳定运营，这一"三部曲"形成了我国高速铁路的技术体系，相对于外国铁路运输模式而言更为复杂。

(资料来源：新华网，2010-05-28)

思考问题：

(1) 谈谈您对中国高铁的认识？
(2) 中国发展高铁有何意义？

适用范围：

自然工程管理中的高铁方面的问题分析。

相关链接：

中国已建成的高铁数量统计如下：

2003 年　[1 条]　秦沈客运专线通车。

2007 年　[1 条]　台湾高铁(台北至高雄)全线正式开始营运。

2008 年　[3 条]　①合宁客运专线开通；②京津城铁通车；③胶济客运专线全线开通。

2009 年　[5 条]　①石太客运专线通车；②合武铁路客运专线开通；③甬台温铁路通车；④温福铁路通车；⑤武广客运专线建成通车。

2010 年　[8 条]　①郑西客运专线通车；②福厦高铁通车；③成灌高铁通车；④沪宁城际高铁通车；⑤昌九城际高铁通车；⑥沪杭城际高铁通车；⑦长吉城际高铁开通；⑧海南东环高铁通车。

2011 年　[3 条]　①珠城际轨道通车；② 京沪高铁通车；③广深港高铁(广州南至深圳北段)通车。

2012 年　[11 条]　①汉宜高铁通车；②龙厦高铁通车；③哈大高铁通车；④合蚌客运专线通车；⑤石武高铁通车；⑥宁杭高铁通车；⑦杭甬客运专线通车；⑧京石高铁通车；⑨津秦客运专线通车；⑩南钦高铁(南宁至钦州)通车；⑪钦防高铁(钦州至防城港)通车。

(资料来源：第一财经日报，2009-09-18；新华社. 中国高铁运营里程达 1.9 万公里.

江西晨报，2016-04-18

分析路径：

1. 高铁定义

对于高速的水平，随着技术的进步而逐步提高。西欧把新建时速达到 250~300 公里、旧线改造时速达到 200 公里的称为高速铁路；1985 年联合国欧洲经济委员会在日内瓦签署的国际铁路干线协议规定：新建客运列车专用型高速铁路时速为 300 公里，新建客货运列车混用型高速铁路时速为 250 公里。高速铁路常被简称为"高铁"。

2. 高铁、轻轨、动车、磁悬浮和地铁的区别

① 根据 UIC(国际铁路联盟)的定义，高速铁路是指通过改造原有线路(直线化、轨距标准化)，使营运时速达到 200 公里以上，或者专门修建新的"高速新线"，使营运时速达到 250 公里以上的铁路系统，一般特指运行区间在城际或城际以上的高铁。

② 地铁、轻轨还有城铁都属于城市市内高铁，区别在于铁轨位置：铁轨在地下为地铁，地面上为城铁，架在空中为轻轨。

③ 动车是机车范畴的概念，即除车头外其他车厢也配备动力。

④ 悬浮列车是一种没有车轮的陆地上无接触式有轨交通工具，时速可达到 500 公里。

关键要点：

1. 中国高铁风光尽显

中国高铁具有九大优势：

①载客量高；②输送能力大；③速度快；④安全性好；⑤正点率高；⑥舒适方便；⑦能源消耗低；⑧环境影响轻；⑨经济效益好。

与普通铁路相比有五大区别

① 高速铁路非常平顺。

② 高速铁路的弯道少。

③ 大量采用高架桥梁和隧道。

④ 高速铁路有接触网。

⑤ 高速铁路的信号控制系统比普通铁路高级。

2. 中国发展高速铁路的意义

高速铁路之所以受到广泛青睐，在于其本身具有显著优点：缩短了旅客出行时间，产生了巨大的社会效益；对沿线地区经济发展起到了推进和均衡作用；促进了沿线城市经济发展和国土开发；沿线企业数量增加，使国税和地税相应增加；节约能源和减少环境污染。

(1) 从运输发展理论上分析，我国加快高速铁路建设是必然要求。

运输发展理论认为，运输化是工业化的重要特征之一，也是伴随工业化而产生的一种经济过程。在运输化过程中，人与货物空间位移的规模由于近、现代运输工具的使用而急剧扩大，交通运输成为现代经济增长所依赖的最主要的基础产业和必备条件。经济发展的运输化过程有一定的阶段性。

(2) 从实际国情出发，我国加快发展高速铁路也是必然选择。

一是我国正处于经济社会持续快速发展的重要时期，铁路"瓶颈"制约矛盾非常突出。二是我国正处于加快工业化形成的重要时期，铁路运输远远不能适应工业化发展的迫切要求。三是我国正处在统筹城乡和区域发展的关键时期，铁路网布局难以适应城乡和区域发展的迫切要求。四是我国正处在可持续发展的关键阶段，铁路发展远不适应综合交通运输体系建设的迫切要求。显而易见，加快发展铁路，对于优化我国交通运输体系结构，以较小的资源和环境代价，支撑全社会的运输需求，具有非常重要的意义。

(3) 世界铁路历史发展证明，高速铁路是经济社会发展的必然趋势。

从 1825 年英国修建了世界上第一条铁路以来，由于运输速度和运输能力上的优点，铁路在很长的历史时期内成为各国的交通运输骨干。我国已成为世界上高速铁路系统技术最全、集成能力最强、运营里程最长、运行速度最快、在建规模最大的国家。在面向 21 世纪的中国可持续发展战略中高速铁路的发展，将产生深远的意义和影响。

(资料来源：人民铁道报，2010-07-27)

3.7.3 湖南平江一大桥垮塌　过程仅几秒

作者姓名：肖刚

案情介绍：

长沙 2012 年 5 月 13 日电(记者陈文广、黄兴华)13 日 8 时 30 分许，由于连续暴雨，致使湖南省平江县梅仙桥镇与余坪乡交界附近一座大桥突然发生垮塌，垮塌时桥上是否有人员行走等详细情况待进一步查明，但据记者从多方了解，已证实有人落水失踪。

正在现场救援的平江县消防大队教导员苏涛向新华社记者介绍，发生险情的大桥是一座公路桥。消防部门接到报警后，迅速赶往现场，正在全力展开救援工作，除落水后自行爬上岸的遇险人员外，目前还没有救出其他人员。大桥垮塌时桥上是否有人员行走等情况正在进一步的调查核实中。

(资料来源：新华网，2012-05-13)

思考问题：

(1) 谈谈您对建筑工程质量管理的认识？

(2) 如何保证桥梁工程的质量？

适用范围：

自然管理中的建筑工程管理方面的分析。

相关链接：

中国经济周刊报道，一座大桥垮了，可能是"偶然"，9 天内 4 座大桥垮塌，1 座倾斜，一定有"必然"。本该百年寿命的大桥频现"短命"，2011 年 7 月 11 日，建于 1997 年的江苏盐城境内 328 省道通榆河桥坍塌；12 日，武汉黄陂一高架桥被发现引桥严重开裂，新桥裂缝可以放进一只脚。桥体开裂发生时，这座新桥还没有正式通车；14 日，建成不到 12 年、造价逾千万元的当地标志性工程武夷山公馆大桥倒塌；15 日，通车仅 14 年的杭州钱江三桥引桥桥面塌落；19 日零时 40 分，一辆重达 160 吨的严重超载货车，通过北京市宝山寺白河桥时，造成桥梁塌毁。处处都见"桥脆脆"，问题出在哪里？质量存在问题，寿命也是问题。

分析路径：

1. 中国公路桥梁标准设计

公路桥桥面较宽，故将桥的上部结构按多片预制，再进行安装。桥梁标准设计为了因地制宜，就地取材，节约钢材、水泥，拱桥在中小跨度公路桥梁标准设计中仍有其重要性。其标准设计有这几种：①钢筋混凝土简支梁；②预应力混凝土简支梁；③石拱桥；④砖及混凝土预制块拱桥；⑤墩台；⑥涵洞。

2. 桥梁施工管理

桥梁施工管理分为：计划管理，技术管理，全面质量管理，定额管理，成本管理。桥梁施工项目建设本着提前完工、保质保量、安全第一、生产第二，最大限度节省建造成本的理念，实现企业利润增长，资金快速回笼，增强企业核心竞争力。

关键要点:

1. 建筑工程质量发生问题的原因

工程质量发生问题的常见原因有很多种,下面我们结合最近几起工程质量问题的实际情况分析如下:

1) 工程分包商及设备、材料商等方面的原因

在建筑施工工程中,部分工程承包商的素质极差,集中表现为施工技术力量薄弱,质量观念不强,工程机械设备陈旧,现场施工管理人员从业经验有限、履约意识不强。

2) 业主方面的原因

前期勘测设计过程中,因设计方案不妥或深度不够导致设计变更过多或设计图纸根本就是错误的等建筑设计原因而引发的工程质量事故已不少见。另外,招标、投标也存在一些不良风气,很多业主在招标、评标时,不看质量只看价格,没有摆正投标价与质量的关系。

3) 现场工程监理方面的原因

工程质量好不好,很大程度上同监理工程师的业务水平和道德有关。现场监理职业道德败坏,没有公正的立场,有的甚至同施工单位沆瀣一气,这种监理就是劣质工程的保护伞。

2. 预防桥梁坍塌的措施

通过上述原因的分析可以发现,桥梁坍塌很多情况下不是一个原因造成的,只是某个原因占主导而已,因此预防桥梁坍塌是一个系统工程,这就要求桥梁工程参与者通力合作,任何环节出错都会导致事故的发生。可以从以下几个方面努力。

1) 建立预防事故发生的长效机制

最可靠的方法就是预防,防患于未然。具体做法就是:管理层首先要树立安全意识,严格监管;其次要形成稳定的科学的管理制度,出台细则,减少制度漏洞;在安全与投资、工期发生矛盾时,始终坚持安全生产第一的原则。设计、施工、养护等部门要抓好安全培训教育,提高安全生产意识,提高人员素质,坚持质量为本。

2) 建立科学的桥梁风险评估体系

科学的风险评价要逐渐从以往单一的风险评价(只考虑单一因素)过渡到全方位工程规划、设计、施工、运营各个阶段的风险评价。加强重点桥梁工程的施工监控,全结构健康检测,制定科学合理的事故应急方案,落实具体措施。全面检查现役中小桥梁的安全状况,根据实际情况评定等级,严格执行关于各类桥梁养护措施的规定。

3) 加强科研,及时修订规范

随着经济的发展,交通工具的数量、载重等迅猛发展,老的规范已经不再满足新的需求,这就涉及规范的修订。而规范的修订是建立在实践经验和科学研究的基础上的,因此要善于总结生产实践中的经验教训,开展新的设计、事故理念的研究,缩短规范的修订周期,力求反映最新的科研成果。我国规范至今尚无桥梁寿命的规定,无法进行全寿命设计。

我国还没有专门的桥梁被船撞规范，也没有轨道交通抗震规范等，这就要求细化规范，加强专门规范的制订工作。

3.8　科　　技

3.8.1　北斗首发"一箭双星"　中国导航加速组网

作者姓名： 肖刚

案情介绍：

中新社西昌 2012 年 4 月 30 日电(记者　孙自法)中国第十二、第十三颗北斗导航系统组网卫星，30 日凌晨在西昌卫星发射中心由"长征三号乙"运载火箭以"一箭双星"方式成功发射升空。这是中国正在实施的自主发展、独立运行的全球卫星导航系统北斗卫星导航系统首次采用"一箭双星"方式发射导航卫星，也是中国首次采用"一箭双星"方式发射两颗地球中、高轨道卫星。

北斗卫星导航系统工程总设计师、"两弹一星"元勋孙家栋院士表示，这对中国北斗卫星导航系统工程下一步的建设与发展、尽快实现全球覆盖，将是"非常非常重要的基础"，掌握"一箭双星"乃至一箭多星的发射技术和能力，对加快北斗导航卫星组网进程、完成北斗卫星导航系统工程建设具有重要意义。

(资料来源：中国新闻网，2012-04-30)

思考问题：

(1) 北斗卫星导航系统与 GPS 的差异是什么？
(2) 北斗卫星导航系统应用领域有哪些？

适用范围：

工程管理中的航天科技。

相关链接：

当前全球有四大卫星定位系统，分别是美国的全球卫星导航定位系统 GPS、俄罗斯的格罗纳斯(GLONASS)系统、欧洲在建的"伽利略"系统、中国的北斗系统。

我国从 2000 年开始，陆续发射了四颗 "北斗一号" 01 到 04 号试验导航卫星，组成了我国第一个卫星导航定位系统。2007 年 4 月 14 日，我国成功发射了第一颗"北斗二号"导航卫星，这标志着北斗系统由一代开始向二代过渡。而未来几年里，将进行系统组网和试验，再逐步扩展为全球卫星导航系统。

新华社. 天宫二号、神舟十一号今年发射. 江西晨报，2016-02-29

中新社. 中国在 2016 年还将发射 2 颗北斗导航卫星. 中国新闻网，2016-02-01

分析路径：

1. 北斗卫星导航系统简介

北斗卫星导航系统是中国正在实施的自主发展、独立运行的全球卫星导航系统。北斗卫星导航系统由空间段、地面段和用户段三部分组成，空间段包括 5 颗静止轨道卫星和 30 颗非静止轨道卫星，地面段包括主控站、注入站和监测站等若干个地面站，用户段包括北斗用户终端以及与其他卫星导航系统兼容的终端。

2. 建设原则

北斗卫星导航系统的建设与发展，遵循以下建设原则：一是开放性；二是自主性；三是兼容性；四是渐进性。中国将积极稳妥地推进北斗卫星导航系统的建设与发展，不断完善服务质量，并实现各阶段的无缝衔接。

关键要点：

1. 北斗卫星导航系统与 GPS 的差异性

(1) 覆盖范围：北斗导航系统是覆盖中国本土的区域导航系统。覆盖范围东经 70°～140°，北纬 5°～55°。GPS 是覆盖全球的全天候导航系统。

(2) 卫星数量和轨道特性：北斗导航系统是在地球赤道平面上设置 2 颗地球同步卫星，卫星的赤道角约 60°。GPS 是在 6 个轨道平面上设置 24 颗卫星，轨道赤道倾角 55°，轨道面赤道角 60°。

(3) 定位原理：北斗导航系统是主动式双向测距二维导航。地面中心控制系统解算，供用户三维定位数据。GPS 是被动式伪码单向测距三维导航。由用户设备独立解算自己三维定位数据。

(4) 定位精度：北斗导航系统三维定位精度约几十米，授时精度约 100ns。GPS 三维定位精度 P 码目前已由 16m 变为 6m，C/A 码目前已由 25～100m 提高到 12m，授时精度目前约 20ns。

(5) 用户容量：北斗导航系统由于是主动双向测距的询问——应答系统，北斗导航系统的用户设备容量是有限的。GPS 是单向测距系统，GPS 的用户设备容量是无限的。

(6) 生存能力：和所有导航定位卫星系统一样，"北斗一号"基于中心控制系统和卫星的工作，但是"北斗一号"对中心控制系统的依赖性明显要大很多。GPS 正在发展星际横向数据链技术，万一主控站被毁后，GPS 卫星可以独立运行。

(7) 实时性："北斗一号"用户的定位申请要送回中心控制系统，时间延迟就更长了，因此对于高速运动体，就加大了定位的误差。

2. 北斗卫星导航系统应用领域

1) 个人位置服务

当你进入不熟悉的地方时，你可以使用装有北斗卫星导航接收芯片的手机或车载卫星导航装置找到你要走的路线。你可以向当地服务提供商发送文字信息告知你的要求。

2) 气象应用

北斗导航卫星气象应用的开展，可以促进我国天气分析和数值天气预报、气候变化监测和预测，也可以提高空间天气预警业务水平，提升我国气象防灾、减灾的能力。

3) 道路交通管理

卫星导航将有利于减缓交通堵塞，提升道路交通管理水平。通过在车辆上安装卫星导航接收机和数据发射机，车辆的位置信息就能在几秒钟内自动转发到中心站。这些位置信息可用于道路交通管理。

4) 铁路智能交通

卫星导航将促进传统运输方式实现升级与转型。未来，北斗卫星导航系统将提供高可靠、高精度的定位、测速、授时服务，促进铁路交通的现代化，实现传统调度向智能交通管理的转型。

5) 海运和水运

北斗卫星导航系统将在任何天气条件下，为水上航行船舶提供导航定位和安全保障。同时，北斗卫星导航系统特有的短报文通信功能将支持各种新型服务的开发。

6) 航空运输

当飞机在机场跑道着陆时，最基本的要求是确保飞机相互间的安全距离。通过将北斗卫星导航系统与其他系统的有效结合，将为航空运输提供更多的安全保障。

7) 特殊货物运输监管

安装北斗卫星导航终端设备的车辆，支持实时查询货物位置或到达信息，通过与相关设备的配合，在车辆偏离预定路径发生盗、抢、交通事故等意外情况下，可支持车辆位置及有关情况的报告，实现有效的全过程运输监管。

8) 应急救援

北斗卫星导航系统除导航定位外，还具备短报文通信功能，通过卫星导航终端设备可及时报告所处位置和受灾情况，有效缩短救援搜寻时间，提高抢险救灾时效，大大减少人民生命财产损失。

9) 精密授时

精确的时间同步对于涉及国家经济、社会安全的诸多关键基础设施至关重要，通信系统、电力系统、金融系统的有效运行都依赖于高精度时间同步。北斗卫星导航系统的授时服务可有效应用于通信、电力和金融系统，确保系统安全稳定运行。

(资料来源：北斗网)

3.8.2　神舟九号

作者姓名：陈美娜

案情介绍：

(1) 2012 年 6 月中旬，神舟九号飞船将搭载 3 名航天员择机发射升空，与"天宫一号"目标飞行器交会对接。我国首位女宇航员也将搭载飞船进入太空，这也是我国首次载人空间交会对接。据专家称：神舟九号已经确定了第一发射窗口，并于本月 16 日下午发射。

(2) 6 月 15 日，中国载人航天工程新闻发言人宣布，神舟九号载人飞船定于北京时间 6 月 16 日 18 时 37 分发射，景海鹏、刘旺和女航天员刘洋组成飞行乘组。景海鹏作为本次任务的指令长；刘旺的主要任务是"交会对接操作岗"；女航天员刘洋将主要负责空间医学实验。

(3) 圆满完成天宫一号与神舟九号首次载人交会对接任务的航天员景海鹏、刘旺、刘洋，7 月 13 日上午结束为期 14 天的隔离恢复期，在北京航天城航天员公寓与媒体记者见面并回答提问。

为促进航天员身体恢复和重力再适应，从 6 月 29 日神舟九号返回当天起，3 名航天员即开始了为期 14 天的隔离恢复。期间，中国航天员科研训练中心本着恢复措施与医学检查有机结合的原则，开展了动态医学检查与评估、心理和体质恢复训练、作息制度调整、合理营养调配、消毒检疫 5 个方面的医监医保工作。通过 14 天的观察，证明隔离恢复措施合理、效果明显。目前，3 名航天员重力再适应进展顺利，各项生理指标正常。载人航天工程航天员系统总指挥、中国航天员科研训练中心主任陈善广介绍，为了促进和增强生理机能储备，3 名航天员将于 7 月中旬至 7 月底进行恢复疗养工作。在恢复疗养结束后，航天员仍需进行 3 个月的动态健康观察，确保全面恢复。

（资料来源：新浪新闻中心）

思考问题：

(1) 神舟九号的成功发射对我国的航天事业发展有何重大意义？

(2) 神舟九号的成功发射对世界航天事业的预景如何？

适用范围：

自然科技管理中的航天工业事业管理的分析。

相关链接：

1999 年 11 月 20 日 6 时 30 分 7 秒，中国第一艘载人航天试验飞船"神舟一号"，顺利经过发射入轨、太空运行、返回地球三个阶段，历时 21 小时。这是中国实施载人航天工程的第一次飞行试验，标志着中国航天事业迈出重要步伐，对突破载人航天技术具有重要意义，是中国航天史上的重要里程碑。自此以后，中国成为继美、俄之后世界上第三个拥有载人航天技术的国家。

2001 年 1 月 10 日 1 时 0 分 3 秒，中国自行研制的"神舟"二号航天飞船在西部酒泉卫星发射中心载人航天发射场发射升空。"神舟二号"飞船是第一艘正样无人飞船。飞船由轨道舱、返回舱和推进舱三个舱段组成。此次航天飞船发射，是中国载人航天工程的第二次飞行试验，标志着中国载人航天事业取得了新的进展，向实现载人航天飞行迈出了可喜的一步。

2002 年 3 月 25 号晚上 10 时 15 分，神舟三号飞船在酒泉卫星发射中心发射升空并成功进入预定轨道。成功标志着我国载人航天工程取得了新的重要进展，为不久的将来把中国的航天员送上太空打下了坚实的基础。这次发射的神舟三号是一艘正样无人飞船，飞船技术状态与载人状态完全一致。这次发射试验，使运载火箭、飞船和测控发射系统进一步完善，提高了载人航天的安全性和可靠性。

2002 年 12 月 30 日 0 时 40 分，我国自行研制的"神舟"四号无人飞船在酒泉卫星发射中心发射升空并成功进入预定轨道。这是我国载人航天工程的第四次飞行试验。神舟四号返回舱返地后，轨道舱一直在轨运行。该舱内安装了多台空间环境监测设备。在半年运行中，初步探明飞船运行轨道的空间环境状况，为我国下一步载人飞船的安全出行成功绘制了"安全路况图"。

2003 年 10 月 15 日 9 时，神舟五号载人飞船成功升空。神舟五号飞船是在无人飞船基础上研制的我国第一艘载人飞船，载有 1 名航天员杨利伟，在轨运行 1 天。神舟五号飞船载人航天飞行实现了中华民族千年飞天的愿望，是中华民族智慧和精神的高度凝聚，是中国航天事业在新世纪的一座新的里程碑。

2005 年 10 月 12 日 9 时整，神舟六号载人飞船成功升空。神六与神五在外形上没有差别，仍为推进舱、返回舱、轨道舱的三舱结构，重量基本保持在 8 吨左右，用长征二号 F 型运载火箭进行发射。它是中国第二艘搭载太空人的飞船，也是中国第一艘执行"多人多天"任务的载人飞船。

如果说神舟五号首次载人实现了中华民族在太空中飞行的梦想，神舟七号意味着中国人开始在太空中漫步了。2008 年 9 月 25 日 17 点 35 分，航天员翟志刚、刘伯明、景海鹏奉命执行中国人首次出舱活动。27 日，翟志刚身着我国研制的"飞天"舱外航天服，在身着俄罗斯"海鹰"舱外航天服的刘伯明的辅助下，进行了 19 分 35 秒的出舱活动。这是一次开创中国航天新纪元的漫步，这是航天员翟志刚的一小步，但却是中国人和平利用太空的一大步。中国随之成为世界上第三个掌握空间出舱活动技术的国家。

神舟八号飞船(简称神八)是中国第八艘"神舟"号飞船，属于为中国的空间站做对接准备的无人目标飞行器。神舟八号已于 2011 年 11 月 1 日清晨 5 时 58 分 10 秒 430 毫秒(协调世界时 10 月 31 日 21 时 58 分 10 秒 430 毫秒)由长征 2 号 F 改进型遥八运载火箭发射升空。

分析路径：

航天工程(astronautical engineering)：探索、开发、利用太空和天体的综合性工程，即综合实施航天系统，特别是航天器和航天运输系统的设计、制造、试验、发射、运行、返回、控制、管理和使用的工程。航天工程有时还指某项大型航天活动、研制任务或建设项目。航天工程通常采用系统工程的理论和方法来组织实施。航天工程与航天学、航天技术的关系，航天学是航天工程实践的理论指导，航天技术是航天工程的技术手段；航天工程在航天学的指导下，充分利用航天技术，并在实践中使航天学和航天技术的内容不断丰富和扩展。

关键要点：

此次"神九"载人交会对接，是中国航天史上的"高难度动作"。"是对载人空间运动控制、交会对接技术、组合体飞行技术、组合体载人环境保证以及整个飞船作为天地往返运输系统的性能等众多方面的一次全面、重大的考验。"

神九成功发射的意义表现在：

(1) 神舟九号载人飞船是中国第 4 艘载人飞船。

(2) 航天员新老搭配，首位"神女"引关注。

神舟九号载人飞船第一次将中国女航天员载入天空。

相比前三次载人飞行，此次神九任务的飞行乘组特点是"新老搭配、男女配合"。一是航天员景海鹏第二次参加飞行任务；二是刘洋成为中国首位参加载人航天飞行的女航天员，同时她也是中国第二批航天员中首个参加飞行任务的。首位"神女"刘洋的出现，打破了中国从未有过的女航天员进入太空的纪录，备受各方关注。

据了解，迄今为止，世界上已经有 7 个国家共 50 余名女航天员进行过太空飞行，相比于男性，女航天员上天要克服更多的困难，但也有自己独特的优势和意义。

(3) 神舟九号载人飞船在 2012 年 6 月 18 日执行了自动交会对接任务，标志着中国进一步熟练地掌握了自动交会对接技术及载人航天技术。

(4) 神舟九号载人飞船将第一次执行手动载人交汇对接任务，2012 年 6 月 24 日刘旺在景海鹏与刘洋的配合下成功执行。手控交会对接任务的顺利完成，标志着我国全面掌握了空间交会对接技术。

(5) 神舟九号载人航天飞船第一次带活体蝴蝶升空。

神舟九号飞船首次搭载活体蝴蝶(卵和蛹)升空。破蛹成蝶和蝴蝶升空代表着梦想的实现与飞跃，北京市教委决定以此为契机在全市中小学生中开展"我的梦想"征集活动，此次活动的参加者均为太空活体蝴蝶(卵和蛹)的共同认养者。目前，珙桐、普陀鹅耳枥、望天树、大树杜鹃等 4 种濒危植物种子正搭乘"天宫一号"遨游在太空。"神舟九号"发射成功后，航天员将把天宫一号上搭载的经过航天育种实验的种子带回地面。

(6) 神九成功上天只是中国航天事业发展的一个缩影，但它更是我国综合国力增强的有力见证。

3.8.3 神一到神十 中国人的飞天历程①

作者姓名：胡艳

案情介绍：

从 1999 年至 2013 年，神舟系列飞船十次升空，载着梦想出发。

从 1999 年我国第一艘无人实验飞船神舟一号成功发射至今，载人航天实现了从无人到有人，从航天员出舱到两个航天器组合飞行等多个跨越。从神舟一号到神舟十号，不是简单的数字叠加，而是中国载人航天发展成熟的标志，就像小孩子成长在标记身高，神一到神十，就是中国航天的一个个新高度，标记在浩渺太空。从 1999 年到 2013 年，神舟系列飞船十次升空，载着梦想出发。

神舟一号：样品

中国飞船揭开神秘面纱

发射：1999 年 11 月 20 日 6 时 30 分 7 秒

返回：1999 年 11 月 21 日 3 时 41 分

神一是我国载人航天计划中发射的第一艘无人实验飞船，在没有得到实际验证前，中国航天人给这艘自己建造的飞船定位为"样品"。不过，神舟一号成功地完成了它的历史使命——考核运载火箭性能和可靠性，验证飞船关键技术和系统设计的正确性，以及包括发射、测控通信、着陆回收等地面设施在内的整个系统工作的协调性，也宣告了中国载人航天时代的到来。

神舟二号：成型

中国第一艘正样飞船

发射：2001 年 1 月 10 日 1 时 0 分 03 秒

返回：2001 年 1 月 16 日 19 时 22 分

飞船按预定计划，在太空飞行了 7 天。除了没有载人，神舟二号的结构、技术性能和要求，都与载人飞船基本一致，凡是与航天员生命保障有关的设备，基本上都采用了真实件。它也被中国航天人称之为"正样"。

神舟三号："载人"

搭载特殊乘客"模拟人"

发射：2002 年 3 月 25 日 22 时 15 分

① 根据综合新华网、北京晨报消息《神一到神十 中国人的飞天历程》(《江西晨报》，2013-06-13)改编。

返回：2002 年 4 月 1 日 16 时 54 分

飞船上搭载了一个特殊乘客——"模拟人"，可以模拟航天员在太空生活时的脉搏、心跳、呼吸、饮食、排泄等多种重要生理参数，为把中国航天员送入太空打下了基础。

神舟四号：低温

设计了 8 种救生模式

发射：2002 年 12 月 30 日 0 时 40 分

返回：2003 年 1 月 5 日 19 时 16 分

在零下 29℃的酒泉卫星发射中心发射升空，神舟四号经受住低温的考验。神舟四号是神舟飞船在无人状态下最全面的一次飞行试验。共设计了 8 种救生模式，以确保在不同阶段若出现意外都能保证航天员安全返回。

神舟五号：圆梦

中国人首次进入太空

发射：2003 年 10 月 15 日 9 时 00 分

返回：2003 年 10 月 16 日 6 时 28 分

航天员：杨利伟

2003 年 10 月 15 日，注定要载入史册。这一天，中国成功发射了神舟五号载人飞船，实现航天员单人单天飞行。航天员杨利伟也成为第一位进入太空的中国人。当杨利伟经过 27 小时 28 分钟的太空行程返回陆地后，迈出舱门面对欢呼的人群说出的第一句话就是:这是祖国历史上辉煌的一页，也是我生命中最伟大的一天。神舟五号的成功发射标志着中国继苏(俄)、美之后，成为世界上第三个能够独立开展载人航天活动的国家。

神舟六号：筋斗

实现多人多天飞行

发射：2005 年 10 月 12 日 9 时 00 分

返回：2005 年 10 月 16 日 20 时 33 分

航天员：费俊龙、聂海胜

2005 年 10 月 12 日在酒泉发射的神舟六号载人飞船，是中国第一艘执行"多人多天"任务的载人飞船，也是人类的第 243 次太空飞行。那一次，航天员费俊龙在太空中用大概 3 分钟，连翻了 4 个筋斗；以神舟六号每秒 7.8 公里的速度，费俊龙的一个筋斗"翻"了大约 351 公里。

神舟七号：出舱

中国人首次太空行走

发射：2008 年 9 月 25 日 1 时 10 分 4 秒

返回：2008 年 9 月 28 日 17 时 37 分

航天员：翟志刚、刘伯明、景海鹏

又是一个令人难忘的时刻，2008 年 9 月 27 日 16 时 41 分，航天员翟志刚身穿中国研制的"飞天"舱外航天服，从神舟七号进入太空。"我已出舱，感觉良好。"这一刻太空中留下中国人的足迹。中国成为继美、俄之后世界上第三个实现太空行走的国家，标志着中国突破空间出舱技术。中国人的第一次太空行走共进行了 19 分 35 秒。期间，翟志刚与飞船一同飞过 9165 公里。

神舟八号：天吻

首次空间交会对接

发射：2011 年 11 月 1 日 7 时 58 分 10 秒

返回：2011 年 11 月 17 日 19 时 32 分

神舟八号无人飞船，于 2011 年 11 月 1 日发射升空。升空后 2 天，"神八"与此前发射的"天宫一号"目标飞行器进行了空间交会对接。组合体运行 12 天后，神舟八号飞船脱离天宫一号并再次与之进行交会对接试验，标志着我国已经成功突破了空间交会对接及组合体运行等一系列关键技术。

神舟九号：人控对接

航天员"开"飞船

发射：2012 年 6 月 16 日 18 时 37 分 24 秒

返回：2012 年 6 月 29 日 10 时 00 分

航天员：景海鹏、刘旺、刘洋

2012 年 6 月 16 日发射的神舟九号飞船，载着景海鹏、刘旺、刘洋三位航天员造访天宫一号，并与之进行了人控交会对接，标志着中国人已具备了向在轨航天器进行人员输送和物资补给的能力。天地往返、出舱活动、交会对接……随着完整掌握载人航天三大关键技术，中国开始迈向空间站时代。

神舟十号：太空授课

从"试运行"到"正常运营"

发射：2013 年 6 月 11 日 17 时 38 分

返回：2013 年 6 月 25 日 9 时 41 分

航天员：聂海胜、张晓光、王亚平

神舟十号飞船是中国第五艘搭载太空人的飞船，其肩负的任务是对"神九"载人交会对接技术的"拾遗补缺"。神舟十号在太空飞行 15 天，与天宫一号目标飞行器进行自动和手动交会对接，航天员进入天宫实验舱进行短暂的有人照管科学实验，并开展科普讲课等天地互动项目。

思考问题：

(1) 神舟十号为中国载人航天事业留下了哪些经典瞬间？

(2) "神舟"百分百成功的秘诀是什么？

(3) 神舟十号与天宫一号对接任务过程中有哪些问题需要回答?

(4) 神舟十号做了哪些科学实验?

(5) 以神十为标志的航天科技带给我们的新生活有哪些?

(6) 神十和此前的神舟飞船相比,有哪些突破,神在哪儿?

适用范围:

自然科技管理中的航天科技问题分析。

相关链接:

新华社. 20年花费不及美国一年投入. 江西晨报,2011-11-07

新华社. 交会对接历史"首次". 江西晨报,2011-11-02

中新社. 天宫一号转入长期管理阶段. 江西晨报,2011-11-21

新华网,央视. 空间交会对接. 江西晨报,2013-06-14

京华时报. 揭秘国际空间站趣味太空课. 江西晨报,2013-06-15

分析路径:

921工程——1992年9月21日,中共中央第195次政治局常委扩大会议召开,听取国防科工委、航空航天部的汇报,讨论审议中央专委会《关于开展我国载人飞船工程研制的请示》。会议批准了这一请示,并做出一个让航天人深受鼓舞的决定:要像当年抓"两弹一星"工程一样,抓载人航天工程。至此,中国载人飞船工程正式批准立项,并于当年开始实施。按照中国多数重大科技工程的惯例,载人航天工程也因为立项这一天是9月21日,获得了代号:921工程。载人航天分三步走:第一步,在2002年前,发射无人飞船和载人飞船,实现载人航天飞行。第二步,在2007年左右,突破载人飞船和空间飞行器的交会对接技术,航天员出舱活动,发射一个8吨级的太空实验室。第三步,研制、发射、建造20吨级的空间站,解决有较大规模的、长期有人照料的太空站应用问题。

关键要点:

(1) 太空飞行15天,行程984万公里,搭乘着三名航天员的神舟十号为中国载人航天事业留下了8个经典瞬间:勇士出征(6月11日下午)、神十升空(6月11日下午)、太空端午(6月12日)、入驻天宫(6月13日下午)、太空课堂(6月20日上午)、手控对接(6月23日上午)、天地通话(6月24日上午)、飞船返回(6月26日上午)。

(2) 从1999年的"神舟一号",到2003年的"神舟五号",再到2013年的"神舟十号",短短十四年,中国载人航天工程的神速发展,震惊了世界。这百分百成功的背后秘密是:1992年9月21日,中共中央政治局十三届常委会正式批准实施我国载人航天工程,并命名为"921工程";神速迈过美国和苏联几十年的"无人飞船——单人飞船——多人飞船"发射历程,中国航天人走过的是一条多灾多难、与天地争斗的荆棘路;中国航天员训练有8

大类 58 个专业，航天员们笑称其为登天的"58 个阶梯"。训练后，我国航天员没事，却把俄教练累垮了。

(3) 神十与天宫一号对接任务过程中有七个问题要回答：①执行此次任务的目的；②三名航天员的分工；③神舟十号飞行任务与以往的不同；④应用性飞行的涵义；⑤航天员生活保障的改进；⑥航天员向中、小学生太空授课活动的进行；⑦天宫一号的运行状态。

(4) 每一次飞行任务都会开展一些科学实验。"神舟十号"飞行任务的性质是应用性飞行，为在轨运行的"天宫一号"提供人员和物质运输服务，同时也更加注重为空间站的建造积累经验。与前两次任务相比，"神舟十号"更加注重验证和巩固交会对接技术，具体包括：解答科学争论、太空中的人体、溢出效应。

(5) 以神十为标志的航天科技带给我们许多新的生活内容，包括：通信——卫星电视、移动电话；医疗——"人造心脏"；经济——计算机变成现实；文化——催生"太空时代"运动；军事——全球定位，无处藏身；太空蔬菜——太空育种、新材料、空间技术等；环保——燃料电池、臭氧损耗等；生活——记忆床垫、机器人、望远镜等。

(6) 神十和此前神舟飞船相比，堪称完美，即"准备充分，实施顺利，成果丰硕，完美收官：任务——成果丰硕完美收官；技术——五次发射四个突破；效益——取得大量试验数据；合作——愿为国外培训队员。神就神在十年载人航天梦，技术成熟更稳健。

参 考 文 献

[1] 厉以宁，曹冯岐. 中国企业管理教学案例[M]. 北京：北京大学出版社，1999.

[2] 上海市企业管理协会. 现代企业管理实例[M]. 上海：上海人民出版社，1982.

[3] 熊菊喜. 现代企业管理教学案例[M]. 南昌：江西科技出版社，1993.

[4] 郑成思. 知识产权案例分析[M]. 北京：法律出版社，1995.

[5] 上海对外贸易协会. 对外经济贸易案例[M]. 上海：立信会计出版社，1993.

[6] 刘兴倍. 管理学原理教学案例库[M]. 北京：清华大学出版社，2005.

[7] 徐国良，王进. 企业管理案例精选精析[M]. 北京：中国社会科学出版社，2006.

[8] 李航. 有效管理者[M]. 北京：中国对外经济贸易出版社，1998.

[9] 罗锐韧. 哈佛管理全集[M]. 北京：企业管理出版社，1998.

[10] 李晓林，王绪瑾. 社会保障学[M]. 2 版. 北京：中国财政经济出版社，2003.

[11] 刘昕. 薪酬管理[M]. 3 版. 北京：中国人民大学出版社，2011.

[12] 曹现强，王佃利. 行政管理学[M]. 北京：清华大学出版社，2011.

[13] 郭冬乐，等. 商业经济学[M]. 北京：经济科学出版社，1999.

[14] 黄佳贵，等. 企业经济学[M]. 北京：经济科学出版社，1998.

[15] 刘兴倍. 经营创意导论[M]. 北京：经济管理出版社，1999.

[16] 刘兴倍. 中外商业比较[M]. 北京：中国财经出版社，1999.

[17] 刘兴倍. 商务管理[M]. 2 版. 北京：清华大学出版社，2015.

[18] 刘兴倍. 人力资源管理[M]. 2 版. 北京：清华大学出版社，2011.

[19] 刘兴倍. 企业管理基础[M]. 北京：清华大学出版社，2006.

[20] 刘兴倍. 现代商业企业管理[M]. 南昌：江西高校出版社，1995.

[21] 刘兴倍. 管理学原理[M]. 北京：清华大学出版社，2004.

[22] 刘兴倍. 商务交流[M]. 北京：清华大学出版社，2007.

[23] 刘兴倍. 涉外流通企业管理[M]. 太原：山西经济出版社，1994.

[24] 刘兴倍. 商业企业经济活动分析新编[M]. 北京：中国商业出版社，1991.

[25] T.普罗克特. 管理创新[M]. 北京：中信出版社(合作方为 PRENTICE HALL 出版公司)，1999.

[26] 中共中央关于加强社会主义精神文明建设若干重要问题的决议(1996 年 10 月 10 日中国共产党第十四届中央委员会第六次会议通过)

[27] 中华人民共和国消费者权益保护法(1993 年 10 月 3 日第八届全国人民代表大会常务委员会第四次会议通过)

[28] 中华人民共和国侵权责任法(2009 年 12 月 26 日第十一届全国人民代表大会常务委员会第十二次会议通过)

[29] 中华人民共和国宪法(1982 年 12 月 4 日第五届全国人民代表大会第五次会议通过，并根据 1988 年 4 月 12 日第七届全国人民代表大会第一次会议通过的《中华人民共和国宪法修正案》、1993 年 3 月 29 日第八届全国人民代表大会第一次会议通过的《中华人民共和国宪法修正案》、1999 年 3 月 15 日第九届全国人民代表大会第二次会议通过的《中华人民共和国宪法修正案》和 2004 年 3 月 14 日第十届全国人民代表大会第二次会议通过的《中华人民共和国宪法修正案》进行了修正。)

[30] 中华人民共和国民法通则(1986 年 4 月 12 日第六届全国人民代表大会第四次会议通过)

[31] 中华人民共和国商标法(1982 年 8 月 23 日第五届全国人民代表大会常务委员会第二十四次会议通过)

[32] 中华人民共和国老年人权益保障法(1996 年 8 月 29 日第八届全国人民代表大会常务委员会第二十一次会议通过，2012 年 12 月 28 日第十一届全国人民代表大会常务委员会第三十次会议修订)

[33] 中华人民共和国合同法(1999 年 3 月 15 日第九届全国人民代表大会第二次会议通过)

[34] 中华人民共和国反家庭暴力法(2015 年 12 月 27 日第十二届全国人民代表大会常务委员会第十八次会议通过)

[35] 中华人民共和国人口与计划生育法(2001 年 12 月 29 日第九届全国人民代表大会常务委员会第二十五次会议通过，2015 年 12 月 27 日第十二届全国人民代表大会常务委员会第十八次会议修订)